政协委员履职风采

ZHENGXIE WEIYUAN LVZHI FENGCAI

王兴东

王兴东　著

中国文史出版社

《政协委员履职风采》丛书
编辑委员会

王兴东（2015 年）

2006 年在北京市视察景泰蓝厂，考察传统文化工艺传承问题

2007 年 12 月随全国政协文史和学习委员会调研大运河申遗的安徽段

2008年随全国政协改革开放30年视察团，赴酒泉卫星发射基地，感受中国航天事业的发展

2008年视察甘肃省酒泉钢铁公司，在车间与工人交流

参加世界知识产权日活动，被评为“2009 年版权产业风云人物”

2011 年视察包头重型机械制造产业

2011 年随全国政协文史和学习委员会视察包钢

2012 年在全国政协第十一届五次会议上做大会发言：《如何学习雷锋常态化》

2014 年参加全国政协第十二届二次会议时接受媒体采访

2015 年随全国政协文史和学习委员会赴福州市考察三坊七巷名人故居

目 录
contents

自述：把人生的表达放大在银幕上

建言献策　尽责履职

政协第九、十届全国委员会

【提案】

【会议发言】

政协第十一、十二届全国委员会

【提案】

随感·报道

委员随感

媒体报道

自述：把人生的表达放大在银幕上

电影剧本创作的开端

1974年的时候，我还在边防连队做炊事班长，接到一个电话，要我到延边军分区去一趟，长春电影制片厂要重拍《平原游击队》，让我去试戏。那年我23岁，形象符合角色的要求，因为我在延边军分区文艺宣传队多年，这是由沈阳军区推荐入选的。剧组来人要求我表演李向阳三个动作，我在宣传队负责创作，同时也拉大幕，有时候也上台演出，说快板演话剧，不懂电影的表演，这次试戏没能达标。然而“电影”二字在我头脑中树起了靶子，撩拨出我对电影的兴致。电影的一切都是从剧本开始的，我没有多想电影怎么去演，而是思考电影剧本是怎么写的呢？于是，我就开始收集电影剧本。阅读电影剧本犹如阅读交响乐章的总谱，情感的旋律一次次吸引我，让我看到了剧作家思想的力量、思维的质量、思索的能量，一切表演都不过是这总谱下的符号而已。剧作家决定了影片的命运。于是，我崇拜着那些把人生宣言大写在银幕上的剧作家。

我的成长经历

“文革”时，所有的电影文学剧本都被作为“封资修”查封起来。当时，我们军分区政委的夫人在延吉市图书馆工作，她帮我从图书馆中借出叫《电影文学》的杂志，看得多了，就想写了，于是我照本临摹，按照电影镜头格式开始写电影剧本《长白山女电话兵》。我们部队驻防中朝、中苏边境，边防无小事，有事通北京，在莽莽长白山上通信兵的故事是很多的，也很感人。

没想到，不到一年，电影再次找到我。长影又来部队招人了，当时因为大学里还没有毕业生，就只好从工农兵中挑选。吉林省军区推荐10个军人考长影，我被推荐了去，通过政审，我们省军区考上了3个，我只好中途办理了退出现役，走进了长影。

考进长影以后，厂里负责组织工作的领导找我谈话，分配我到导演室学习，将来向导演发展。我坚定地说不，强调自己喜欢做剧本工作。他们说，当导演也不妨碍你写剧本呀，让我考虑三天再来回答。三天后，我到人事处，依然坚定地想当编剧。于是领导明说了，为什么要你朝导演方向发展，是考虑到你是共产党员，是部队宣传队出来的，电影厂将来主要是培养导演的。当时，我并没有认为导演比编剧重要，但是看到如今编剧受到侵权和如此漠视，是不是说我当初选择有失预见性？在当时，电影生产对编剧是高度重视的，字幕的第一位就是编剧，有的还留给编剧一个单间，每个剧本都要配有责任编辑的，这是专门为编剧服务的。长影请来的编剧都住在厂区满映的小白楼别墅里。无论是导演还是演员，就连厂长都很尊敬来写剧本的作者。谁都明白，没有好剧本就无法拍出好影片来，电影厂是依靠剧本依靠编剧才能开工的。

我之所以坚定地要从事编剧工作，是因为我有独立表达的欲望。人生从艺，就是把自己经世的情意牵引出来，展示之于众，有人选择诗文，而我则选择了银幕。在银幕上写我人生的宣言，写出我的信仰、我的爱憎。这也许是生命的契约，用这种特别的形式，承担起银幕形象的设计。当我笔下写出“电闪雷鸣”，银幕上就会出现风雨雷电，这就是剧作的抒怀和梦求。就一部电影而言，编剧是发现人物、发明故事、出思想、出灵魂的，演员是体现编剧笔下的人物，导演是再现编剧的思想，电影厂就是为实现编剧思想的企业。影片的版权归电影厂，文学人物的著作权永远属于剧作家，缺少版权意识的人往往看到树上的果实和花儿，从创作而言，决定其命运的是根，剧本就是影片的根。天下的农民都知道，求树木生长必固其根本，我学习编剧属于求根务本，这是我脱掉军装而最想实现的愿望。当时，我也想过做编剧的成本最低，只要有笔有纸，只要写出作品，不拘年龄，不限资历，不待时间，均可成功。电影厂内其他职业都必须涉及和依赖更多的人际才能成活。所以，选择编剧我不动摇，我的坚定性也感动了领导，他们惋惜地批评我：“按理说，你是党员应该听从组织的安排。但是，看你的坚定性，那就分配你到总编辑室吧。”从此，开始了我与电影剧本一生情缘。

1978年，北京电影学院编剧进修班向各电影厂开始招生。我交上写女电话兵的剧本，被录取了。当时，北京电影学院在朱辛庄，周围都是农田，空气清新极了。这是我一生中难得的机会，带工资进行编剧专题进修。在校观摩了很多影片，特别是听名家讲座，对我影响最大的是林杉和李凖先生，他们都是有编剧实战经验的、都是把创作与生活践行的最好的编剧。李凖写《李双双》对于农村生活的熟悉，令我这个下乡两年的知青都感到惊讶，他特别重视性格和细节。林杉写《上甘岭》，为深入生活，两次赴朝鲜战场，给我启迪颇深。这对于我的毕业作品《明天回答你》很有启发。我写的是大连机车车辆厂的实现数控车床工业现代化的故事。为了写好剧本，我和爱人王浙滨春节期间冒雪到大连机车厂深入采访。当时，她怀孕在身，下车间，走宿舍，采访职工，很多工人都被感动。

我的毕业剧本《明天回答你》出炉了，找谁来认可才能拍摄呀？我遇到好人了！这个人就是袁文殊。当时我是无名小辈，一个同学把我的剧本拿给了中国影协领导袁文殊同志看了。当时他得了美尼尔氏综合征在家休息，他看完之后要约我谈谈，很耐心地讲了两个小时。最可敬的是，他为这个剧本写了一封推荐信，推荐给我们长影厂的剧本厂长。信中说，从剧本中看出王兴东在电影学院学习是刻苦的，他写的这个剧本《明天回答你》，反映的是工业现代化，希望你们找一个导演帮助他，拍摄成为影片。当时，我心里多么感动！至今想到那一刻都令我怀念已逝的前辈。袁文殊是位剧作家，又做过上海电影厂的厂长，对于我的创作态度和求学之心非常理解，这种知遇之恩，我终生不忘。

毕业回到长影，递交了剧本和这封推荐信，我满以为能够做起来，其实进入影视圈就应该明白，任何事情都不是简单的，天真是不能从事编剧职业的，任何剧本在被认可之前都不会一帆风顺的。长影厂年产20部影片，从全国组稿，怎么会轮到投拍我这样的无名小辈的剧目？于是，我的毕业剧本没人重视，搁浅，打入冷宫，推荐信成一纸空文。之后，我和王浙滨一边修改一边找地方发表，剧本不知抄写了多少遍，那时是用复印蜡纸，垫板抄写的，最多只能抄四份，没有现在的打印条件。我们分别向各地投稿，中央电视台、潇湘电影制片厂、西影厂都说有希望拍，但都没有敲实。想一想，当初我们夫妇希望：等孩子出生了，我们的影片就诞生了。可是孩子出生了，剧本拍摄还没有厂家认可，这是个痛苦的时期、人生必经的埋没阶段。终于有导演把剧本拿到厂务会议上讨论，满心欢喜，结果厂务会上讨论一轮给否定了。这给我致命的一击。在长影上戏没有指望了，编剧的路怎么走下去？我们陷入了痛苦与挫折中，然而挫折一向是创作者的领路人。我对妻子王浙滨说，既然我们是搞创作的，就不能指望着在这一棵树上结果；既然是创作者，就敢于在废墟上建立起新的大厦。

于是，我穿上军大衣戴上皮帽子，第二天就去了黑龙江省军区军犬训练队。那时候没有几家养犬的，军犬是从德国引进来的，我到军犬训练队就是要写狗，以及有关战士和军犬的题材，这也是我当兵时的生活积累，在边防部队我见过边防哨兵和军犬巡逻，了解很多战士们和军犬的感人故事。我写过快板书、写过故事，所以我决定搞这一题材。当我在军犬训练队熟悉军犬和驯导员的生活的时候，突然，长春来电话了，是王浙滨打来的，让我快点回长影，说咱那个《明天回答你》剧本又活了！我问怎么活了呢，她说剧本给导演王亚彪看了，他说可以拍这个剧本，有剧组在等着哪。真是戏剧性的意外。我回到长影，知道了王亚彪导演筹拍的都江堰治水的《李冰》这个项目因资金和准备不足厂里决定下马。全剧组的人在等着，找剧本时，王浙滨就把《明天回答你》给他看了。他是哈尔滨工业大学毕业的，喜欢这个工业题材，认为这故事不错，能拍。真是苍天有眼，机遇难求，但是不知道厂里能否通过呀！那是1980年11月份了，我儿子都一周岁了。上班时送他到长影厂的托儿所。那天厂务会下午讨论我们的剧本，讨论到很晚，剧本曾被否定过一次，这是第二次讨论，所以讨论要费时，争论得很激烈。但是，厂长苏云破例让我们在旁边听着，当面记录，一般情况作者是不让参加，由责任编辑旁听的。导演王亚彪最后表态说：“我能把这个剧本拍好。”苏云厂长一锤定音，说出四个字：“基本通过。”具体意见编剧和导演再修改，我一听“基本通过”，就等于是我们这个小苗终于出土了！

我记得那天，大约是11月25号，长春的风雪彻骨般寒冷，厂里早就下班了，等我们赶到托儿所一看，四排房子都黑灯了，唯有一间屋里亮着灯，就看见我儿子哭着在地上爬，哭得大鼻涕泡老大，一个阿姨在那儿看护他。因为剧本通过了，我和王浙滨兴奋不已，抱着孩子就往家跑。我说，儿子，这回可通过了，剧本成功了！第三天，我们坐火车上大连机车车辆厂和导演一起商量改剧本。当年，这个剧本投拍，花了30多万，给厂里赚了67万元，这就是我的处女作，当时领了稿费1100块钱。

写剧本我们是用业余时间，用春节和假日的时间去深入生活。当时我们在长影厂是编辑，当时编辑是没有写作自由的，每天工作是看别人的剧本，一年看400到500个剧本，那时的剧本不是打印的，一色手抄本。全国外来的投稿者很多，有的作者怕你不看，就退稿，你猜怎么着，他在这个剧本边上都抹上糨糊，粘连一起，如果你没看过，写退稿信给他寄回去，他能发现你有几页都没有打开，糨糊还粘着呢。当时，厂里要求每个剧本看完了以后都要手写退稿信，不能用打字通笺退稿，以示对来稿作者的尊重。一年看400本到500本，只有业余时间去写作，当时我在长影是无名小辈，抬头一看，压在上边的那些导演、编剧，要么是从延安鲁艺来的，要么是满洲映画时留下的，还有解放战争时期来的、“文革”前来的，都比我们资深名高啊。我们是从工农兵中抽插进来的，谁能瞧得起你呀？人的本能和欲望就是想让自己成才，那么就要积累实力，忍受压力和漠视，埋头地苦写，等待在第二次机遇中爆发。

我的第二个剧本《白桦林中的哨兵》，就是在军犬训练队生活采访写作而成的。为了写好这个狗，我还跑到云南军犬训练队去采访，南京警犬研究所我也去调查过。剧本写成之后，长影厂办的《电影文学》不给发表。结果，我投到上海《电影新作》发表了。剧本发表的名字叫《他、她、它》，因为发表而不致被埋没，就有人来联系拍摄的事情了，最后由西安电影制片厂采用拍摄了。《白桦林中的哨所》还是时任电影局局长石方禹建议修改的。

第三部《飞来的仙鹤》是改变我人生的重要一部影片。我到齐齐哈尔扎龙自然保护区去采访，那个时候这里还不是旅游景点，一片沼泽，无边的湿地，有两间土房子，看到人和鹤能在一起，真是奇景。过去讲松鹤延年，我以为鹤是树上鸟，到这里才知道丹顶鹤是在沼泽里。鹤腿修长，能在沼泽里觅食；鹤是候鸟，春天飞来，冬天飞走，春天从江苏盐城飞到东北，在这里恋爱生蛋，孵化小鹤。到秋天的时候，鹤妈妈和鹤爸爸带着小鹤又飞到江苏盐城，春天又飞回来。所以，看到丹顶鹤非常美丽，红顶映丹霞，白羽舞蓝天，写什么呢？最后确定表达“鸟恋旧巢，人恋故土”这样一个回归的主题。剧本先在上海《萌芽》电影电视杂志上发表了。说起这个剧本也不忘提到一个好人，就是老局长陈播。那年的年底，他和陈荒煤副部长到长影检查工作，我把剧本送给了陈播局长。他说我只能带到北京看了，结果是他大年初二就看完了剧本。我一上班，就收到了陈播老局长的来信，写了四页纸，非常支持这个题材，并且还给长影厂写了信，说明这个题材非常新颖，应该扶持。由于有领导肯定，《飞来的仙鹤》作为一部儿童电影投拍，由陈家林导演完成拍摄。1983年的1月在上海锦江饭店召开的电影创作工作会议上放映了，全体为之一震，耳目一新，无边沉绿的苇荡，鹤鸣长空，小船人家，第一次把仙鹤和人的故事演绎在中国银幕上。女主角是张伟欣，当时著名评论大师钟惦棐先生看过后，给予了很高的评价。所有的与会代表为之惊喜，认为能出现这样一部寓言风格、童话色彩的电影，讲述人与自然，回归的主题，令人赏心悦目，大泽、小船、仙鹤、茅屋、落霞与孤鹜齐飞、秋水共长天一色，进入人们的视觉之中。因我是这部电影的编剧，被邀请参加中国电影隆重的锦江创作会议，同时放映的还有长影的《人到中年》。

那年我32岁。会议期间，苏云厂长看到我散步，叫住我说：小王啊，你去理发吗？我说不理。我就陪他去了锦江饭店的理发室。苏厂长就问我，下一部想写什么？我说下一步想写鸽子，已经写了鹤、写了狗，我想去写军鸽。他问我为什么写动物？我说，人物与动物是对比体，是最具寓言性的，电影就是给大人讲一个寓言故事的。我是战士出身，我知道在部队里，军犬、军马、军驼、军鸽都是有军籍的，它们和战士都是有交流、有感情的，我写了军犬，还要写军鸽、军马、军驼；在内蒙古部队是有军驼的。苏厂长笑了，没想到你还是有追求的、有设计的。仙鹤拍摄得很好呀，军鸽在哪里能拍摄呀？我说云南有一个军鸽班，有一个军鸽专家叫陈文广有很多故事。他问我，你还有什么困难和想法？我知道苏厂长关心我的创作了，必须提最关键的问题。我说，我就是想进创作组，从事专业编剧，不想再当编辑了。苏厂长寻思片刻：“这好办，你想进创作组当编剧，有了三部影片作品，这个问题好解决，回去厂里就做个决定，你们俩都进创作组，写一个报告就行了。”

1984年始，我和王浙滨调到长影创作组任编剧，从此告别坐班制，直到今天。这就是一个从不自由走向创作自由的过程。说起来，真正有为的创作者必须经过苦水浸泡过，才能对事物动真情有热情。当时我们住的小房子才12平方米，楼上是个木匠，经常在家做家具。楼下是街道印刷厂，收留了一些残疾人工作，给医院药厂印制药口袋，每天叮当叮当，从早到晚，机械轰鸣，即使在家写作也没有安静的环境，非常痛苦。有时我用棉花球塞进耳朵里，楼上做家具，我就用擀面杖往房顶上捅，示意不要砸了，结果满天棚都是擀面杖留下的印痕。那时候，我们一楼没有水，我得到楼下挑水。长春的冬天多冷啊，取暖成了问题，一户只供应一吨好煤烧。鸡西煤是最好烧的，一吨煤很快烧完了，就只能自己烧土暖气，常常写得深入，一摸管道凉了，一看炉火灭了。有时煤烧光了，一锁门就出差了。回家看到北墙上都是霜呀。就是在这样困难的环境下写了7个剧本。贫则思变，困则思改，我必须拿出好剧本，为厂里创造成就，争取在厂里分到新房子，才能改变住房环境，当时房子不像现在是可以购买的。《城市时报》的记者采访我们并到了我的寒舍，写出了一篇《棉花、擀面杖与四面楚歌》，为我们住房问题提出意见，引起了省委领导的重视，长影在分新房中，给予我们照顾，分到了一厅三间的房子。终于搬进了新房子，再也不用挑水，不用自己烧煤取暖了。当我搬家处理旧稿时，发现有一箱子稿本，都是《明天回答你》，改了8遍，两年时间呀，都是用复写纸垫着复写板刻录的，有多少人看过的，批注过的，记录别人意见的，根据意见修改过的，有的本子剪过，再粘过的，就是这样积累了一箱子旧剧本。烧的时候我眼泪都流出来了。那些稿纸烧成黑色的纸片，在空中飞舞，像黑色的蝴蝶呀！那情景让我思绪万千。人啊，迈上第一步有多难啊，要付出多少功夫才能出土。第一个剧本就是上帝放下的横杆，阻挡你、磨炼你，对于没有意志、没有信念者，就地拦住，转向改行吧。编剧从事的是首创，是原创，是影视业中最尴尬的职业，因为谁都可以对剧本发表意见，谁都可以给你挑毛病，写剧本要有毅力和耐力，聪明和勤恳，一样都不能少。否则，你不会在中国做一个成功的编剧，你在创造中同时也创造了自己的苦恼和艰辛，制造了你的教训与磨难。由于剧本是版权属性，是名利共存的，因此角逐得激烈。起初我并没有意识到，从事这个职业越久体会越深，当初的梦想多么天真。实际竞争令我有所悟，望子成龙并不是望你成龙，这个话要这么理解，忌杀、压杀、扼杀人才者多，培养、扶植、提拔人才者少，一切都得靠自己去争取。我们每个人头脑中都有成才的生长点，也是创作冲动的智慧。这种智慧是最需要扶植的，创作的嫩芽是脆弱的，浇点水就长，踩一脚就夭折。

所以，影响我成为剧作家的人，第一个是袁文殊，我一生都会记住他。第二个就是导演王亚彪，他认可了我的处女作。第三个就是长影苏云厂长，爱护人才，将我们送到学院进修，让我做了职业编剧。

改变我作品命运的人

改变我的作品命运的另一位重要人物就是于蓝。《飞来的仙鹤》得了1983年的政府奖，领奖会上，于蓝出现了，她看到了我们的新作《狼犬历险记》。于蓝勉励我们多为孩子们写电影，并向我们约稿。我说，给孩子们写电影也是我的责任，我也是家长呀，再说当时电影不分大片小片。由她创建的儿童电影制片厂就在北影院里，长影厂剧本角逐激烈，我们正好就给儿童电影制片厂写剧本吧，结果一连写了5部，《鸽子迷的奇遇》《我只流三次泪》《没有爸爸的村庄》《少年战俘》《来吧，用脚说话》。我一生都不能忘记写作儿童影片的创作体会，对于认为写儿童电影是小儿科、给孩子写电影是哄孩子玩的这种蔑视心理，我认为他们是短见近视的，面对着美国的儿童电影国际市场的强势，面对着哈利·波特所带来的产业奇迹，任何人都没有理由轻视儿童电影编剧的创作。正是因为我写了儿童电影，了解孩子，研究孩子，才为我后来的写作主旋律影片打下了一个坚实基础。

《鸽子迷的奇遇》是我创作的电影剧本中写作时间最短、通过最快的剧本。一共用了18天时间就通过了。1985年国庆节，于彦夫和张圆找我，他们夫妇是长影厂资深的老导演。我到了他们家里，他们问我现在写什么剧本？手里有什么题材，有没有儿童片？我说有一个关于儿童的故事。我讲起，前不久去辽宁省抚顺市第二毛织厂采访到的一个故事，一个青年男工下班的路上，看见一群人在围着地上看，凑前一看，像是小狗，拿棍儿捅了一下，一看，是个孩子，刚生下来就扔在地上的。他就用塑料布抱起婴孩送到医院。经过清洗以后，发现是个女孩，没有什么毛病，医生把脐带给处理一下，说这孩子谁养呀？他说，我先发现的我抱走了。一个男工人没结婚，要养一个女孩子，这个戏剧性的故事就从这儿开始了。这不是养小猫小狗，小孩子得喂奶啊，他就抱着孩子到车间里，找有奶的女工给喂喂奶。由于他的耐心和细心，孩子活了下来，人称他是“男妈妈”。两位导演当即拍板，好故事，有人物，有情感，加上养鸽子与养孩子，你就写吧。有老导演首肯，我们夫妇开始写了，由于构思已久，下笔很快。10天后剧本交到于彦夫、张圆导演手里。他们看后说，要到北京去听儿童电影厂的意见。于彦夫和于蓝是多年朋友，于彦夫是《创业》的导演，影坛老将，久负盛名，于蓝请他们给儿童厂拍片，老将出山做儿童片。我还在长春家里准备下一步如何修改，突然有人敲门，副导演陈克然找上门来，说于导演来电话了，剧本通过了。这么快！我惊呆了。几天后，我们随两位导演去了云南外景地。《鸽子迷的奇遇》由张丰毅主演，他这部电影获得了童牛奖最佳男主角奖。这部影片在印度第五届国际儿童电影节获得金章奖。于彦夫和张圆导演拍过我们两个剧本，还有一个是《陆军见习官》。从两位导演身上我学习到了太多的东西，他们对我们年轻编剧充满爱心，耐心指导，不仅在艺术上，在做人处事上，都给予了我们莫大的影响。于彦夫是第六、第七届全国人大代表，为人正直，敢说真话，说到这里，我非常怀念他们，老两口都离世了，留下了我们合作的两部影片，胶片把记忆和情感都冲印在拷贝上，每看影片总会溢出情感，阅读那些真情的密码，也许这就是做编剧的精神收获吧。

去云南写《我只流三次泪》剧本，边境反击战正在打，我和王浙滨到了前线。当时是济南部队六十七军在前边打，采访了很多故事和人物，我们的重点是写孩子；爸爸上前线了，孩子怎么办？调查孩子，采访家属，去了一趟前线，回来写了两个剧本，《陆军见习官》和《我只流三次泪》。

《我只流三次泪》是为儿影写的，于蓝老师看了剧本初稿还不满意，怎么能写好战争中的孩子呢？她是爱护着我们的，为了让我们改好剧本，带我们到著名导演张水华家去了。水华导演让我们讲故事，我们讲了到前线看到的一切，讲到采访孩子们的细节与生活。这位曾导演过《林家铺子》、《烈火中永生》的大导演，耐心地听完我们对于生活与战争的发现和认识。最后说出他的见解："你们就是要紧紧抓住父子情来写，父子情就是这个故事的核心焦点，找到这个，你们就有办法了，戏就不散了，集中了就好看了。情要挖透，戏才能做够。"他还讲起自己小时候，父亲去世，他和同学上厕所撒尿，站成一排，唯有他的鞋上缝着白布，大家发现后顿时都默然无语了。水华导演讲起这个细节至今不忘，让我们领悟大师的意思，率先抓住父子情来做文章。修改剧本时把妈妈这个人物删掉了，突出了父亲与儿子的戏，全剧紧扣住孩子和父亲之间的关系。方超演儿子，朱时茂演父亲，导演是琪琴高娃，影片拍摄很成功，得了政府奖。因此，我们也得了童牛奖最佳编剧奖。

这是我们第一次得编剧单项奖，这是奖励我们到前线深入生活所取得的成果。凡是长影的老同志，没有不念深入生活这本经的。于蓝在长影多年，她特别支持我们深入生活，从云南回来，还听我们做了报告。写剧本要懂这个理儿，"不入虎穴，焉得虎子"；不到前线就无法写战争。我们在前线，看到牺牲的战士都是被炮弹炸死的，部队防化连就是负责火化战士遗体的，每一个战士火化后的骨灰中，总是能抓出几块弹皮。我亲自见到的山东籍的小战士，长得非常帅气，当时他非要上前线当通讯员，在一次送信中，被炮弹打着。当时他自己的双腿崩掉在前边，昏迷过去了。医生把他抢救过来的时候，他急着问，我的腿还能接上吗？他还以为这个腿像割韭菜似的，割完了之后还能长上，永远长不上了！他的未婚妻来看他，是和他爸爸从山东来的，一看见他都傻了，截肢了，永远没腿了，才19岁呀。教导员只好鼓励他，你看有的残疾人学习修个表修个钟的，不是也能活得很好嘛。我亲眼看到战争把一个生龙活虎的小伙子变成一个残疾人，我认识到了战争有多么残酷。还有一个战士因为弹片崩进脑子里，眼睛失明了，他娘来了，给他喂饭的时候，他还是叫大姐，他以为是护士长。我们看他，他还是叫大姐。让人心酸呀，我虽然当过兵，没有经历战争，只有看到这样的情景，心里才有认知，才能去创作，才能写出真实感。写《我只流三次泪》中的小男孩去前线找父亲，说他很坚强，父亲上前线期间，他只哭过三次，剧本就这样结构成的。然而，我写作过程中岂止流三次泪，至今我还惦念着那些反击战中受伤的士兵，他们如今怎么生活？日子过得怎么样？

《陆军见习官》是我们剧作结构中非常值得研究的剧本，5个陆校毕业生，宣布他们要去前线见习，放假三天。剧情锁定在这三天他们五人都干了什么？掀起了一场心灵的内战。有一个见习官想到，当时因为报考陆军学校把一个姑娘甩了，我得去看看她。结果一看她在那卖西瓜，嫁给了一个瘸子，他内心特别地矛盾。《陆军见习官》呈现出人物内心的暗堡，要上前线了，他们首先要一个一个地攻克这些暗堡，没放一枪一炮，只写三天时间，透视了人的灵魂。敢于这样结构是因为我们占有了生活。所以，亲自到前线，听见炮声，看见流血，看到牺牲，看到战争的事实，作家就有了感受，把人放在战争死亡的试管里，刻画出战争中的人。

我回到原来的话题，是于蓝使我在儿童电影的创作上大获丰收。《没有爸爸的村庄》写SOS儿童村，这是一个国际组织，就是战争、苦难包括地震失去了父母的孩子没人养，SOS村是由不想结婚的女人和离婚不再婚没有孩子的女人，来当这些孩子的妈妈。一家收养了8个孤儿。我们去了天津、烟台两地SOS村，写出了《没有爸爸的村庄》电影。还有《来吧，用脚说话》是写少年足球的。

于蓝是早期在延安参加革命的，也是新中国著名表演艺术家，我孩童时看她的电影，青年时随她学习搞儿童电影，她关心孩子们看电影，她有政治情怀，她有社会责任，她有慈母爱心；她对我们特别爱护又不留情面地批评，是这个人最伟大的品格，事业之心和坚强的生活态度，无人能比。于蓝是乳腺癌术后的人，无论从事业上还是生活上从来看不出她丝毫的懦弱，她站在你身边就是钢铁支柱。我们遇到障碍、遇到痛苦、遇到矛盾的时候，她就像一盏灯，给你一缕光明，给你一点热，助你前进。在长春时，有一天早上，她爬上六楼，敲响我家房门，从北京来谈剧本了！这就是于蓝，一生中影响我的人。

前一阵子我写《建国大业》的剧本送给她看，她耳朵不好，还是给我谈了看法，88岁的人哪，还是关心我们的创作。她深知我们坚持现实主义的创作态度、弘扬时代主旋律，是给孩子们播撒真善美的种子。看于蓝的电影和她所指导创作的电影，总是让人心里充满阳光地去感受生活，让孩子们有爱心有孝心，对生命是尊重的，对生活是积极进取的，给孩子们精神食粮，陶冶其情操，使人感到生活很美好，看电影是这样的一种享受才好。

1978年电影学院的编剧班对我的影响

编剧需不需要培训和教育？回答是需要。但是，你有了生活的积累，你有了工作的感受，再到电影学院你要学什么，你是带着问题带着题材来学习方法的。面对大海你需要什么，你需要一艘船，需要一张网去打鱼。我在电影学院学习一年多的时间，我觉得给我启发最大的就是那些真正下过海打过鱼的人，听他们讲经验和教训非常有意义，他们的理论是经过汗水和苦水泡过的。我在编剧班听林杉、李準、黄宗江等先生谈自己的创作经验的时候就受益匪浅。尤其是李準先生，他讲细节的运用，这些一生受用。为此我在电影学院的学报上发表了文章叫《细节是艺术的全能之神》，举了李準先生的例子。他讲河南地区缺柴烧，为了省柴火，两家邻居合煮一锅饭，这不是就省柴了嘛。煮的是红薯，但是煮完了以后，两家就分开，怎么着分开呢？你家切方的，我家切圆的。可见李準先生对于农村生活观察之细。从他那里学到方法，我经过这么多年的实践，验证后是管用。我现在给别人讲座，一律讲我实践过的道理，套话废话少讲。

电影学院的学习是非常重要的，大家研讨，看经典影片，老师再给你分析影片，认识自然就提高了。但是，真正地成为一个编剧不是在学校，一定是在实践中，在不断修改剧本中锤炼出来的，有句话叫巧妇难为无米之炊，这个米在哪里？米不在学校，米在生活中。编剧过程有五项，首先是采购，对于“米”的采购，第二个是构思，第三是写作，第四是修改，第五是销售。这五个过程没有一个是可以省略的。但是这五个程序当中最重要的就是你在学校中得不到米，巧妇也难为。现在全国影视编剧教学的教授博导很多，有些从国外留学归来，精彩的大作没能出自他们手下；他们精通理论，出了很多关于编剧理论的书，为什么没有写出精彩的剧本？因为他没有生活，这个生活就是人物，就是细节，生动的精彩的细节必须到生活的沙里淘金。

真正提升我的剧作理论的，是我离开学院后，1984年我看到了钟大丰、鲍玉珩老师翻译的悉德·菲尔德的《电影剧本写作基础》，让我明晰了剧作的整套做法。早年我读过像夏衍的、洪深的、张峻祥的，包括电影学院老师的著述，我都很认真地学习过。但是，你没有很好地去实践和使用，等于没学。看到悉德·菲尔德的书，是在1984年《电影创作》杂志上连载的，当时我每期都把它复印下来，经过几年实践，我认为很实用。还有罗伯特·麦基的《故事》，温迪·简·汉森出的那本《步步为营》，都有指导作用。这些书是美国人总结的剧作方法，应该说是经过实践检验的理论。因此，学真经才真管用，当然，最管用的还是自己失败的教训。

我创作的剧本

我的剧本成活率应该是在90%，现在一共拍摄了26部电影，4部电视剧有50多集；我发表过的剧本中，《黄角墓地》没有拍成，因为某种原因剧组最后下马了；《父亲邓小平》是为了纪念小平诞辰100周年而写，我去江西采访邓小平下放劳动改造的新建县拖拉机厂，剧本几经修改都通过了，因涉及真人而搁置下来；还有《一个人的战争》《女儿陶》等，没有拍摄。特别是谢晋导演准备要拍摄的《李玉琴与末代皇帝》，与谢晋导演一同深入长春伪皇宫，抚顺战犯管理所采景深入生活，看到溥仪与李玉琴最后分手，在战犯管理所同住一夜的房间，谢晋导演都是相当认真地观察思考的。这个剧本谢晋看过后特别喜欢，认为可以搞出走向世界的好电影，一个15岁穷人家的小姑娘，被选进伪皇宫，一夜间成了溥仪的妻子，成为皇妃。没到两年多，日本战败溥仪逃跑，与李玉琴分开，一别十年，两人再见面是在抚顺战犯管理所了，从皇帝变成阶下囚，而李玉琴从小姑娘变成少妇，是离婚还是等待？两人的感情有多少是建筑在政治上，有多少是出于人性？这个剧本改了两年，先后五次。谢晋导演是非常尊重编剧的，我每一次修改的地方，他都能查找出来，即使改过几段戏，甚至几句台词，他都看得出来。后来，他告诉我，他看剧本都是夜深子时之后，一气看完，为保持一个整体印象和完整的情绪，从来不间断式看剧本，这一点，我由衷佩服。所以我每次改过的地方，他都能提出意见来。跟谢晋导演谈这个剧本过程中，我学到了很多东西。他是大师，对剧本提的要求很高，特别是他对于每一个小角色都不放过。过去我写人物总是在男女主人公身上用气力，小角色易忽略，写得不细致。谢晋导演说，比如你设计的这个大管家，假如我请陶泽如来演，你得给我设计一个过目不忘的动作。我想了想就给他表演了，大管家被当作历史反革命逮捕了，开始是他想掏钱买红薯，结果手从怀里掏钱，露出来手铐。我这么一演，谢晋马上就问我，下一个动作是什么？谢导说他会让一个演员连做十个动作，最后告诉演员，要你的第三个动作。所以说编剧有时候也要给演员设计好动作，尤其是小角色，人物历史、人物动作、人物需求、人物冲突，一样不能少，否则人家不愿演，往往小角色才考验编剧的硬功夫，凡出场的人就要出彩。根据他的意见我全面修理一次小角色，哪怕是露一次脸的角色。从谢晋导演身上学到是大师敬业的精神，他视电影比生命还重要，所以他的作品能打动人心。

艺术磨炼忠诚也存在严肃，就是一旦与之结姻，便终身相从，甚至像忠情者负载到生命的尽头。我爱剧作这门艺术，始终坚持创作的思考，每年都有计划，拍摄的剧本也有不成熟的，没拍摄的项目也有好剧本。我记得悉德·菲尔德的话，好剧本永远都会找到出路的。

深入生活才能找到艺术的源泉

“电影剧本是用脚写出来的。”这是日本电影大师新藤兼人说的。写电影剧本你必须亲自去看到那个环境，你才能把人物写到那个环境中。在长影我学到四字真经：深入生活。我认为，好的编剧应该是一部作品的第一个采景人。

深入生活是一个“将心比心”的过程，就是一个青萝卜变成咸菜的过程，作者把自己放入生活的酱缸里浸泡，泡到咸味浸入内心了，咬一口变成咸菜了，你就懂得了普通底层人生活的苦辣酸甜。有了这份感情是非常重要的，这就是你创作的激情与动力，未来作品打动人心的就是靠这份感情的力量。在别人身上寻找善心，在自己身上熔铸善心，在艺术身上表达善心，向整个社会呈奉善心。

我写《蒋筑英》采访了60多人，笔记写了20万字，前后用了一年时间，都是在长春光机所采访和他一起工作过的人。蒋筑英患癌症的老父亲蒋树敏，也与我多次通信交流。为了调查蒋的去世，我到四川查访资料，采访他的好友数学家孙国良，讲到了他和蒋筑英出去买菜，看到菜贩子写了错别字，把韭菜写成了“九才”，蒋筑英当场要卖菜的把错字改过来，人家不改，他跟人家吵起来，自己亲自给改了过来。这个照亮人物性格的细节，如果不是去四川是采访不到的。谁都知道写这样英年早逝的光学专家难度大，我以真诚的态度，把这个人物设计出来，让他复活在银幕上。我获得了广电部首次设立的华表杯最佳编剧奖和13届金鸡奖最佳编剧奖，剧本还得了全国征文二等奖。这是我从事编剧首次得到政府和专家的肯定，证明了深入生活给予我完美的回报，可以说奖杯的底座是由生活的厚度来做基础的。

这么多年来，我写了多部真人真事的故事，没有引发诉讼，没有激惹非议，就是我深入实际，研究真相，我的表达权必须建立在细致的调查之上，我与要表现的对象都建立真诚友好的关系，我的真诚往往最先感动了他们。比如雷锋战友乔安山、女法官尚秀云、蒋筑英妻子路长琴、好干部孔繁森和牛玉儒的家属、国旗设计者曾联松的儿子曾一冲等等都成为我的好朋友，至今都保持着联系。一句话，我坚持向生活要能源、向生活要能力的原则。说穿了就是我写剧本必须向生活靠拢，生活的细节不是俯拾即是，需要在生活矿藏中勤奋开采；不织网的蜘蛛是吃不到虫子的，不下去生活是捕捉不到细节的，没有细节就没有电影。

“编剧要脚踩两只船”，一条是生活，另一条就是市场。只有深入生活，才能找到敲开市场大门的那块砖。今天面对着市场的竞争，我认为影视作品的第一轮竞争就是比谁占有了生活，比谁发现了新的人物。深入生活包含了更新的观念和内容，深入生活就是深入人心的工程，只有创作前的深入人心才会有作品的打动人心；深入生活就是深入市场、了解市场、预测市场的过程。只有深入人心才能摸到大众最高需求的脉搏，才能找到撬动市场的杠杆。

市场的支柱是大众，深入生活就是了解群众的情绪，掌握社会的热点话题就能把握住剧作新的主题，群众的心声、群众的意愿、群众的期望就是时代的主旋律。艺术要做人民大众的代言人，创作远离生活，观众就远离了影院，只有我们以生活作为支点才能在市场竞争中站住脚。

《良心》是表现吉林省延边和龙县农行储蓄所被抢劫的事件，歹徒抢银行，杀死了一名女营业员，她留下了一个遗孤谁来养？其中一个年仅19岁的营业员叫崔福顺，她勇敢地承担了收养烈士遗孤的义务，她的事迹传开，新疆有一个化名“金穗”的人每月寄钱来，三年后的一天，他出了车祸，才知道他姓张的真实身世。然而张的女儿也在念大学，学费很紧张，又出现一个化名“白云”的人给张的女儿寄钱，又有一场找“白云”的戏。这就是生活，没有编造而自成戏剧，开场就是抢钱杀人，其中有捐钱相助的人，结尾又有埋名捐款的人、开端、发展至结局，有人有情，有义有戏。这就是今天的生活。生活中蕴藏着远比我们剧作家编造出来的故事多得多的情节，那些最美好的戏剧关系其实早就在生活中发生了，那些心怀高尚情感的人物在我们没有去塑造之前，他们就存在于我们的社会生活里，问题是我们有没有下去发现他们。罗丹说得对，生活不缺少美，而是缺少发现美的眼睛。

我在延边当兵五年，熟悉朝鲜族生活，我找到英雄崔福顺，她内心的压力和痛苦触动了我。她是善良的，讲起她与凶手的妻子金贞莲是同事，凶手姜寿东是党员，因为赌博输钱才去抢银行。一个月后就枪毙了，妻子待不下去了，养的孩子也送了人，自己跑到韩国去了，很惨。我发现她是极有同情心的朝鲜族妇女。这是多好的故事开头，从友到仇，从仇化友。

《良心》由广春兰导演在延边和新疆两地拍摄完成。上海的首映我去了，发行经理吴鹤沪说，我们采取“看《良心》电影凭良心付钱，不感动可以不付钱的。先看影片后交钱”的方式。他找到朝阳二中赵校长给他一包纸巾，说你用过一张就包一场。赵校长感动得泪水不止，纸巾湿透，结果连包了五场。在大光明影院还出现了，观众看完影片不走，问影院里有没有捐款箱？当场要为烈士遗孤捐款，于是，临时做了一个募捐箱，结果观众解囊捐了2000多元钱。

生活对艺术的法则是公平的，你在生活中积蓄了多少情感，创作中就能释放出多少情感，作品里投入多少情感，银幕上就会产出多少情感。能够征服观众的，是编剧的真诚的劳动，艺术之爱就像一块伟大的磁力场，无论谁走近来，都会被强烈地吸引。

创作题材并非来源于自己熟悉的素材

初作剧本写什么？犹如你如何去吃这张大饼，饼这么大，你能到对面去吃吗？不可能，你要紧着你最眼前的地方下口，写你身边最熟悉的事。所以，我写了《明天回答你》。因为我是大连人，早就知道大连机车车辆厂最先搞电子数控车床，我就去做了这个现代化改革题材。第二个剧本《白桦林中的哨所》表现战士与军犬，也是因为我当过边防军，我知道军犬的特点是忠诚，说起狗的忠诚品性，不是拔高地说，狗的忠诚创造了人类所无法创造的奇迹，人类是先征服了狗才征服了大自然，人类最早的教育学是从驯狗开始的。人抓到了狗，把狗养起来，然后训练狗，带着一群狗去打猎，带着狗去打虎打豹，渐渐征服了大地。我当兵在连队，连里有军犬和军犬驯导员，巡逻是离不开军犬的，战士与军犬建立了深厚的感情。我说一个细节，训导员战士探家回来，好久没见他的狗了，想狗啊，那狗也想它的主人啊，老远的，狗就闻到离开它多日的主人回来了，特别熟知主人的气味，噌地一下子，从饲养棚跳出来。那天刚下过雨，军犬噌噌跑到主人身边，扑上去就是一顿亲热，再看战士那件白衬衣，全是军犬的狗爪印了，那狗搭在战士肩上，那亲热劲儿，那场面让我感动难忘，剧本当然用上了。拍摄这个细节，当时演员跟狗不亲密，所以就往演员脸上抹了午餐肉，肉的香味，令狗扑上去就一个劲地舔着，制造亲昵效果出来。

电影是大众艺术，大众的需求很广阔，编剧要肩扛着观众的眼睛到生活中猎奇。沼泽中的仙鹤与人，新奇的题材才有了影片的新鲜感。说起来，我的创作题材基本分为四个阶段，开始写人与动物，写了六部：《白桦林中的哨所》《狼犬历险记》是人与狗；《鸽子迷的奇遇》《请把信留下》是人与鸽子，后一部是写战士与军鸽的故事；《飞来的仙鹤》；加上《奔向银幕的马》，写长影里一匹道具马的故事，剧作用了套层结构，表达了世有伯乐而后有千里马的主题。这一组人与动物题材打出去，也算形成风格，留下了印象。石方禹局长曾笑着对我们说过，你们成了探索人与动物的专家了，联合国保护动物组织应该给你们个奖励呀！后来我又写了人与梅花鹿的《黄角墓地》，还想去写军驼，因为拍摄的难度大，停笔了。搞儿童电影题材的创作是一个阶段；写现代工业题材有一组《解放》和《请在这里签字》（造船厂生活的）；自从写了《蒋筑英》以后，开始盯着时代人物来写，有《蒋筑英》《孔繁森》《良心》《留村察看》《离开雷锋的日子》《共和国之旗》《生死牛玉儒》以及《一个人的奥林匹克》中的刘长春、《黄克功案件》中的雷经天；《建国大业》写毛泽东召开政协会，建立新中国题材。

弘扬主旋律要动真情

《秋菊打官司》就是主旋律，秋菊为了维护自己的权益告村长，表现了法制社会下一个妇女的维权意识。我看了这个影片非常感动，巩俐也演得非常精彩，谁能说这不是主旋律？主旋律的作品实际上是主流的作品，主旋律的作品有三项定律：一是不能违反国家的法律，这是指不能有淫秽、暴力、恐怖、赌博的内容，不能分裂国家破坏民族团结等等；二是不能违反艺术的规律，要引人入胜，动人心弦，发人深省，要推出人物性格，作用于观众的情感，用正义的情操鼓舞人心；三是不能背叛市场的规律，要具有人无我有的新奇性、娱乐开怀的喜剧性、惊险悬念的刺激性、情节曲折的丰富性，制造观众欣赏的消费的习性，宣传要有诱惑力，题目要有吸引力，内容要有感染力，看后要有震撼力。我的领悟主旋律必须是遵循这三个规律。主旋律排除了写性跟暴力，那么我写主旋律重点是以感情来写人物，挖掘人物的感情来塑造人物性格，表现人情、人性、人道、人格，始终记住，文学是人学的原理。重在刻画人物，以情生戏，以戏树人。我为写《法官妈妈》参加庭审、到少年犯管教所采访、看望被判刑的少年，从各种角度采访了少年犯，我甚至到少年犯家庭去走访，也随着尚秀云法官一同参加对失足少年的挽救。从中我感受到了法官妈妈的性格，法内无情，法外有情。这个剧本前后用了四年时间完成了。由于少年犯罪是世界性的问题，这部电影不仅得了奖，还参加了南非、俄罗斯等电影节。

我写主旋律没有什么高招儿，就是动真情，下真功夫，写出真正有性格的人。在生活中首先这个人物真实地感动了我，我写出的人物感动了剧组，才能拍出动人心弦的人物来。我采访孔繁森，在山东五里墩，见到他哥哥孔繁华。他含泪对我说："听说俺兄弟，为养藏族的孤儿卖血呀，心里好难受呀，就是我们寄几个钱去，也不能让俺兄弟卖血呀！"这样的兄弟情谊是人之常情，我为之感动泪下，动真情就不是概念化，主旋律首先是真品不是赝品，没有真实情感的东西是成为不了旋律的，更不会感动人。艺术就是感情，"感人心者莫先乎于情"，抓住"情"字做出戏来，这是编剧的基本功。观众对于生活已经有了很高的认识，如果你不能再去高于生活，人们为何要接受你的东西？所以我刚才说，主旋律重要的是以情写人！我写乔安山、孔繁森、崔福顺、牛玉儒、刘长春、雷经天，无一不是以人生戏；要写出人物性格的历史，就是好故事。我记得美国电影艺术和科学学院的主席希德·甘尼斯说过："尽管电影制作技术一直在不断变化，但是'讲故事'的原则没有变，从古希腊时代起，人们就一直在'讲故事'，电影还是要遵循'讲故事'的原则，还是要讲究如何能打动观众，要依靠'讲故事'的技巧，牵动人们的喜怒哀乐。"当前，一些大片的特点是动用高科技的手段来刺激观众的眼球，而我们创作的主旋律必须遵循"讲故事"，以打动人心为原则。

《建国大业》为人民政协立传

我从第九届全国政协委员做到十届、十一届、十二届，知道了为什么政治协商制度被写入《宪法》，并成为我们国家的基本政治制度，那就是因为中国各民主党派齐集第一届政治协商会议，参与了新中国的建立。没有第一届政协会议就不能成立中央人民政府，也就没有我们新的国家。召开了一个会，建立了一个国。不召开这个政治协商会议，就没有这个联合政府的合法性。当时中华民国政府是二战胜利国，也是联合国的常任理事国，我们为何要推翻它？就是因为蒋介石搞独裁，搞内战，反民主，是帝国主义的走狗，所以我们要推翻他的统治。毛泽东提出要召开政协会议，成立联合政府，要请各民主党派领袖和民主人士，其中有国民党革命派的李济深、有民盟领袖张澜、有孙中山的夫人宋庆龄。那么，从1948年5月提出来，这些民主党派的领袖能不能来开这个会、怎么来、开出一个什么结果，这就是有关建国大业的故事内容了。

毛泽东作为中共主席，要实现多党合作，成立联合政府，必须请来这三位非中共的领袖，于是，主要人物和主要人物的关系形成了，以毛泽东为主角，从“一个篱笆三个桩，一个好汉三个帮”结构的角度，重点表现毛泽东与宋庆龄、李济深、张澜三位非共产党员的副主席肝胆相照、风雨同舟的情谊，人物关系的局限性突出了人物的特性，避免了流水账式在交代众多人物，在电影中使用了足够的篇幅展示了毛泽东统一战线思想和协商建国的情怀，中共如何安排李济深摆脱特务跟踪，从香港地区上船北上大连；布置上海地下党从虎口中营救出张澜；派邓颖超赴上海诚请宋庆龄赴北平开会，宋庆龄因1925年陪孙中山北上，结果孙中山病逝在北平，成为她伤心之地，不愿前来。在邓颖超的耐心细致的工作下，宋庆龄终于同意北上，毛泽东和所有人都到车站迎接，其真诚令人动容。

写人民政协往往被认为是政治片枯燥而无味，恰恰相反，这是一部充满惊险危机和紧张情节的故事。开场毛泽东提出召开政协会，半月后，混进我军的特务刘从文密报毛泽东的位置，蒋介石就派飞机轰炸毛泽东住所，毛泽东险些遇难；紧接着是应该第一个到达解放区的原国民党军事委员会委员长冯玉祥将军，却在苏联船上遇难身亡；李济深在香港地区面对多方政治势力的争夺，何香凝促使李济深冒险北上，在海上漂泊九天，一路风险；在蒋介石企图划江而治的阴谋下，张治中作为国民党代表团团长前来谈判，在毛泽东等人的精诚感动下，居然整个代表团都留在了北平，并参加了政协会议；蒋介石在上海撤退前采取绑架屠杀手段，民盟中央执委黄竞武等12人被活埋，为了确保张澜、罗隆基先生的安全，地下党营救张澜也是惊心动魄的场面；为了控制李济深北上参加政协会议，其秘书张序被反动派特务收买，随时有暗杀李济深的可能……没有什么比政治斗争更充满残酷和危险。总之，像一个婴儿出生母腹必然阵痛和流血一样，新中国的诞生也必然流洒无数人的鲜血。因此，了解这样一个新旧政权较量的故事，围绕一个政协会议展开了尖锐冲突，让观众在惊险情节和揭密性故事中感受当年。

写这个题目酝酿了10年，1999年我写了《共和国之旗》表现国旗的诞生，10年后用《建国大业》再现国家诞生。尤其我进入全国政协文史与学习委员会，对于政协的感情日益加深。一次，王蒙先生（时任文史委的主任）就说起了召开第一届政协会议是历经艰难险阻、遭遇了重重阻碍。冯玉祥接到邀请，为参加政协会议，离开美国途经黑海在船上被大火烧死；李济深从香港地区冒险北上，乔装商人一路风险到达东北大连；张澜在上海险些遭反动派特务绑架沉江暗杀，在地下党的营救下北上赴会；为阻止民革中央常委杨杰将军去北平开会，特务们在香港地区寓所将他杀害；新疆的政协代表阿合买提江、伊斯哈克伯克、达列力汗、阿巴索夫、罗志五位代表，在赴会途中，坐苏联飞机在西伯利亚撞山遇难，全部牺牲了。

围绕着第一届人民政协会议，国共两党展开了大集会和大阻截、大团结与大暗杀的生死较量，看起来仅是开一个会，然而这是决定中国命运的大会，充满惊险搏杀和危机四伏的悬念，是一场以毛泽东为代表的中共领导与蒋介石独裁统治集团，在中国政治舞台上导演的最富有冲突的史剧。

有人曾建议，要从1946年1月在重庆召开的38人出席的旧政协写起，我们排除了这个开端，电影是以人物为核心的叙事呈现，并不是新旧政协会议的对比论坛，电影以谁为主，则在开端提出人物的需求，这至关故事走向和决定主题的要害问题。以旧政协开端是写蒋介石操控下召开的所谓“和平建国大计”的会议，是表现蒋介石的建国思想。而我们要完成的是以人民政协的筹备和创建，表现毛泽东的建国思想，则必须从1948年毛泽东在城南庄发出“五一节口号”开始，其中第五条明确提出“各民主党派、各人民团体及社会贤达，迅速召开政治协商会议，讨论与实现召集人民代表大会，成立民主联合政府”的行动主张，“五一口号”向世人表达了中共要召开政协会议，吹响了建立新中国的进军号，这是毛泽东的主动作，也是人物的最高需求。毛泽东和他的战友们如何完成了“建国大业”？这个主题将紧扣住人民政协会议能不能开成；宋庆龄、李济深、张澜等身在蒋统区的民主党派的领袖们能不能来解放区参加这个会议；遇到哪些障碍与险情，最后怎样到达北平参加会议的；三位非中共的民主人士又怎样当选为国家副主席的；为什么要召开各民主党派、社会团体各界人士参加的人民政协会议；这就是历史赋予大会的重要使命，经过人民政协会议民主选举产生的中央政府才是合法的政府。“会议”与建国至关重要，“会议”是故事的核心，是表现毛泽东为代表的中共领袖如何开成、开好这个会，整个故事从“五一口号”提出，围绕“军事南下，政治北上”的战略方针展开，在创作中我们有意避开对三大战役的详述，一切都紧紧抓住“开会”这个核心事件，着重表现毛泽东与周恩来在军事指挥之外的另一条战线的政治智慧，那就是我党的统一战线，实现多党合作、协商建国的政治目标，克服重重障碍，摆脱了反动派的大破坏大截杀，以共产党人的博大胸怀，团结和争取一切民主党派和各界爱国人士，前来参加推翻蒋介石反动政府的群英盛会，完成第一届人民政协会议的胜利召开，合法地接生了人民共和国，选举了新国家的领导人，这就是全部的故事。

我把写电影剧本的想法向王蒙主任说了，他表示热情地支持，让我写个报告，并当面向贾庆林主席报告这件事情。2007年12月7日贾庆林主席做了批示，同意立项。于是，我全心进入了创作，为走出资料堆，找到更准确的感觉，我到河北西柏坡、城南庄，到南京、上海等地实地考察，采集细节、采访名人之后，为了更准确地写好毛泽东这个人物，我请来好友陈宝光。他非常熟悉史料，其父亲是前北京市档案局局长，从小培养了他对党史的兴趣，有陈宝光加盟等于对于史料的准确性有了保证。当时我们写的时候，没有和任何人签订合同。剧本写完后，北京市政协召开了剧本研讨会，听取了政协委员的意见，剧本报送各级领导审查通过。广电总局赵实同志给予很高的肯定与评价。她说看剧本就落泪了，剧本很好。另外贾庆林主席看过剧本批给各位副主席审看，也充分肯定了剧本。中央重大题材领导小组讨论通过了，作为重点国庆献礼影片，总局领导与我们商量，交给哪一家制作？

在中影集团已经策划并投资千万拍摄国庆献礼重点片《天安门》之后，我还是同意交给国家队中影集团来做，这样我们与中影集团签订的剧本著作权许可使用合同，许可电影拍摄权五年。这个剧目不是别人委托我们创作的，所以，我们编剧签订的是著作权许可使用合同。《建国大业》剧本后来在《中国作家》杂志上发表，也在盛大网络上发表，并有700万点击率，还出版了《建国大业》长篇史实小说。这部电影在市场上创造了4亿多票房，说明主旋律影片不是没有市场的。这部影片有众多的明星参加，这是中影集团操作正确的结果，在国庆期间引爆了全民的爱国激情。

主旋律作品中的话语表达方式

实际上弘扬主旋律的电影不是没有市场，我们中国人口的多元化，消费也是多元化，有些年轻人爱看一些商业片，有些人就是想看一些深沉的、打动人心的，观众群是不一样的。一听说主旋律电影就认为是说教的、概念化的，就不想看，这是一种误解和偏见，认为主旋律是政治说教的传声筒，不屑一顾。恰恰相反，无论在美国还是在中国，表现民族精神和时代精神的社会主流电影，是要艺术家付出才能和功夫的。

我们都生在这个时代，感受到了时代的温度，一个饱受苦难的中华民族，正在经历前所未有的伟大社会改革，一个在艰难爬坡的人，需要营养，需要力量。一个向前发展奋争的民族，需要的是进步的鼓声，需要照亮心灵的阳光。一个没有英雄的民族是一个悲哀的民族，而有了英雄却没有宣传和张扬英雄作为的民族是一个愚昧的民族。中华民族自古以来，就有埋头苦干的人、冲锋陷阵的人、抗击外寇的人、舍身求法的人、为民请命的人，这是中国的脊梁，他们崇高的精神和气节，已经成为鼓舞人民建设国家的精神号角。

中国的观众是多层面的，主旋律电影自有它自己的市场份额。《建国大业》创下4亿多票房，《离开雷锋的日子》在北京有185万人走进影院，创下了北京最高上座人次。《生死牛玉儒》当时是一部党员先进性教育的影片，我国有8700多万党员，8000万不看，有700万就行，党费是可以看电影的，《生死牛玉儒》国内票房6000万，北京就占了400多万，上海也是400多万，广东省电影公司28万买的版权费，发行了500多万。

我引以为豪的一件事是，中国人大附中高三有一个叫肖迪的学生，他妈妈就希望孩子看这部关于牛玉儒的影片，一家人花了240块钱在广安门影院包一场，12个人陪着这个孩子看。后来这个孩子考到了北大光华学院。后来我见到他，他说：看那些爱情的，男人追女人，女人爱男人，这些自然现象没什么可看的。我想看的是一个领导干部是怎样面对死亡，是怎样结束他的人生，他在人生的最后时刻做了些什么，这样的生命方式我不知道，我要看，这一课题对我特别有意义。

一个编剧写剧本，也等于医生开出药方，对方用后什么效果你是不能不问的。任何影片表达的都是作者的价值观，我们在影响人们思考什么？欣赏什么？我不会去为那些所谓的娱乐包装上五光十色的肥皂泡，泡沫破灭后毫无价值。但是，像《林则徐》《甲午风云》《创业》《董存瑞》《集结号》《老井》《秋菊打官司》《生死抉择》等影片，看过能让你永远记住。最近有一部日本获奥斯卡奖的影片《入殓师》给我很深的启迪，人死了也要让他有尊严地离开这个世界，震动每一个生者使其思考人生。中国的影片一直在冲刺奥斯卡，而日本这部影片拿下那个小金人了，表明这样的影片是打动灵魂的作品，那些只能刺激眼球的东西，与之无法相比。艺术存在高低优劣之分，编导的追求不同，作品倾向不同。评论家肖尔斯看过我编剧的《蒋筑英》说过这样一段话：“像《蒋筑英》这样的片子即使有一个人看，即使没有那些打打杀杀搂搂抱抱的观众多，也不失真正的意义。因为岳母只给岳飞一个人刺上了‘精忠报国’，但是岳飞却带起了千军万马，有时候社会效益远远地大于经济利益。”我是接过前辈传授的接力棒，一直坚持贴近现实的创作态度，热衷于弘扬时代人物和时代精神。前辈们的剧作风格和为人品格令我景仰，剧作家柯灵先生在艺术上反对电影的媚俗令我赞佩。他说：“决不能降低水准，俯就低级趣味，传播文化的使者，决不能用倚门卖笑的轻浮态度，来博取他人的青睐。”

《我只流三次泪》

我最满意的作品应该是《我只流三次泪》。斯琴高娃这个导演非常认真，虽然是儿童题材，但是你看看这部片子，拍摄很精致。女导演后来得乳腺癌去世了，我们非常怀念她。她是个热情少言、任劳任怨的蒙古族艺术家，亲自到老山前线深入生活。为了让我们搞好剧本，她从北京到我们家来，在长春跟我和王浙滨一遍一遍磨剧本，对编剧特别尊敬。剧本中设计的场景，她去云南亲自考察，从影片中看到她在人物情绪体现上很有创造，启用了李小璐母女。当时李小璐才四岁，演得非常真实。谁看这部电影也是要落“三次泪”的。因为源自生活，生活是最能征服人心的。

好的发力点

开场必须一刀劈入内核，直接对住你的主题。第二个就是找到你的结局，从结局确定你的切入点。第三个就是一锤子就砸在你的人物身上，给你的人物制造危机，把你的人物推到痛苦的深渊，让他做两难的选择。

说起切入点关乎故事的开端，我们吃鸭蛋最爱吃蛋黄，要是蛋皮太厚，半天打不开，观众就不耐烦了，需要一刀劈开，让蛋黄儿露出来了，主要矛盾的核心显现出来了。观众注意力集中了，进戏就快了，观众就坐住了。初写剧本，手段不狠，往往介绍这个交代那个，介绍人物、时间、环境，半天没进入实质。写《生死牛玉儒》三分钟主人公查出癌症，八个月就死，他怎么当这个市委书记？《离开雷锋的日子》七分钟乔安山撞死雷锋于车轮下，肇事者你怎么办吧？对于一个题材的切入点，犹如一个裁缝在何处下剪刀。前提是必须确定题材的核心，冲着核心剪去，切入点就显露出焦点事件来了，最早最快地摆在观众面前，把你的主人公推到焦点事件之中，让观众有了期待和担心，并建立起同情的心理。我写《建国大业》，焦点就是开政协会，毛泽东提出开会，马上敌机就来轰炸，要斩首毛泽东，危机来了，悬念也来了，这个会能不能开成？老蒋怎么破坏的？还用交代这个展览那个，想说明的太多，等于什么也没有弄清楚。就剧本而言，没有核心和焦点，等于没有发力点。

剧本的修改

“没有一个剧本不需要修改的，没有一个剧本不是修改出来的。”当《蔡文姬》上演后，一位中国青年报的记者问郭沫若先生，郭老能给我们谈谈这个剧本创作经验吗？郭老说，改、改、改、改、改、改、改，一连说了七个改。我前边跟你们说过，当我第一个剧本烧了一箱子稿纸，我就明白了这个道理了，剧本是修改出来的，修改就是认识提高的过程。我的好多剧本，有的听到一个人的意见，有道理，我就全盘推翻，重新结构。《天国逆子》最早是写母亲为主，导演说是斯琴高娃演母亲。那么，母亲为何毒死丈夫？焦点就成为她如何追求个性解放，丈夫如何无能和粗暴。后来，我见到了日本剧作家铃木尚之先生，他听了这个题材后说，一个女人与别人通奸，再谋害亲夫，这样的女人是十恶不赦，即使编剧再用浑身解数也无法挽回观众的同情心理。如果你以儿子为主，那就为何儿子去控告母亲？控告的结果如何？母子俩后来的关系与结局怎样？以谁为主，故事的切入点就不同。铃木尚之先生是结构大师，一语道出要害。我采纳了他的意见，重新结构故事，大改一通，结果人物叙述得很有层次，悬念持久，延续到结局。这部电影在第七届东京国际电影节获得大奖。前边我说过《鸽子迷的奇遇》通过最快，为修改这个剧本，我们跟导演一块到云南又做了修改。

老舍先生有一句话：“剧本就是锯本。”最后要舍得锯掉多余的东西，留下的都是精华。几十年的职业告诉我，永远不说拒绝修改这句话，要知道著作权法赋予你修改的权利或者授权他人修改。剧本只有不断地修改，才能搞出好剧本，做编剧必须养成能修改剧本并能听取他人意见的习惯。不愿修改剧本的人是做不了编剧的。我们编剧不比观众高明多少，“百思得观众一见”，因为你思考一百次，观众才看一次。你的高明就在于你比他们多思考了99次。

如何衡量一部剧本

衡量一部剧本优劣，首先我看编剧是不是发现了新题材，发明了新人物这是要害。编剧职业本性就属于创新性人才，剧本的创新性最先检阅的是题材上要新，让人耳目一新，再就是人物要新，别人手下没有出生过的，在你的笔下诞生了。人家有了，你孩子必须长得比别人家的漂亮、超群。另外从结构判断就是讲故事的角度不一样，开端与结局都让人意外。因为我到了嫩江草原发现了人工驯养仙鹤，题材选对了影片就成功了一半。创造一个新的人物形象就决定了影片的成败。因为，把撞死雷锋的人作为主角搬上银幕，《离开雷锋的日子》使我再度获得了华表奖最佳编剧奖和17届金鸡奖最佳编剧奖，演员刘佩奇当了双料影帝。

电影的血液是创新。我参加评奖打分的标准是：“题材是否独家发现，主题是否独到见解，人物是否独立性格，细节是否独具慧眼，开端是否独辟蹊径，结局是否独树一帜。”最终一切要落到人物形象上，创新的独一无二就是成功。我看《海底总动员》太新鲜了，鱼的父子情表达得透彻感人，所以人物形象首先要新鲜。近期，我看的国产电影《天狗》中的李天狗、《集结号》中的谷子地，人物形象很有功夫，性格做得到位，有棱有角，过目不忘，且感动观众。新鲜的人物形象植根于生活，编剧要去发现，导演去再现，演员去体现，摄影去呈现，制片方去实现。实现什么？实现编剧最初的发现！剧本中包含着你发现的一个题材、发明的一个人物、发展的一个故事，这是编剧所以构成著作权的东西，这个智力成果最早源于你的发现。当别人没有写的时候，你已经有初稿了，2004年我发现并写出中国奥运第一人刘长春的初稿，他是大连人，小时候我就听说第一个参加奥运会的就是我们大连人，等到2008年北京奥运会拍摄出来了。1998年我去上海山阴路采访国旗设计者曾联松，写了《共和国之旗》，我从上海掏走了具有国家标志的国旗设计者的故事。电影最忌随人之后，没有新的发现，随风跟潮。缺少独特创新，重拍翻拍成风，“忽如一夜春风来，所有经典都重拍”。四大名著重新拍，《四世同堂》重来一把，把老电影兑兑水变成电视剧，《冰山上的来客》拍成电视剧，莎士比亚的《哈姆雷特》拍成中国版本。电影创新很难，发现新题材最难。有思想的编剧首先是一个发现者，绝不愿嚼别人嚼过的馍，电影的生命还是要讲新故事立新人物。

源头活水在哪里？由于我是跟张天民学习编剧的，我认定生活是唯一的创新必由之路。只有自己的发现才代表自己的表达，而不是戴别人的眼镜去看成果，替别人去加工发现，为别人去炒回锅肉。以夏衍、田汉为代表的中国电影剧作家传下一条光明的路标，深入生活，发现好题材，发明新人物，发展好故事。

快乐的编剧

30多年的编剧工作，给我带来了很多快乐，也给我带来了很多苦恼。快乐是你一个人的悲伤会转化成万众流泪，你一个人的感受会传染到千万人，你一个人写下情感的乐谱，会让千万人去激动，这就是编剧的幸福。我写《蒋筑英》的时候，窗户外面下着大雨，我在六层楼顶层，屋里还漏雨，进入情境之中，我甚至感觉蒋筑英在我身后呼吸，在看着我怎样往下写，我调查他的时间太长了，就觉得这个人物好像在我身后喘气。写到妻子在太平间见到蒋筑英时，我情不自禁泪水出眶。剧本写成后，我试讲给别人听，讲得他们当场流泪。果然，等这部影片拍摄出来，观众看片也是止不住被夫妻情、父子情所感动。这就是作为编剧的独特享受，当我笔下播种情感的云层，银幕下必然收获观众的泪雨，创造的人物感动了编剧，银幕之下就感动了观众。这是成正比的。艺术是磨炼真诚的一门课程，罗丹这话说出了从艺的真谛。什么东西能打动人心呢？唯有真诚的情感才能征服人心，“人者心之器”，人的器官是由心灵来左右操纵的，反过来世界上最坚强者，就是最能驾驭心灵的人。人心是什么？人心是天下，得民心者得天下。剧作家要用银幕的魔力，你的情感和发现、思想和主张传播天下，这就是编剧的快乐吧。

在电影学院听课，李凖先生就说：“当我面对300字稿纸的时候，我在写剧本吗？我是在发表我人生的宣言。”当时，我在想他怎么能这么想呢，真厉害，编剧首先是有思想的人，是能够独立表达其思想的人。

文人相轻，表达了人性妒忌的本性。剧本行当是名利双收的，所以角逐也是最厉害的，在这条道路上挤满妒杀、狡诈，陷阱、暗算，盗版、抄袭，在这其间能斗争出来，你也算是胜利者，我所了解的编剧，没有一位未经历过被侵权和欺负过来的。我从一个复员兵，成为编剧，写了30部电影，每一步走来，都是深刻的记忆，一步一个坎呀，人生就是这么走过来的，成多高的名，获多大的利，最后都要走向《入殓师》。编剧的最后一幕是应该想到的，不管你是总统还是贵人，死亡的大门对谁都是敞开的，有思想的人是想办法让自己活得灿烂，像电影《百万宝贝》，我不求一生辉煌，我也求一时辉煌，人生就是这样。创作最苦恼，成功最快乐。没有苦恼就没有快乐，编剧就是驾驭这两个轮子向前行驶。

中国儿童片的问题

我是写儿童电影起来的编剧。当今影视已经真正成为了孩子们不可缺少的了解世界的形式。他们是在电视机前长大的，从小就在“画面帝国”包围下，接受教育和了解世界，当然电影就是其中一种形式了。我小的时候是看《小兵张嘎》受到震动，心想将来能从事电影工作多好啊。儿童电影成为世界电影生产中不可放弃的重要产品。今天的《海底总动员》、《玩具总动员》、《变形金刚》，三维动画已经影响了世界的孩子，电影已经成为了最具影响力的东西，我们还不想想我们的孩子吗？

因为我是家长，我知道孩子的心灵是一片神奇的土地，播种感情就会收获习惯，播种习惯就会收获命运。你给孩子们讲什么东西特别重要。我看《海底总动员》落泪了，真是太好了。这也是我们剧作家要做的事情，敢于想象勇于创新啊。你看人家搞那个《哈利·波特》，包括《小鬼当家》，从中看到编剧的童心童趣多有意思，我的儿子看《小鬼当家》，一开始是站在沙发上，最后看完这个片子乐得躺在地上打滚，我从中观察，什么叫童心童趣，怎样才能把孩子逗引到这种程度。我们编剧的故事做到了吗？美国的儿童片为什么做得好，首先，把儿童电影当成一个伟大的事业和产业来对待，不是把它当做“小儿科”。像我们往往把儿童电影当做导演练手的，想做导演的，先拍一部儿童片，成本低，解剖一把小麻雀吧。我想学编剧了，那就写一部儿童片吧。而人家是，作家把给孩子们创作视为一个伟大长远事业，像安徒生写童话一样，把自己当做一个伟大的作家、一个伟大的作者来做这个事情。罗琳创造了“哈利·波特”文学形象，华纳公司连续拍摄6部电影，做成了全球发行最大的影片，因此带来了电影票房的奇迹。作者罗琳现在也是世界上拥有10亿美金的稿费收入者，你能说哈利·波特是“小儿科”吗？你能说儿童片不重要吗？而我们之所以这方面没有得以发展，主要是创作观念上、教育体制上、市场机制上，都没有重视起儿童片的创作与生产。从政府来说，文件上重视并不等于行动上重视，至今也没有看到实际的措施，就连生存二十年的中国儿童电影制片厂也名存实亡了。像于蓝同志把儿童电影当做一个伟大的事业来做，因为她心里总是装着中国有四亿儿童的概念，所以称她是一面旗帜；我是跟随她坚持写作儿童电影的。因为关注了孩子们看电影，对于淫秽、暴力、恐怖、赌博的内容，于儿童无益，我才在全国政协会议提出电影分级制的提案。就我而言，深感缺乏童心、童趣，写不到人家那种童心大作真心豁然的高度来。但是，我相信，经济杠杆是一定能撬动市场的，儿童产品的市场太大，中国儿童电影的创作一定会繁荣起来。很多作家在写动漫和儿童小说，儿童电影剧本也会大有人为的，这需要文学家和剧作家蹲下去到孩子们中间，熟悉他们的生活，了解他们的需求，创造出孩子们喜闻乐见的包括世界都能接受的儿童形象来。

如何解读、评价作品

早期，对《飞来的仙鹤》的评价很高，说是人性战胜了阶级性。后来，很多评论说我在人物创造上，从写人物事件到写人物性格，到写人物的内心世界。因为我的作品大都是深入生活，不是抄袭剽窃他人的，每部都是建立在我调查研究之后的产物，持之有故，据之有理，都是自己的想象和创作的结果。对于外界的评论我是这样看的，编剧一定要学会倾听别人赞美的声音和批评的声音，尤其是听别人的意见，不管是中肯的还是恶意的都要听。能看你的剧本就是对你的注意，就是对你的尊重了。因为我这么多年，拿着剧本请人看，人家跟你谈意见，没把剧本扔出去就是给面子了！论证会上提的各种意见我都听得，不要有任何反感情绪，就算是当时一时不能接受也要听下去。前两天我写的话剧《北平·1949》，其中涉及了骑兵的戏，看本的人批评说，人你都没写好，你还写马？这种带有讥讽的语言，我也非常高兴听。哦，我的马没写好，是没写好，著名编剧也得听呀，你要表达，他就有表达批评的权利。有时候真的是对方曲解你的意思，剧本没看明白也发言，你都要听，肯定意见、赞美的意见都要听，那个反对的意见尤其要听，因为剧本阶段你听取了意见，拍摄的时候就可以纠正。所以说，编剧的耳朵是筐，什么都能装，意见越具体越对你有益，万不可给自己的剧本围篱笆，万不能给别人的意见贴封条。电影就是让人家评头品足的东西。

关于中国编剧的思考

中国编剧跟国外编剧的比较，应该说我们在思维方式上、政治观念上、表达方式上，以及在起点和视野上还是有距离的。《木兰从军》是中国的故事，让美国拿去世界上发行收入了12亿美元，我们能做到吗？美国电影一发行就面对着全世界，选择题材就是世界性的，《贫民窟的百万富翁》印度的内容，拍摄出世界的主题，人物搞得也好。当前，国内市场已经国际化，我们必须参与这样的对手竞争，只有把我们提高到国际水准才能下场较量。中国的武打片在世界上有一席之地，对方很快就学到手了。所以，我认为中国电影剧作不足的原因太多了，题材的选择不能国际化，主题的开掘不具世界性，人物创造缺少鲜明的个性，特别是叙事结构往往缺乏提炼。总之，除了我们受中国文化环境的局限外，还有就是我们编剧思维技巧和文学观念的局限性，导致了我们的思维上不能像他们那样有更大的自由想象力和思想力。

在体制与机制上，也存在很多的差距。中国编剧的地位越来越低，剧本作为智力成果不能很好地保护，谁都可以乱改剧本，甚至拿不到全额稿酬，这在美国、日本是不会出现的，同样是《伯尔尼公约》国，他们对于原创的保护程度比我们要好得多。盗版少就是保护好，即便我们有人写出“哈利·波特”，在没有那种保护体制下休想做到这么大的效益。在中国，少有编剧能够获得二次版权或者多次版权利益分成。在日本，电影在电视、DVD、空中飞机上，甚至弹子房游戏机上出现了影片，也要有编剧分成的。事实上，一个好的作家一生也不过有一两个好的构思和文学形象。只有通过其创造的市场价值而有所回报，才能有效地吸引和鼓舞投身于编剧行当的人才。我们知道美籍华人编剧黎锦扬为好莱坞写了一部《花鼓街》，吃版权费，一直享用到今天。每年都可以有所收入。国外的很多职业编剧靠版税收入来推动剧本质量的提升，这是有辩证关系的。中国版权保护还没有达到这样先进可行的程度，唯有随着版权意识的增强，编剧可以向这个方向主张和争取，不一次卖断所有的权利。目前，中国编剧的酬金普遍偏低，如果仅靠写电影剧本生存的人，很难维持生活和自己的养老保险费用。美国编剧维权是向互联网、手机上主张再次分成的权利，而我们编剧连剧本基本稿酬都不能如数全额到手，在这样的版权创造与交易环境下，即使出现编剧创作了优质剧本，也不可能获得高产值的著作产权，当然影视盗版也给制作商带来了版权利益的大量损失。事实上，只有国家提升版权保护的深度和力度，才有可能为中国电影的灿烂未来，造就出世界级的中国电影作家。

编剧和导演的关系

北京电影学院庄宇新教授在大陆和香港地区编剧交流会上，如此预言："今后不会写剧本的导演，将来都要失业的。"这话有前瞻性的真理，因为编剧不想再为导演写剧本了，为何如此提倡编剧要自编自导了呢？庄教授自己是教剧作的，已自编自导了两部很出色的电影。我写了这么多年的剧本，自然接触了很多的导演，把剧本交给什么样的人决定了你的剧作成败，也决定了你的设想能否如愿达成。人之善恶唯有共事相辨，如何对待你的剧本是最好的试金石，剧本有优劣，人性也是善恶兼具，有君子与小人之别。回忆起来我与导演的合作，我可以大致梳理出四种类型：投石问路型、以文会友型、过河拆桥型、口蜜腹剑型。我在以上谈话中，感恩不忘的是像于彦夫、张圆、王亚彪这样老师辈的导演，《解放》的导演齐兴家，《狼犬历险记》的导演张辉夫妇，更有谢晋这样的大师。我从他们身上学习了许多电影讲故事的经验与方法，剧本就是起到了投石问路的敲门砖的作用，为我创造了一个当学生的机会，我真心地感谢他们，在"投石问路型"的合作中，使我学习了他们的人品和艺德。"以文会友型"是与导演合作一部影片成为朋友。人和人在一起，不仅是为了一部电影作品，因为一部作品，结识了一个好朋友才是最为珍贵的，在电影创作中识得了那些善良、纯洁的灵魂，并将其形象保存在心底。我和雷献禾导演合作了《留村察看》、《离开雷锋的日子》都得了政府奖，他很尊重剧本，他知道我是深入了生活基层而作的，所以他改每句台词都跟我商量，他是一个非常谦虚的导演，敬业尽职。有一件让我至今不忘的事，我的一部电影由于导演乱改剧本，双片审查不满意，公司炒掉了这个导演，怎么办？我推荐雷献禾来救火，他毅然投身帮忙，重新补拍了镜头，影片通过了。可见他为人正义，解困相助。现在他也是全国政协委员，对我们编剧依法维权活动，他很快发表了支持的意见。前边说过《我只流三次泪》导演琪琴高娃、《法官妈妈》导演穆德远、《飞来的仙鹤》导演陈家林、《良心》导演广春兰、《生死牛玉儒》导演周友朝，他还导演了王浙滨的《背起爸爸上学》，编导相互配合，共同交流，从剧本到胶片，编导合作的友谊清晰可见，每当看到影片就怀想那美好的情宜。“过河拆桥型”的导演，大有人在，跟你索求剧本时像孙子，剧本拿到手转身变成了爷，就像不认识你一样。在这帮人眼里过了河，桥只不过是一堆破木头而已。影片拍摄成功了，一切成就都是导演自己的，根本就不提编剧，甚至在做字幕时有意把编剧的名字掩藏在众多人名之中，贬低排斥编剧的署名权，大都是这样的导演干的事。总之，不会给编剧一个醒目的位置，把自己导演的名字，放到最醒目的画面里，利用后期制作的权力，故意压低编剧来抬高自己。甚至只准许剧组看他的工作台本，不给演员看文学剧本。连一篇散文都写不出的导演竟然乱改你的剧本。我被这样的导演蒙蔽多次，这类导演的本事就是吹牛、忽悠。圈外人不知道，业内的人谁都明白，在没有剧本的时候，导演就是待业者、失业人，他必须把你手里的剧本抓过来，才能升帐称帅，才有了工作。所以日本剧作家桥本忍先生说：“剧作使导演有了工作。”一语道破编剧与导演的关系。编剧如何选择导演，有时比选择题材更难，这涉及双方的社会影响、知名程度、水平能力、合作诚意、平等相待、判断剧本。总之，人心叵测，识人太难。谈起与导演合作令我剖析人性于眼前，那些高尚的和肮脏的灵魂在剧本试金石前均坦然出壳，剧本上凝结着作者的人格权和财产权，名和利总是让那些心存不轨的导演膨胀自己的侵占欲，这就是发生在眼前不用编造的人物和戏剧。“口蜜腹剑型”的导演就是编剧的创意和发明进了虎口陷阱，你的多年辛苦的成果被恶人吞食了。这样的导演混在导演堆里你是看不清的，往往都是平时将“朋友”二字挂在嘴边上的人，向你要求剧本时客气如蜜，表示你写的题材非他莫属，一旦看过你的剧本，出于他未来承包制作的利益或者他身边哥们儿的利益，于是就会否定你的剧本，或者再找一个御用编剧来挤对你的权益，或者更狠的，就直接盗窃你的题材，剽窃你的构思戏核，一脚把你踢除，这类口蜜腹剑型我们已经领教了，找这样导演就是引狼入室，把你多年的智慧成果，轻易盗走，窃为己有。就像这个世界生存着各种心存不良的恶人一样，导演堆里这样的人，如果叫你遇上了，会让你愤慨终生，因为你多年的积累被他不留血迹地吸走，这比强挤入编剧署名更可怕。世上发生了多少智力成果掉入陷阱的故事。一些人职业无德，并不怕激惹非议，这是因为当下坏人不怕臭，中国太大，不愁找不到下一个猎物。“不与侵权者打交道”，要对某些人亮出黄牌，让编剧们谨慎出手你的剧本，我注意到了有的编剧为防止盗版剽窃，导演看剧本前，签订个合同，不得外传，你不接手，也不得泄露，有保密的前提，但是这只对君子有用，对那些口蜜腹剑型是无用的。

电影是协作的艺术，是文明道德的产物。编剧拿着自己的剧本选择导演，还是导演有了想法去选择编剧，还是两人一直是很好的搭档，一同合作。我知道日本黑泽明的导演与编剧桥本忍合作《罗生门》，以后一直很好地合作，因为使用了桥本忍的剧本，黑泽明导演连连推出好电影，确立了在世界电影界的影响。因黑泽明出色地导演了桥本忍的剧本，使桥本忍的剧作思想和地位在日本德高望重。日本这个民族是最讲究协作精神的，而电影不是写小说，必须围绕剧本组织各行当的人，通力协作完成拍摄。而中国人的性格中最不懂得协作的力量，体育也好，电影也好，单项竞技都很出众，凡是需要集体协作的，都难上去，有一点成就相互抢功，有一些挫折相互埋怨。电影的创造不仅表达国家的文化素质，也看出一个民族的性格。据我所知，在世界电影史中日本人创造了一个奇迹，那就是26年间拍48部电影《寅次郎的故事》，一个多么了不起的合作集体啊，为了一个人物形象的创造，最后直到这个演员渥美清去世，影片合作结束。中国人能做到合作26个月就不错了。今天签约合作，明天两人可能结仇了。在中国电影中很难找到长期合作的编剧和导演，顶多合作三部，分道扬镳。我与日本剧作家协会会长加藤正人交流过，他从版权层面分析这种利害关系，首先日本的著作权法保护剧本的著作权，因此编剧是最高放权人，制片商要向编剧索取拍摄权，付清使用报酬后，制片商找导演，再授权给导演，导演再授权给演员，来使用剧本的版权。编剧是这部影片版权的源生权利拥有者，制片商还要给编剧二次发行分成、海外发行的提成等。这些都表明了国际上对于原创和首创的高度保护和尊重。在日本的《著作权法》中导演是没有版权的，中国的《著作权法》导演也是没有版权的。第15条中规定只有署名权和报酬权。鉴于法律的规定，日本对于编剧的著作权相当尊重，没有不经著作权人同意随意篡改得面目全非的现象发生。所以，依法行事才能协作久长，才能出大的成果。

好导演首先是一个优秀的公民，他尊敬法律，就不会侵犯他人权益。我和导演合作，像于彦夫、张圆、雷献禾、王学新都拍过我两部剧本。也有的第一次拍戏的导演因为使用我的剧本执导成功，第一次获奖，他们感谢我从生活中提炼的人物和故事，为他们拍摄提供了扎实的人物基础。但是，也有一个知名导演说要拍我的剧本，结果揽下剧本未经我同意转手给他的学生第一次练手，把剧本拍摄得一团糟，让我特别伤心。这个剧本耗费我一年时间，跑了多少路，在沈阳、大连采访，寻找细节，构思人物，反复修改而成，他随意就转手做了人情。像这种欺骗性的导演，明知道得罪你，坑你一把你又能如何？教训让我们懂得许可使用剧本时，一定签订“导演人选”由编剧与制片商共同选定，未经编剧同意不得许可他人使用。

好的剧本造就了导演，成就了演员。从情理上导演是要尊重编剧的，从法理上剧本著作权是编剧的，是导演的上位权利人。谈起第五代导演的崛起，我更加怀念好友张子良先生，他是《一个和八个》和《黄土地》两个剧本的编剧。这不是什么人委托他创作，而是剧作家的自我思考，正是这两个剧本成为了第五代导演张军钊、陈凯歌的开山之作。编剧张子良双手托着两个剧本，为第五代导演提供了产床。我们有的评论家是近视眼，有意忽略剧作的基础。但是，一个尊重发明、尊重原创、尊重首创之风的文明社会是不该忘记这个的。

巴拉兹在《电影美学》说道：“自有声电影以来，剧本就跃居到了首要地位。”

剧本的首要作用决定了你掌握了主动权，剧本就有资本。由于编剧的意图不能完整地表达，又逢电影体制的变革，没有谁非要固定谁一定要承受别人的盘剥与欺压，我创作的剧本我为何不控制故事讲述的命运？于是，我和王浙滨合作剧本，变成编剧与制片的合作，她比我更有胆量去探索做制片人工作。

自《留村察看》电影开始，我编剧，她制片、负责找钱、找投资者、请雷献禾导演，影片获得华表奖、五个一工程奖，当年这部电影卖给了中影发行公司，发行效果很好。这样才有了后来我编剧，她制片，雷献禾、康宁导演的《离开雷锋的日子》。这其中，我必须说明的是，长沙电影工作会议后，电视补电影，北京广电局拿出支持电影的一千万，摆在那里，没有剧本呀，张和平副局长找到我寻求剧本，我说我有剧本呀，当时北京没有制片机构，能找到制片吗？我说王浙滨就能制作，雷献禾当时身体不太好，带病上阵，摄影师请的是张黎，现在也是大名鼎鼎的导演了。于是，我们在北京市委领导的支持下，不足400万就在东北拍摄成了影片。结果影片发行特别火爆，获得各种奖励，其中获得北京市文学艺术奖20万奖金。我提议奖金大家不分，把奖金设立个“源泉奖”基金，专用于奖励剧本的生活原型人物，大家一致同意。第一笔奖金2万元奖给雷锋战友乔安山，当时他还是下岗职工，生活拮据；奖励《背起爸爸上学》电影生活原型贫困生李勇，2万元对他完成大学学业起了作用；奖给了电影《共和国之旗》五星红旗设计者曾联松；奖给了《法官妈妈》原型人物尚秀云；奖给了电影《芬妮的微笑》原型人物瓦格纳夫人。数目不大，意义不小，是艺术家奖励给生活中的人物，旨在向社会明确表达，没有他们做生活的支点，就没有我们作品的立足点，在见利忘义、保利弃义的庸俗风下，有良知的文艺家见利思义得益报恩，奖励他们就是感谢生活。

剧本就是资本。因为这部电影的成功和影响，北京市申请中央批准成立了北京市紫禁城影业股份责任公司，从此，有了属于北京市的第一家电影制作单位，我们也因此作为人才引进，调入了北京，解决了户口，解决了住房。因为影片带来的全社会的影响，我也被中宣部和北京市委推荐为第九届全国政协委员。好剧本的命运要掌握在创作者手里，不仅避免了很多麻烦，也把思想表达得准确无谬。王浙滨从编剧也磨砺成出色的制片人，连续制了8部电影，其中与奥地利、法国还合制了影片。

中国不缺少好导演，也不缺少好的演员，没有好的编剧和精致的剧本，用什么锻炼演员？凭什么给演员发挥？没有《教父》、《教父2》这些剧本的成功形象，艾尔·帕西诺都还在舞台剧上演狮子或者小丑。商业电影首先要学会按照逻辑来讲故事，编剧对于一部影片有着终极的影响作用。

编剧维权

奴隶是没有任何权利的，而公民享有法律的各种权利。《著作权法》赋予剧作家所创作的剧本发表权、署名权、修改权和保持作品完整权，还有摄制权、改编权、广播权、复制权、翻译权、汇编权、信息网络传播权，应当由著作权人享有的报酬权和荣誉权。当“消灭私有制”从党章中删除后，“著作权”成为个人私有权利，依法得到保障，不容侵犯，谁创造，谁拥有，保障了我的拥有，我才能更加有动力去创作。中国的《著作权法》和世界《伯尔尼公约》以庄严的姿态赋予作者的权利，神圣而不可犯。国家广电总局2006年颁布《电影剧本（梗概）备案、电影片管理规定》的第六条规定，办理电影剧本（梗概）备案手续，要求提供“电影剧本（梗概）版权的协议（授权）书”，没有编剧的剧本版权授权书，电影不能立项，也就不能拍摄生产。这项严格的规定已经纳入行政审批的法定程序。

剧本版权授权书，就是一部影片的合法出生证。这不是一个简单的授权文件，这标志着剧作家的位置，拥有剧本原创就是最高的放权人，只有当制片商付清报酬，购买了剧本的拍摄的使用权，编剧才许可其使用版权，制片商有了编剧的许可权才授权导演、演员使用。

《建国大业》是我连续三届全国政协委员的感情酝酿，用了三年构思和写作，剧本经全国政协主席贾庆林审查认可，我与中影集团签订许可使用合同，授权中影集团五年拍摄电影的使用权。没有我的许可授权，中影集团就没有《建国大业》电影。

创作和维权是相互依存的，从创作第一个剧本开始就要学会保护你的著作权，如同生了孩子就要保护他的安全，别让坏人拐卖了，必须有维权的意识。

当前中国电影发展的矛盾有多方面。但是，不解决掌握创意产业核心的编剧地位与剧本权益的问题，自主产权原生权出现了生态恶化、生产关系不和谐，对于保护原创的机制不健全，不利于产生高质量的创意剧本，没有好剧本就没有电影业的可持续发展。电影的发展源于编剧的发明。因此，去年颁布了《国家知识产权发展战略纲要》强调对于知识产权的创造、运用、管理与保护，进一步提高了人们尊重知识产权的意识。

中国编剧高举依法维权的旗帜，就是向那些轻视编剧、漠视编剧，随意践踏编剧的署名权、修改权和保持作品完整权、报酬权、荣誉权者依法宣战；向抄袭剽窃者、盗版侵权者讨回法律的公正和尊严。中国编剧从默默无闻到发出愤怒的吼声，从多数忍气吞声到挺身而出，勇于说不。我记得亚里士多德说过："应该发怒的事而不发怒是愚蠢。对那些应该发怒的时刻，而不以发怒的方式发怒就是麻木不仁，无心无肺，是十足的奴性。"法律的火炬在我们这一边，我们不举起来，那就会让非法者彻底扑灭。面对多数编剧被拖欠剧本报酬，对于违约赖账的制片方，编剧表示弱势的无奈。美国编剧罢工是向互联网和手机上主张利益分成，而中国编剧还在为基本稿费赖账不付而奋争。还有编剧署名权被随意侵害，某影片把编剧署名放在片尾字幕40多位，与司机和茶水放在一起，无人追究；剧本被任意篡改，毫不尊重剧作家的权益；荣誉权被剥夺到冰点，甚至"百花奖"这样知名大奖都不设编剧奖，编剧获奖不能同导演明星一样走红地毯；等等，行业遭受歧视，权益遭遇侵害。

以法律为矛，以合同为盾，敢于把侵权者送上法庭，让侵权者载入审判书中，永远背负着黄牌警告。维权使我们清醒地意识到，权益不会从天降，你不去争取，没有人恩赐，我们不主张，侵权者就在扩张。从几起诉讼说明，编剧为了权利走向法庭，敢同一切侵权者对簿公堂。维权使编剧们学法懂法敬法用法，首先知道法律赋予了我们哪些权利，我们请知识产权庭法官授课，陈锦川法官一再强调，"在影视产业中，没有作者在创作过程中付出的艰辛劳动，就不会有建立在作品之上的一系列权利的产生，所以包括我国著作权法在内的世界各国的著作权法，首先就是要保护作者的利益，以鼓励他们创作更多有利于社会发展的作品，所以作者利益第一是各国著作权法都贯彻的基本原则"。

我还通过政协提案，建言献策，从法律规章上维护编剧权益。2008年十届一次会议，我以全国政协委员提案建议行政参与版权审理活动，切实维护《著作权法》赋予剧作家的权益，不希望看到侵害编剧权益的作品在国家影视审查中通过放行，助长侵权者的行为。提出三点要求：“一、凡有侵害编剧署名权的影视剧，审查中责令修正，不修正者不予通过。二、凡违约拖欠编剧稿酬而引起法律诉讼的影视剧，一律不予审查，不批准放映许可。三、凡是不经编剧授权同意，恶意篡改歪曲剧本原意而引起版权诉讼的，一律待法律判定后方可予以审查影片。”提案得到34位政协委员的联名支持。放弃维护权利是非正义的，分不清正义与非正义的社会，不会走向和谐的。正是因为编剧是有思想的守法者，所以，依法维权表现出剧作家比写作更具独立人格。

编剧所以有话说，所以有血的教训，就是编剧手持着智力成果，有与经商者谈合同的资本，这就是编剧的版权，别人没有这个内容，也就不具备这个资格，意味着他们没有这个叫作知识产权的东西，这个能影响所有人精神层面的创造物——剧本。正是因为这个东西，消耗着编剧的心血和能量，正是因为这个东西是好东西，所以有人要非法侵占，我们必须说不。

如何看待电影分级

我创作儿童电影，我知道儿童片需要什么，作为全国政协委员有责任去呼吁电影建立一个机制，保护少年儿童。2003年十届一次提案是《实施“儿童不宜”审定标准，电影产品分级制势在必行》，因为在无锡电影节期间，观摩台湾地区参展的新片《二月十四日》，没想到满场全是7岁到14岁的小学生，容纳800人的影院，坐满了围着红领巾的小学生。这些来自无锡市某小学的师生，看了这部涉及少年心理自闭、少女初夜、同性恋等内容的男女情爱片，影响极坏。当时记者就此事找到主办单位负责人，得到的答复是：“我国尚未对电影进行分级。”《京华时报》记者杨劲松2002年10月22日做了报道。像无锡电影节期间发生的事件不仅此例，国内其他影院也时有发生。为了保护未成年人的身心健康，《中华人民共和国预防未成年人犯罪法》第32条规定：“广播、电影、电视戏剧节目，不得有渲染暴力、色情、赌博、恐怖活动等危害未成年人身心健康的内容。”这是首次见诸法律的涉及未成年人在看电影方面的法规，从这一法规的约定，国产电影生产必须出台分级制，以相应配套保证法律实施的完整性。

要求电影产品“老少皆宜”，这是“大锅饭”意识派生出来的审定标准，随着电影产品多样化，观众层面多元化，市场法规也有必要细化。成年人和未成年人在看到男女夫妻情爱场面其审美效果是截然相反的；同样表现战争死伤的场面在成年人眼里是可理解的现实，对于未成年人无疑这些场面都属于暴力。由于未成年人的心理和生理的原因，他们接受物质产品和文化产品都与成年人有所区别，医生在用药时未成年人与成年人用量截然不同，这是遵循科学。同样在接受精神产品时，也是要遵循科学严格区别，考虑到保护未成年人看电影的权益，遵循电影产业化的规律，电影也没有理由不搞电影分级制了。现在国内电影市场已经国际化，出于和国际电影市场接轨的意愿，搞分级制也是我们电影产品走出国际市场的必然需要。

电影产品建立分级制，实际上是有利于电影的双向发展和双向需要，未成年可以尽情地看专门为之创作充满童趣的产品；为成年人创作的产品可以最大可能地满足成年人的审美需求。比如恐怖片，成年人希望看到充满恐怖情绪的电影，希望感受恐怖带来的刺激和愉悦；然而对于未成年人来说一次恐怖的刺激惊吓也许就会造成终身成疾。分级制就成了解决这两种不同需求的制度。同时，分级制也给电影制作者带来更大的创作自由空间，更加繁荣电影创作的样式。自由是在法律许可的范围内任意行事的权利，没有电影分级制的法规，创作者只能按照未成年人和成年人一同欣赏的“大锅饭”标准创作给成年人欣赏的产品。结果是成年人不满足，未成年看不懂。分级制可以使创作者在法律允许下，创作更多的适合国内外市场的电影产品，以满足不同阶层、不同年龄人群对于电影文化的需要。我的这次提案，广电总局正式的书面答复是：“对于如何建立电影分级制度和审查的具体操作办法以及分级之后如何规范管理等问题，电影局正在进行广泛调研和认真论证，并将向全国妇联、团中央、中国影协等征求意见，力争尽快制订出符合中国国情的切实可行的办法。”

分级制是科学的，科学的东西是迟早要出来的，你们这拨儿人会赶上的。看看希区柯克的《美人计》跟《色戒》你就知道什么是高级什么是低级。就说《魂断蓝桥》，那写战争的吧，没表现战争；写妓女的吧，没表现妓女，看到的都是美，那是真正艺术啊，战争将一个美丽舞蹈女孩逼死了，控诉战争却没有表现战争暴力，那才是高明啊。经典、伟大、崇高。我们要做这样的事情，我们艺术家对于社会对于青少年是有责任的。分级制度最早也是为了保护孩子们的目的，成为世界通用的制度，我们迟早要走这一步的。

期望

电影圈很小，艺术界很大，无论资历大小，无论地位高低，都要去珍爱，都要去创造，没有创新的成果就没有位置，靠作品说话这是硬道理。以上我说了很多教训了，说点希望。

第一，永远毕不了业的一门课程那就是生活，牢记巧妇难为无米之炊的危机感，今天这个世界竞争焦点是资源匮乏，编剧也如此，写什么成了困境，只有到生活中去，你发现的题材越独特越奇特你的优势越大。家里有粮，心里不慌；锅里有米，心里有底。

第二，要持之以恒地去钻研剧作，世界上没有什么能代替持之以恒的权威性。一句简单的童谣“将军上路，不看小兔”，一直奔向自己的目标，不为物欲所惑，不为权势所屈，不为利害所移，咬住目标，越挫越勇，就会成为银幕上的莎士比亚。

第三，世界进入知识产权时代，一个优质创意可以成就一个大的文化产业，甚至是一桩大型的版权贸易，《哈利·波特》已是前车，那么我们自己怎么掌握创意这把钥匙呢？要努力做一个创新者、实践者、探险者，培养创作的智力、毅力和修改的耐力，才能做一个最多著作产权的拥有者。

第四，中国电影编剧有好的传统，以夏衍为帅，从上海左翼传到我这一辈，再传到你们80后，不忘电影是为大众所创造，不要把自己作为一个孤岛，必须植根于大众的高天厚土中，同民族同人民融为一体，这个传统不要丢弃。

现在，想从事编剧的人已经是成千上万，各种大学都在开设影视编导系，看起来最简单的专业是编剧，其实是最复杂的。因为编剧创作剧本要包含电影拍摄的所有内容，这就决定了编剧是最具创造才能、最富有情感的人，编剧必须要面对着白纸为电影从无到有地开拓，要成为一个好的剧作家，首先要成为一个思想家，一个思维质量很高的作家。中国电影没有走向世界是因为中国剧作家还没有走向世界，随着中国国际地位的提高、经济的发展，中国的剧作一定要走向世界，中国编剧写的剧本可以由外国人来拍，包括日本、美国以及欧洲的国家都要求与中国合作，合作就要有好的剧作，只要你有好的构思、好的创意，我相信总有出头之日、总有成功之日，要有信心，一个伟大的剧作，是属于世界的文化成果，世人都在分享你精湛的思维艺术，接受你最精妙的情感洗礼。

建言献策　尽责履职

政协第九、十届全国委员会

【提案】

关于“金鸡奖，最好不再设立市长杯”的提案

金鸡奖百花奖曾有过崇高的信誉，代表中国电影艺术成就和荣誉，也起到了鼓励和刺激电影发展的作用。但是，近两届评选结果遭到媒体的批评，我想，无论来自媒体还是来自观众，包括电影界人士的批评，都是出于对“两奖”的爱护，都希望金鸡百花奖与时俱进，不断改革。为了吸取前两届评奖的教训，我想给本届金鸡奖提出三点建议，仅供参考而已。

1. 最好不再设立“市长杯”。前年沈阳金鸡奖在颁奖典礼上特别设立一个“市长杯”，由慕绥新亲自发给电影《国歌》，媒体还特别做了宣扬。

“市长杯”，这个冠有个人特权色彩的奖杯，被插进一向以专家学术奖的“金鸡奖”中意味着什么？像《国歌》这样的好作品，可以用评委会奖、特别奖名义颁发，为什么偏要戴上一个“市长杯”呢？是因为承办城市出资出力了，还是因为慕绥新是电影节主席，特别让他登场颁发一个所谓“市长杯”？然而，不到两年，人们看到这个贪婪成性疯狂地吮吸民脂民膏的沈阳市最大的贪官慕绥新被依法判处死刑，缓期二年执行。“特别设立”由慕绥新颁发的那个“市长杯”，是否散发着有悖于艺术世界的一股霉味？

“市长杯”是褒奖艺术形象，还是树立市长形象？是将中国电影导向市场文化，还是导向官场文化？毋庸置疑，“市长杯”是对金鸡奖评奖原则的

背叛，以专业性学术性为特色的金鸡奖，之所以受到了广大电影艺术家的尊重，就是因为金鸡奖所设奖项是评选各艺术专业突出成就者，金鸡奖所固有的“六亲不认，只认作品；八面来风，自己掌舵”的评奖原则，体现了评奖的严肃性，随便插进一个“市长杯”，如此下去，还要不要再有一个“市委书记杯”呢？

为了让我们的电影评奖能够坚持先进文化的前进方向，出于对金鸡奖荣誉的维护，不再被慕绥新之类的政客所利用，建议本届电影节金鸡奖不要设立“市长杯”为好。

2. 最好不要再评出“三个最佳影片”来。去年，金鸡奖在南宁居然评出三部“最佳影片”奖，突破了金鸡奖的历届最佳数量，也突破了中国文字“最佳”的定义。遭到了媒体的强烈批评和质疑，甚至有人讽刺搞电影文化的没文化，什么叫“最佳”什么是“优秀”都没弄明白，怎么投票竟然会选出“并列三部最佳影片”来？过去，出现了两部并列“最佳”，那是百分之五十选票对百分之五十选票的结果，可以理解。那么投票能选出“三部最佳”，说明都不过半数票，何以当选？显而易见，在观众真诚的目光下看到了一个不负责任的结果，一向严肃认真宁缺毋滥的金鸡奖也给自己留下一个出卖原则的笑柄。

评奖结果直接影响评奖的威信，也影响金鸡奖的信誉，有的导演公然表态自己的作品拒绝参加金鸡奖评选，也许就是对评奖原则和评奖程序产生疑虑，而放弃参评。希望本届金鸡奖不要重演上届“三部最佳”的结局。

3. 最好能进一步加大评选透明度。公开是公正、公平的前提，没有一定的透明度就没有公正公平的程度。全国观众都目睹了在莫斯科国际奥委会投票选出2008年举办城市的全过程，全世界都为北京在公开公正公平的竞争中获胜而折服。再看一下，国内连续几年搞的戏曲、舞蹈、歌手电视大奖赛，参选者和评委都是在观众公开监督下进行，公开打分，公开投票，杜绝暗箱操作，确保了评选的公正和权威，受到了观众、专家和领导一致好评。我们金鸡奖也应该借鉴那些成功的评奖经验。近两届金鸡奖搞得有点神秘兮兮，评选在济南，揭晓在沈阳；初评在西安，开奖在南宁。然而评奖的结果却惹出很多非议和猜疑，报上《金鸡的误鸣》《评奖打假，人人有责》的批评文章，都在呼唤评奖急需改革，加大透明度，加强公开性，能不能让评委们公开走到电视机前，让投票打分在观众眼前进行？那样，人们会真实地看到“三个最佳并列”产生的过程和享誉全国的《生死抉择》中李高成饰演者为什么在金鸡奖中落选。

金鸡奖走向公开，才是走向公正和公平的光明之路，才会赢得信誉和权威。

评奖只是一种激励创作的手段，不是根本目的，目的还是要鼓励深入生活、深入实际，创作出更多的电影精品，之所以很多人关注金鸡奖，因为它已成为一项特别的社会文化活动，期待本届金鸡奖评选成功，树立起更加完美的社会形象。

2001年

关于尽快出台中国《电影法》的提案

新中国电影50多年了，至今没有一部电影法，在电影进入市场竞争中无法可依必然会出现许多无序状态，而倒霉的只有国产电影本身。

目前盗版影片对国产电影构成了极大的破坏。我们紫禁城影业公司出品的三部贺岁片被多次盗版，约损失收入3000万元，票房少收入一个亿。《红色恋人》也有盗版。影片《没完没了》仅我们公司广告宣传投资270万，各省都发了宣传带，五个大区的卫星电视都做了宣传，贴片广告1500万，这么大规模的宣传，造足舆论，盗版者不花一分钱的广告费，借船下海，此片全国先后被盗五种版本的光盘，有200多万张，仅汕头市被查到两次共发行70万张碟，严重影响电影的上座率。去年到大港油田做电影首映宣传，欢迎队伍里很多人都夸葛优演得好，葛优纳闷，我来首映的，你们哪看的？我们看盗版碟呀！由于多年来对盗版执法不严，打击不力，加上地方保护主义，出现越打击越红火的局面，盗版队伍有组织有系统地展示出他们的技术，真正做到了制、发、放一条龙，只要国内外有好片问世，准能偷到手、盗得成、发得出，抢占市场特别快，从飞机到火车，从摩托车到毛驴子，空中水陆地面滩途，全方位铺开。据讲《宝莲灯》盗版300多万盘，制片商自然损失巨大。

这种明目张胆的盗版行为，如果不严厉打击，必然会把电影吃掉打垮。中国电影呼唤着法律保护！不但要在《著作权法》，《刑法》中强调，要让国人从《电影法》中知道，无论是国内国外的电影版权，盗版就是盗窃！盗版就要像刑法中犯盗窃罪一样，根据盗窃的财产损失数额量刑判刑。打击盗版不是电影制片厂的工作而是政府的职能。

政府没有理由表现出无能为力来，如果我们像清理“法轮功”那样去认真打击盗版，没有打不尽的，起码不会像现在这么猖獗。

同样打击走私影片和解决电影公司对影片发行收入的截留，偷漏瞒报票房收入，已经直接影响电影的再生产和发展了，这些现象都需要制定电影的法规，约束和扼止这些违反电影市场正常竞争的不法行为。走私影片和发行截留说到底还是钻了我们体制不顺的空子，电影的制作和发行分居在两个行政部门已有15年之久，从1985年开始电影局拿到广电部，而发行部门留在了文化部，水库挪了，而渠道仍在另一部门，犹如人身首分家，没有了柜台。到今天，尤其是电影全面进入市场，给中国电影体制改革带来了很大的障碍，票房不能真实地反映电影在市场中的实际收入，因此就更不能对制片部门准确决策市场的新产品进行开发。制作和发行分居两系统，实现“制发放一条龙”就是一句空话，所以出现走私片和瞒产私分，与管理多头、协调困难和政令不畅是分不开的。

制作和发行要想共同发展必须在法律的旗帜下统一起来，依法管理。而且同时，切实解决制作和发行体制分居的问题，使电影事业真正统一起来，这是电影工作者已经等待15年的愿望，多次会议提出，多少人反映，都觉得是麻烦的事，难办的事，实际就是两个部门之间的事，就是国务院内部的事，难办能比收回香港地区还难吗？麻烦能有澳门回归麻烦吧？只要国家不想扔掉电影事业，那就急需制定一部电影法。改革开放的中国需要一部电影法，中国的电影事业发展需要一部《电影法》。

作为中央人民政府的两个地区香港和台湾都有电影法，而我们中央人民政府却没有一部《电影法》。没有法律的要求必然出现靠下发文件为中心的指导下的电影市场。

1996年出台的《电影管理条例》对电影工作起到了积极的作用，但是它不是法律，没有法律的权威作用。我们盼望在一个完备的法律下，电影才能有充分的自由创作生产的空间，什么能拍什么不能拍，由法律来约束规定，而不是领导和个人意志来横加干涉。我们知道电影难搞就是电影的婆婆多，谁都能管着你，你就是孙悟空，头上带着金箍咒，谁都可以给你念一把，由于某位领导和部门有了意见，影片就会被枪毙。有的影片甚至通过发行了，也要追毙，这都给电影企业带来巨大的经济损失。一部电影作品被封杀却不能像死刑犯一样死得明白有法可依。大家都有感受，谁都可以给电影提意见，谁的意见都要听，不听就没法通过，由于没法可依，甚至有的电影要等到总书记审查才能定下来是否可以通过。

我写的电影《共和国之旗》，这部电影让人们知道我们的国旗是谁设计的，讲的是我们五星红旗的设计者曾联松先生的故事，第一届政协采用了上海一个市民的设计，可见我们新中国对公民权利的重视和尊重体现了人民当家作主，对青少年进行国旗法教育也有很大历史意义，所以北京突破120万元票房。这时有人就出来干涉了，说国旗是集体创作的，怎么写了曾联松一个人，功劳怎么只记在他个人身上？这部电影有问题就是要枪毙你这部电影，我说，我亲自采访这个老人，我看到了中央政府给他的采用通知，我查了大量资料，我又问他们，1997年革命历史博物馆举办的《国旗在我心中》和中央文献出版社出版的国旗知识里都介绍了国旗设计者是曾联松，在电影之前，你们为什么不出来纠正"是集体创作"？他说："谁叫你是电影，影响大，所以就抓着你了。"这就是眼下电影的处境，由于中国电影没有法，多少年来都充当着被动挨打的角色，充当着政治斗争替罪羊，从《武训传》《清官秘史》到《早春二月》《创业》，中国电影饱受没有法律保护的痛苦，我们法治电影，就是要以法行政，以法律来管文艺创作。

小平同志早在21年前就说过："文艺这种复杂的精神劳动，非常需要文艺家发挥个人的创造精神，写什么和怎样写，只能由文艺家在艺术实践中去探索和逐步解决。在这方面，不要横加干涉。"小平同志还说："衙门作风必须抛弃。在文艺创作、文艺批评领域的行政命令必须废止。如果把这类东西看作是坚持党的领导，其结果只能走向反面。"中国电影立法中要体现出小平同志的理论思想，在宪法赋予公民的权利之下，给电影艺术家创作上的自由。这样，中国电影才能有勃勃生机的创作生产力，电影才能出现富有个性的好作品，只有依法治电影，电影才能走出一条安定发展的路来、走出一条繁荣进步的路来。只有法律能够带来安定发展的力量，这是中国电影事业的需要，这是中国入世后参与市场竞争的需要，这是中国公民文化事业的需要。电影要确保有法可依，就要政府积极促进立法进展，迫在眉睫，迫在当前。让全国人民都知道像用水用电走路吃饭一样，看电影也有法了。

2003年

关于电影文学剧本酬金应属“稿酬所得”纳税范围的提案

用于电影拍摄所采用的文学剧本取得的稿酬，在《个人所得税法》中没有明确规定应税项目。国家税务总局〔1997〕385号文件《关于影视演职人员个人所得税问题的批复》中也没有特别明确编剧创作的“电影文学剧本”被制片单位采用报酬所得应税项目范围，只是在第三条规定：“电影制片厂买断已出版的作品或向作者征稿而支付给作者的报酬，属于提供著作权的使用权而取得的所得，应按‘特许权使用费所得’应税项目计征个人所得税。”这里提到的“买断已出版的作品或向作者征稿”是否确指电影文学剧本，不够明确。

新中国成立以来，各电影厂一直将电影文学剧本所付报酬称稿费，考虑到电影剧本属于文学作品范畴，现在一些电影厂和电视台采用剧本依然按照“稿酬所得”执行个人所得税。

〔1997〕385号文件《关于影视演职人员个人所得税问题的批复》由于对电影文学剧本所得纳税范围不确定，因此出现应税项目混乱。

1. “稿酬所得”应按稿酬所得的事实来确定，不能只局限在报刊和图书两种形式上，电影文学剧本报酬应属“稿酬所得”。

个税法实施条例第八条（五）规定：“稿酬所得，是指个人因其作品以图书、报刊形式出版发表而取得所得。”此规定将稿酬所得只局限在图书和报刊两种形式，窄化稿酬所得的社会事实，排斥了其他稿酬所得是不全面的，也是不合理的。以广播形式播发的新闻稿、广播剧、配乐散文、长篇评书的撰稿者所得酬金，是否算作稿酬所得？再如，电视播放专题片《邓小平》的撰稿人所得报酬、电视散文的作者所得事实上都是稿酬所得。随着时代发展，文学作品在电子出版物、互联网上发表作家的小说毫无疑问地都属于稿酬所得。同样电影文学剧本被电影厂采用拍摄出版发行，新中国成立以来一直是以稿酬方式付给电影剧作家的。

综上，仅以图书和报刊两种形式界定稿酬所得是不顾客观事实，限定是不科学的。作为法律文件的“稿酬所得”，应以发生的报酬所得的事实，科学地给予规范。“稿酬所得”应该是个人写作和创作以“文稿、图片”形态发表、出版及被采用，个人享有署名权，并通过其著作的作品所得的酬金，均可视为稿酬所得。

2. 电影剧作家的作品和文学作家的作品同样应该享有减征30%的待遇。

其实作家的小说以图书形式出版，也是因其著作权许可所得酬金，这与电影剧作家的剧本被采用所获酬金是相同的。但是，税法对于作者的稿酬所得，特别规定了应纳税额再减征30%，充分体现了国家鼓励公民创作文学作品的支持和优惠待遇。电影剧作家也是从事文学创作劳动，一部剧本虽然4万多字，然而剧作家比小说作家付出的劳动代价要大得多，一部电影剧本是编剧长期的思考和积累、反复修改的智力成果，同样应该享受国家的优惠待遇。曾受到江泽民同志赞扬的电影《詹天佑》是编剧岳野老先生，前后经历了40年被采用的剧本。剧本是劳时长、酬金低的创作，依据〔1997〕385号文件电影剧本稿酬按“特许权使用费所得”征收20%所得税，显然没有享受到应纳税额再减征30%的稿酬待遇，在当今大多数编剧是自由职业者，依靠稿酬生活的现状下，这不利于繁荣电影剧本的创作。

目前，中国每年拍摄150部电影，能够获得电影剧本稿酬的不足200人。入世后，国产电影受到美国电影的冲击，中国电影现状不容乐观，从事电影剧本创作的人越来越少，没有好剧本就没有好影片，希望国家在电影剧本稿酬的个人所得税收上，像扶持农民种粮一样应给予优惠政策，以扶持国产电影的创作，满足人民群众日益增长的精神文化需求。

我建议，依据《著作权法》规定在影视作品中单独享有著作权的文学剧本（包括电视文学剧本），应税范围以“稿酬所得”更科学、更符合中国国情实际，使剧作家享受减征30%的待遇，请制定法规的部门进一步与国家电影局及有关部门调查研究，出台明确的规定。

2005年

关于依法维护影视编剧权益，保障使用剧本获得报酬权利的提案

为推动文化产业大发展大繁荣，满足广大群众对影视作品日益增长的需求，编剧承担着影视产品的开发创造，为此编剧们付出了辛苦的脑力劳动。影视产业的核心是版权经济，剧本是影视版权的第一原始版权，随着各种文化公司进入市场运作，当前编剧权益受到损害的事件越来越多，编剧是个体职业，面对各种企业集团和公司，编剧已成为弱势群体。

《著作权法》赋予编剧的署名权、发表权、修改权、保持作品完整权和取得报酬权，都不同程度受到侵害。电影《墨攻》在字幕中，将编剧李树型署名为“剧本创作”，放在片尾字幕40多位，淹没在众多非创作人员当中，明显地侵害了编剧的署名权。早在广电部电字〔93〕第531号文件中，故事片字幕已明确规定，编剧署名位置在先；然而当下常见影视作品在编剧之前压上“总策划、总监制、总统筹、总顾问”，在这一大堆名字之后夹杂其间出现了拥有第一版权的编剧。从电视剧《三国演义》把“原著罗贯中”的署名压挤到第12位，不难看出本末倒置的现象已成普遍问题。在社会上造成了不尊重原创、不尊重首创的不良影响。署名权即人权，自中国有声电影以来，编剧的署名都是在首要位置，以示其版权的属性。由于编剧不参与后期的制作，出现了随意排挤编剧署名，抹杀编剧的署名的现象，影片的海报、DVD的封套上、宣传杂志中找不到编剧署名的屡见不鲜，一些媒体在宣传影片时有意忽略编剧。

没有不需要修改的剧本。但剧本的“修改权”和“保持作品完整权”依法属于编剧，不经编剧本人授权是不能随意修改的。当下很多制片方忽视编剧这两项权利。有的投资和监制人、导演甚至演员，不经编剧授权随意修改剧本

重大情节，在某些人眼里编剧地位就是“文字打工仔”，制片方随意换掉原创编剧，有意制造编剧间的版权纠纷，作品完整性无法保证，不经商量随意篡改歪曲作者原意；甚至不经编剧同意随意倒卖编剧的剧本。

最直接的侵害是拖欠赖账不付清剧本稿酬就开机拍摄。某些制片方以没有达到他的要求和种种理由拒付合同签订的尾款，有意拖欠赖账。从法理上，不付清全部稿酬而开机拍摄，即不拥有剧本拍摄的合法使用权，本身即侵权。八一厂某著名编剧的一部电影，直到影片拍摄完成，也没有拿到稿费。她把情况反映到电影局，在影片审查时，电影局明确表示不付清编剧稿费不能发给放映许可证，制片方只好如数付清稿费。某青年编剧因为追讨电视剧尾款6.7万元，投资方赖账拒付，并威胁她，“如果你敢起诉，我拿出10万元雇人杀掉你”。

写剧本是一项耗时长、成活低、报酬少、待遇差的高强度脑力劳动，剧本是个人拥有的创意知识产权，理应受到法律的保护，由于当前某些文化公司法律意识淡薄，因剧本版权纠纷和拖欠稿酬尾款案件呈上升趋势，打官司成本高、耗时长，编剧稿酬本来不高，官司缠身极大地伤害了编剧的创作精力。因此呼吁政府部门和社会各界给予编剧维权的支持，营造有利于出精品、出人才、出效益的法治环境。希望广电总局电影局、电视剧司，在影视剧管理方面，切实维护《著作权法》赋予剧作家的权益，不希望看到侵害编剧权益的作品在国家影视审查中通过放行，助长侵权者的行为。特提出三点要求：（1）凡有侵害编剧署名权的影视剧，审查中责令修正，不修正者不予通过。（2）凡违约拖欠编剧稿酬而引起法律诉讼的影视剧，一律不予审查，不批准放映许可。（3）凡是不经编剧授权同意，恶意篡改歪曲剧本原意而引起版权诉讼的，一律待法律判定后方可予以审查影片。

求木之长者必固其根本，欲流之远矣必浚其泉源。中国影视产业求发展求繁荣，必须维护根本，保护源头。谁维护了编剧的权益，谁就保护了影视产业的基础；谁侵害了编剧的权益，谁就削弱了影视业自主原创的能力；没有编剧们的热情创造，就没有影视产业的可持续发展。

2006年

关于建议法院知识产权庭设立剧本司法鉴定专家制度以解决因剧本标准模糊、版权纠纷引起的法律判定的提案

随着影视产业的飞速发展，每年因为剧本版权的纠纷引发的法律诉讼呈上升趋势，诉讼双方都是因为剧本的质量和有关剧本的认定标准上产生纠纷。

中国影视行业从事编剧工作的人，都认为在签署剧本合同时的两项所谓“霸王条款”：“质量达到制片方认定满意后才付清全部稿酬”，或者是“开机后，才付清最后一笔稿酬”。这两条标准在中国的法律环境里，几乎相当于不可逾越的鸿沟。首先，剧本这个东西的标准到底如何衡量？无论是法律界还是文化界，专业的还是业外人士都不好界定。什么标准才能达到制片方满意？不想给你报酬，即使是莎士比亚的剧本，他也可以说没有达到他的满意。一部影片能否开机，与剧本的质量有多大关系？把融资的风险强加在编剧头上是不公平的；当然也不否定个别因剧本确实不合格不能拍摄，绝大多数原因是投资商的资金还没到位，或者市场还没有收购意向，不能开机。而编剧的剧本如约完成了，付出劳动却得不到应有的报酬，这是不合理的，因此劳资双方因为剧本的质量标准产生纠纷和诉讼。

对委托方来说，在与编剧的关系上目前最突出的问题是如何处理双方就剧本质量所发生的分歧。委托人称剧本不合乎要求拒绝收稿甚至拒绝支付报酬，这类纠纷在近几年明显增多。在委托创作合同中对创作质量确定一个易于操作的标准无疑非常困难。一般认为委托创作合同是一种具有人身性的合同，这意味着在合同订立之前应对创作者的资质包括专业创作能力、履约的诚信度等进行了解，委托即是信任的表示，因此对待这类问题的一般原则是创作完成应当按约收稿，除非有证据表明创作违背了合同所约定的特别标准或者创作未

能达到一定的标准。

《著作权法》赋予作者的发表权、署名权、修改权、保持作品完整权，在剧本中常常受到侵害，比如不经原作者同意制片方任意找人修改，侵害其修改权，还有的故意篡改其意，包括其原作的创意被剽窃、抄袭，还有的关于剧本增加他人的署名，甚至一部剧本几个人搞的修改稿，究竟如何判定各稿的质量与贡献等等。

为了判定有关剧本诉讼中的法律标准，上海市高级法院探索出来一种新制度，聘请了陆寿钧等五位著名编剧（国务院特殊津贴者）为影视剧本司法鉴定专家，剧本的质量由司法专家阅读后鉴定，投票产生最后认定的标准，从而解决因剧本标准模糊无标准可循而引起的法律判定难，这是在实践中创建的保护编剧，维护制片方的正当权益的可操作的制度。

因此，我建议北京市及省级法院知识产权庭设立剧本司法鉴定专家制度，以解决因剧本版权产生的多种纠纷，如内容抄袭、剽窃，质量标准模糊无标准可循而引起的法律判定。由于知识产权构成关系复杂，针对剧本而设立司法鉴定员也是推动文化健康发展的一项措施。特别建议法院能采纳提案。

2006年

关于优化强化中国儿童电影的创作生产的提案

《文艺报》2006年1月24日发表了林阿绵《儿童电影前景堪虑》的文章，对“中国儿童电影片厂”的消失和当前儿童电影创作和生产的现状，提出质疑和看法。

中国儿童电影制片厂是1981年在党中央关怀下建立的，成为了为全国3亿多少年儿童创作生产电影的核心基地。体制改革后，1995年并入中国电影集团公司，后来，中国儿童电影制片厂全部厂房设备无偿移交给中央电视台电影频道使用，这座世界上绝无仅有的儿童电影专业制片厂的生产基地就此消失。儿童电影厂迁入北影厂主楼办公，成为其中第三制片公司，出品的儿童片仍以“中国儿童电影制片厂”为厂标。但是由于各种因素的制约，影片的数量和质量都出现下滑现象，作为全国唯一的专业生产儿童片的机构——中影集团第三制片公司又于2005年12月改成了动画专业，公司领导都投向动画创作，其他人员也都将在年底另行安排，公司自行解体。今后中影集团不再有生产儿童故事片的专职机构，也不再承担国家下达的儿童故事片的生产任务。一个有着20多年丰富创作实践，拍摄过许多深受孩子们喜爱的优秀影片，对全国儿童电影工作者有着凝聚力的中国儿童电影制片厂从此不复存在。

中国需要不需要专业的创造生产少年儿童电影故事片的机构？从中国百年电影发展史看，儿童电影有不可磨灭的功绩，仅新中国成立以来，所摄制的350余部儿童影片中，有132部在国内外荣获490余项奖誉。《小兵张嘎》《闪闪的红星》等这些优秀的儿童影片对于中国少年儿童的成长是无价的精神营养。

我国有3亿多儿童少年，优秀的精神食粮对他们的健康成长有重要意义，为了贯彻党中央、国务院《关于进一步加强和改进未成年人思想道德建设的若干意见》，广电总局、团中央、全国妇联、教育部、文化部等六部委〔2004〕739号文件，“关于进一步做好少年儿童电影工作的通知”中指出：要加强少年儿童影视片的创作生产，继续做好优秀影片的展映，形成少年儿童电影的发行放映院线，国家并安排专项基金支持20部儿童电影的生产和2部动画片，这给予了儿童电影创作、发行重新振兴的大好时机，儿童影片的生产数量呈上升趋势，令人遗憾的是由于缺乏专业上的指导，其中一些影片的内容不符合学校教育实际，脱离了党的教育方针，艺术上也比较粗糙，致使一些影片难以进校园给学生观赏，造成了巨大的浪费。

面对党中央对于少年儿童电影的重视，面对3亿孩子对电影寓教于乐的需求，面对国际上对于儿童电影的文化交流，我们没有理由减弱对于儿童电影的创作扶持和创作生产。

一个《哈利·波特》的儿童电影，连续打造了全球经济奇迹，创下了几十亿美金的财富，可以说儿童电影有最广大的市场空间，依然可走产业化的道路。关键是我们观念要更新，艺术要创新，拍出中国3亿儿童喜欢的形象来，就会有市场。自主创新是第一竞争力，也是根本的生存力。我们不愿意看到“中国孩子只能吃外国奶”的现状。特别提议：

1. 中国是全世界拥有最大数量儿童少年群体的国家，应当考虑保留一个专门从事儿童电影创作生产的机构，国家给以必要的扶持，以利于团结全国的儿童电影工作者共同探讨提高影片的思想艺术质量，促进儿童电影生产的良性发展，增进国际间儿童电影的文化交流。

2. 彻底改变将儿童电影视为“小儿科”可有可无的小品种，美国的《哈利·波特》《小鬼当家》系列影片启示我们，儿童电影完全可以从产业化角度做大市场，“小孩子戏有大市场”。因此，我们不是减少减弱国产儿童电影的创作力量，恰恰要集中优势加强创作力量，瞄准儿童电影的两个市场，让中国儿童形象步入世界儿童的视野。精心策划儿童电影剧本，组织最有代表性的国际导演，优化组合，集中打造高品质的儿童电影，振兴国产儿童电影。

3. 发展儿童电影事业不仅是社会主义精神文明建设的组成部分，也是中国电影文化发展的长远战略目标，为了落实中央关于建立儿童电影院线的指示，建议相关机构应当协调好学校组织学生观看影片的合理收费问题，使广大师生能及时地观看到由三部委推荐的优秀影片。只有今天培育更多的热爱电影的小影迷，才能为未来国产电影培育更多的电影大观众，丢失儿童电影这块阵地实质上是放弃未来的电影发展前景。因此，要加大加强加快发展中国儿童电影事业。

2007年

关于为中国奥运第一人刘长春塑造铜像立于大连奥林匹克广场的提案

2008年是中国的奥运年，当第29届奥运圣火在北京点燃之时，全世界都看到拥有五千年文明史的中华民族实现了三大奥运梦想，全世界都感觉到了中华民族走向伟大复兴的脚步。

100年前，《天津青年》杂志提出了三个问题：中国人何时才能派选手参加奥运会？中国何时能得到奥运会的金牌？中国何时才能举办奥运会？

第一个为中华民族尊严而首当其冲的就是大连人刘长春。1931年九一八事变后日本占领我国东北三省，东北大学的学生刘长春是全国短跑冠军，日本人要请他代表伪满洲国出席第十届美国洛杉矶奥运会，被他毅然拒绝。为戳穿日本占领者阴谋，他决心代表中国去参赛，张学良将军资助8000银圆，他坐船在海上漂了23天，单刀赴会去了美国。代表中国参加了开幕式，参加100米、200米预赛被淘汰。

当中国人在2008年实现了奥运三大梦想之时，我们不会忘记为中国人实现第一个梦想的刘长春。

温家宝总理在美国哈佛大学的讲演中说起这段往事：“那是在解放以前，我们只有一个运动员能够参加奥运会，他是个短跑运动员，叫刘长春，他是坐船到美国的，他的身体已经很疲劳了，他代表中国虽然没有取得优异的成绩，但是就是这一个人参加奥运会都牵动着全国人民的心，现在中国人能办奥运会了，是因为中国强大了，世界各国瞧得起我们了。”[①]温总理的深情的

① 《把目光投向中国》2003年12月10日。

讲话，仿佛让我们看到了76年前的夏天，在洛杉矶第十届奥运会上世界终于看到，中国人来了！刘长春一个人代表了一个民族。

刘长春孤胆前驱创造了单刀赴会的故事，同时也创造了刘长春精神，一个人在民族存亡之际，毅然代表了这个不甘屈辱的民族，他勇于竞争，不留后路，不留余地，身怀大义，一往无前，正是这种精神像巨大的磁铁吸引着海内外华人的关注，正是这种精神像迅雷闪电把东亚病夫的帽子抛到太平洋，正是这种精神像暗夜里的火炬照亮了中华民族奥运征程。

刘长春生前曾任中国奥林匹克运动委员会副主席，第五届全国政协委员，大连理工大学教授，1983年在大连去世。他是中国奥运第一人，一位民族英雄。由于我在创作《一个人的奥林匹克》电影剧本时研究了刘长春，所以，我以政协委员提案的方式，特别建议大连市人民政府在北京奥运会召开之际，在大连市奥林匹克广场树立一尊刘长春当年百米起跑的铜像，作为中国奥运文化和民族精神永久的纪念。

以刘长春的起跑动作雕塑其像，极具艺术造型和象征意义。刘长春的起跑姿势非常刚健有力，中国奥运征程是从他的起跑开始的，他的起跑是从大连开始的，是从摆脱殖民地的控制而勇敢地跑向世界赛场。他与世界强手同在一条起跑线上勇敢竞争起跑的英姿，展示了中华民族不甘落后不甘屈辱的意志，他用双脚书写着“参与比取胜更重要”的奥林匹克格言，他用赤诚的报国之心书写着中国奥运的历史，他的爱国主义精神将永驻这座海滨之城。为奥运英雄雕像，为民族脊梁树碑，以表达我们后来者的敬仰和缅怀。

大连市是国际开放旅游名城，在市中心奥林匹克广场树立一座“刘长春起跑”的雕像，彰显着这个城市推崇的核心价值观，刘长春精神成为中华民族精神家园一座挺立的丰碑，鼓舞着激励着当代人和后来者，让世界来访的不同民族的人，瞻仰这位中华民族的体育先驱。当年刘长春一个人代表了一个民族，今天一座雕像表达了一个民族的崇敬。

2007年

【会议发言】

加强文化法制建设，加快电影立法步伐

小平同志南方讲话，让市场与资本主义“离婚”，于是市场经济嫁接到中国。她如同一列万能马力的火车头，牵动着中国经济、政治、文化突飞猛进，日新月异，飞速发展，这前无古人的伟大创举，体现了中国共产党人敢于创新与时俱进的勇气。

党的十六大，拉响了深化文化体制改革的汽笛，市场经济这个万能马力的火车头，呼啸奔驰地朝我们文化战线驶来，我们电影产业能不能搭乘上这列火车头，开足马力，沿着先进文化前进的方向，做强做大产业，增强市场竞争力？一项势在必行的工程，就是为电影产业铺设法律的钢轨，市场经济才能健康有序运行。我讲话题目，以三个代表思想统领文化体制改革，为加强文化法制建设，加快电影立法步伐。

多少年来，中国电影背负着沉重的政治阴影，从批判《武训传》到批《清宫秘史》，从对电影《创业》的封杀和解救，到拨乱反正，被监禁十年的电影作品，重见天日。中国电影历史上成了意识形态政治斗争的替罪羊。没有法律保护电影作品，没有法律维护创作者权益，电影产业无法发展，常常这样的现象，一部电影通过发行了，有人写一封信，某位领导讲了话，停下来，有的甚至停止放映，《五月八月》叫“追毙”。电影的婆婆多，横加干涉的人多，电影就像孙悟空，谁都可以给他念紧箍咒，所以，电影需要一个法典，让那些念咒的唐僧们，也戴上金箍，孙悟空也有权念唐僧们的紧箍咒。电影必须从人治走向法制。

今天的电影市场秩序需要电影法，电影刚拍出来，还没有上映就被盗版了，制片商蒙受巨大损失。对于盗版者查处惩罚不力，对投资电影望而生畏，坏人不法办，好人没办法。

电影发行放映中偷漏瞒报票房问题严重，最高法院前年判决南京某电影公司因偷瞒票房，赔偿电影《下辈子还做母子》制片商罗广生227万至今没法执行。规范电影市场秩序，保护电影生产者的权益，需要立法。有法可依，才能违法必究。

看电影也要有法，随着电影市场的多样化，电影创作类型化，观众的多元化，服务对象目标化，电影分级制势在必行。成年人和未成年人看恐怖片，看残酷的战争场面都会使未成年人产生不好的后果，特别是表现男女情爱的场面，成年人习以为常，而对于未成年人会产生很不好的后果。国外电影实施电影分级，确定“儿童不宜”的审定标准，这是科学的。依据成年人和未成年人生理和心理特点，就像医生在用药时有所区别那样，那么接受文化产品也要有严格的界定和区别。

日本1939年颁布《电影法》，1959年分级制，法国是1961年电影分级制立法。墨西哥是1963年实施电影分级制。美、英、加拿大早有分级制，中国台湾地区是1983年实施《电影法》，分三级。

《中华人民共和国未成年人犯罪预防法》第32条规定：“广播、电影、电视戏剧节目，不得有渲染暴力、色情、赌博、恐怖活动等危害未成年人的身心健康的内容。”这是以法律的名义向电影提出特别的约定，从执法配套要求来说，电影必须要分级了。

时下实行的《电影管理条例》是行政性法规，1996年实施以来，起到了很好的作用。因为是在电影事业属性观念指导下制定的行政性法规，因此，希望以十六大精神，从电影产业观念出发，进一步完善和修定，通过立法程序，实现广电影总局十五期间出台《电影法》的计划。《电影法》体现了国家意志和公民的意愿，具有规范性、稳定性、明确性，因此更具权威性。

在涉及电影制片业、发行放映业、电影审查、电影进出口、国际合作、保护创作者权益方面，国家专项资金投入和监督审计，电影评奖，地下电影的限制，电视、VCD、互联网等对于电影的使用时间和权益，都要有明确的法律规定。

文化体制改革已经滞后经济体制改革，我们借鉴物质产品市场改革的成功经验，电影立法是迟早的事儿，迟出不如早出。

有了《电影法》，政府将进一步转变职能，用市场无形的手，宏观调控，管理电影产业。只要确定电影以市场为目标，大家会从根本上转变计划经济体制的创作观念，从奔得奖到奔市场，过去影片只要得奖就能交代了。过去是离奖杯近了，离市场远了；离评委们近了，离观众远了；离媒体近了，离生活远了。现在要改变急功近利，浮躁心态，要贴近生活，贴近群众，贴近现实，才能搞出有市场竞争力的产品。

有了《电影法》，什么禁止，什么允许，法有明文，不怕任何人干涉，不必看风使舵。写什么、怎样写，充分享受法律赋予的权利，没有法律就没有自由，没有自由就没有创新，没有创新就没有繁荣的电影市场。

有了《电影法》，中国电影在世界电影市场的竞争和交流、合作中，为引进来、走出去，提供法律保障。法是利剑，法是盾牌，法是警钟，武装我们，保护我们，告诫我们依法守法发展电影产业。

电影界新老委员多年呼吁电影立法，在十六大深化文化体制改革，加强文化法制建设精神下，再度提出。真正认识一个国家不是看他首都的规模，国旗的颜色，而是看他制定了哪一些法律。马克思说，法典是人民自由的圣经。中国电影人经历了近百年的电影创作实践，企盼着，梦想着，等待着中华人民共和国的第一部电影法典，大布天下。

2003年

创建激励编剧深入生活的机制，开发和创新优质剧本，夯实文学基础

去年我国电影生产了320部，是历史性的突破与成就，出现了《圆明园》《东京审判》《天狗》等好的影片。

缺少好剧本，是世界电影业共同的危机。《百年孤独》的创作者马尔克斯说："电影不缺少好的导演，不缺少好的演员，也不缺少资金，最缺少好的剧本，缺少好剧本原因是因为缺少思想，而思想是电影的灵魂。"

我们看到群众抱怨某些国产大片，只见高科技手段，没有人物，缺少故事，缺少文学形象和思想的力量。一时间，剧本问题开始引起重视，也成为被关注的焦点了。没有好剧本，拍不出好片子，这是电影生产多年证明的真理。电影的一切都是从剧本开始的，剧本是基础，基础不牢，地动山摇。

《光明日报》发表了《给电影加点故事》，其中批评一些人："他们情愿闭门造车，自欺欺人，用一件件最华丽的外衣来包装一个个毫无价值的故事。"另一篇文章《从奥斯卡说中国大片》其中批评说："编剧的弱化是中国大片的问题症结。"

去年出现有两部电影同时用了《哈姆雷特》的故事情节，改编了两部电影，移植国外的，改编国内的，翻拍旧故事，重作老片子，抄袭拼凑，嫁接克隆，炒旧饭，回锅肉，嚼别人嚼过的馍，没有生活怎么办？把《沙家浜》《冰山上的来客》《保密局的枪声》等等一些电影兑水拉长搞电视剧，《小兵张嘎》拍电视剧，再拍动画片，结果都不如原作。在今天市场竞争中看出我们原创能力出现危机，人物苍白，内容空洞，缺好的原创剧本！缺好的编剧，编剧的危机是缺少生活。

由于急功近利，心态浮躁，商业因素的原因，剧本创作已不再认为“生活是创作的源泉”。剧作素材来源于这几个方面：

（1）是从网络上获得信息。（2）从小报和各种刊物找线索。（3）看外国的碟片中找感觉，找套路。（4）借用和改编中外作家的小说，用别人的生活代替自己的生活感受。（5）从电影中生产电影，把过去的影片再改造升级，或者拼凑组合。（6）翻资料，戏说历史。（7）坐在一起互相聊侃，侃出思路。总之，不用深入生活照样写出剧本。

没有生活就没有感动人心的细节，没有感受就没有人物和故事。即使再高级的科技手段，也无济于事。

讲出一个好故事是测试编导的想象力和观察力，对社会生活的认知能力，感受和理解的程度。首先必须面对日益发展变化的社会，深入地挖掘生活，找出新的价值，提出新的见解，然后创造出一个故事载体，创造一个鲜活的人物形象。

银幕是洁白的，观众是公正的，任何胡编乱侃虚伪之作，都不能欺骗观众诚实打假的目光。艺术有它百变不悖的道理，传真不传伪，电影是有目共睹的艺术，我们投入多少感情就会产出多少情感，我们投入多少真诚就会收获多少真情。

为什么编剧不再去深入生活？怎样建立一种激励编剧深入生活，多出精品剧本的制度？

中国电影编剧有着很好的深入生活坚持现实主义创作方法的传统，如果从《延安文艺座谈会讲话》接力棒算起。

第一代，有于敏先生创作的《桥》《赵一曼》，林杉编剧《上甘岭》到上甘岭深入生活。

第二代，新中国以来有张天民的《创业》、李準先生的《李双双》等。

第三代，新时期电影以来，我们这一代55岁以上受到老一辈的影响，强调深入生活，表现工农兵。

到了第四棒，还能传下去吗？

当前影视编剧的主力队伍40岁以下的人，很少谈深入生活，走出去，蹲下来，细致了解人物。写商业片，怎么好玩怎么编，也不需要下笨功夫、苦功夫。目前很多制片商，只想拾蛋，不想施米。根本不愿提供深入生活的费用。

电影剧本劳时较长，投入较高，成活率低，稿酬也低，地位也低。因此能够坚守这个行业的人不多了。当前，电影编剧队伍情况不容乐观，可以说45岁以下的编剧就没有评过正式职称。在北京以编写影视剧本谋生的有300多人。成了自由职业者，由于生存的压力，多数都在疯狂地写作电视剧，少有问津电影。电影编剧的酬金普遍偏低，如果仅靠写电影剧本生存的人，再加上没有人提供深入生活的经费，基本上都是闭门造车。

电影剧本创作和小说还不同，一定要看到那个人物活动的环境，感受到人物，才能写出环境中的人。

缺好故事，缺少好的人物形象，影视出现“等米下锅”。

米从何来，在生活土地上，编剧就是种庄稼的人，从无到有地生活在田野里，编剧是种地的，生产电影粮食的。

深入生活也要有成本的，前期开发资金没有人出，是直接困惑编剧不能深入生活的障碍，如何解决编剧前期深入生活的费用问题？可以借鉴中国作协搞重点项目扶持申报制度，也可以像申报国家社会科学课题基金那样，国家建立电影剧本创意基金，公民创作电影剧本的可以申报经费。有审查和评估机构，资助创造经费，提供深入生活的费用。

国家电影局资助16名青年导演50万拍摄资金，这是有前瞻性的人才战略举措。申报剧本创作经费，对于培养编剧人才也是十分必要的。优秀的编剧通过深入地挖掘生活，感受时代的人物，寻找新的细节，提出新的见解，才能创造新故事，塑造鲜活的人物形象。尤其是一些重点题材的申报，确立为国家电影创新项目的，要重点扶持，给予资助。

比如，2009年建国六十年重点题材、表现汉字激光照排之父王选的电影、表现中国第一位太空人杨利伟、中国外科医学创始人裘法祖院士的故事、提出控制人口增长的最早体现科学发展观的马寅初先生的故事等，这些代表民族精神和时代精神的杰出人物的故事题材，国家不作为，没有人能做起来。在这些人物面前，我们不应该吝啬胶片，更不该回避感情。这样一些必须由国家组织扶持的重点电影剧目，只有通过申报选题的方式，确定人选，深入实际，调查研究，才能进行剧本创作。

1. 编剧本人申报题目，申报创作的主题和内容，题材构想，预期成果。

2. 提供创作计划书，本人简历，推荐人，申请所需要的经费，现实题材扶持经费应在2万至10万元，包括旅差费、资料费、采访费等等，可以分期支付。根据阶段成果，经费不等。

3. 由国家专门审查小组，确定国家重点，还是重大题目。尤其资助和鼓励青年编剧深入生活的创作剧目。

4. 签订合同，确定预计完成时间，设定编辑，监督执行。

5. 完成剧本由专家评定，政府购买和商业拍卖。

6. 对于走出去工程很重要，尤其是有目的有创作中外合资的剧本更需要。

7. 在国家级评奖中，突出表彰和奖励深入生活创作的优质的原创剧本。

有一个机制，鼓励深入生活，鼓励自主创新。

胡锦涛总书记号召我们："一切有理想的有抱负的文艺工作者，都要密切同人民群众的血肉联系，积极反映人民的心声。""为人民放歌，为人民抒情，为人民呼吁。要贴近实际、贴近生活、贴近群众，深入改革开放和现代化建设第一线，深入企业、乡村、社区、军营、校园生活最前沿，不断创作出让人民满意的优秀作品，满足人民群众多层次、多样化、多方面的精神文化需求。"

深入生活，了解民众，深入生活就是把自己摆进去。在艰苦的生活中像"腌咸菜"一样把自己腌进去。就是青萝卜变成咸菜的过程，把自己放入生活的酱缸里腌泡，泡到有咸味了，变成咸菜了，懂得了底层人的苦辣酸甜咸。有了这份感情，才能做到为人民抒情，为人民呼吁，才有了打动人心的感情的力量。深入生活说到底是深入人心，只有深入人心才能让作品打动人心，人心就是天下，得人心者得天下。

中国电影进入了前所未有的市场竞争形势，要抓剧本，要抓原创，"制定规划、完善政策、增加投入、改善条件"，建立激励编剧深入生活的机制，对于出好剧本出好编剧是有益的制度，对于中国电影产业可持续发展也是长久之策。

给把米吧，让鸡下一个新鲜的蛋；给一捆青草，让牛挤出芳香的牛奶来；给一点路费，让编剧走向生活！

2007年

政协第十一、十二届全国委员会

【提案】

关于没有剧本的繁荣就没有电影产业的繁荣——对《电影产业促进法》有关剧本著作权的提案

《电影产业促进法》送审稿第八章84条，连摄制现场要预防火灾、实现封闭管理都写入了法条，而把电影产业赖以生存的剧本创作，空缺遗漏了。在当今版权影响世界、版权创造世界的竞争时代，电影剧本的版权在电影产业中的法定地位，是不容忽视的。

电影的一切是从剧本开始的，没有剧本就没有电影的一切。美国编剧的罢工使好莱坞电影工业全面瘫痪，它向世界演绎了一个不争的事实，剧作家掌握着电影产业的第一把钥匙，没有编剧笔下的文学形象，再先进的高科技手段也无用武之地，电影剧本作为独立的具有著作权的文学创意，是电影产业的根，是源，是本，是拉动这个产业的火车头，一句话，没有剧本的繁荣就不可能有电影产业的繁荣。

《电影产业促进法》首先要促进的就是电影剧本的繁荣，一个好的文学形象就是电影产业化用之不竭的核心能源。我们知道，英国女作家罗琳笔下的哈利·波特形象，被华纳公司拍了7部电影，创下了80多亿美元收入，打造了全球文化产业的奇迹，作家本人创收了10亿美金的稿酬。我们为什么没有一个这样连续的鲜活的深入人心的并占领市场的电影人物形象呢？

其主要原因，中国电影缺乏对文学形象独特的创意和持续的开发，缺乏对于作家和编剧智力成果的尊重与严格保护。现在，电影上映，根本不宣传是谁编剧的，媒体热衷炒作明星、宣传导演，人为地把一部影片首创的编剧，丢到被遗忘的角落。如同在人们听交响乐时，只让你记住指挥家和演奏员，而让你遗忘掉作曲家贝多芬一样。编剧的署名权从20世纪影片的第一位，已经被排挤和淹没在一大堆人名之中，甚至把编剧与茶水和司机署在一起。轻视编剧已成恶习，连电影百花奖都不愿设立编剧奖。剧作家的署名权、修改权、保持作品完整权，无法得到法定的保障。不经编剧商量随意篡改剧本歪曲内容，有的未经合法授权就拍摄了，大部分编剧都有被拖欠剧本稿酬的经历。

由于编剧的权益难以保障，坚守编剧职业的人少了，想当导演制片的人多了；深入生活的少了，闭门造车的多了；自主原创的少了，改编翻版的多了。“忽如一夜春风来，所有经典全重拍。四大名著再翻版，观众又吃回锅菜”，改编老电影，翻拍旧故事，嚼别人嚼过的馍，暴露出中国电影原创能力不足、自主创新空前疲软，暴露出电影产业在剧本创作和文学创意上政策失调的问题。

《电影促进法》首先促进什么？中国不缺少国际级导演和大牌明星，也不缺乏一流影院，不缺资金，不缺观众。而最缺乏的是富有独特创意的好故事、好形象、好剧本。然而，好的剧本好的故事，绝不会在一个著作权益得不到保护、创意被肆意剽窃篡改的环境中诞生的。电影产业是版权经济，剧本的版权是电影的原生版权，是支撑着电影版权基础的基础。电影的摇钱树是以剧本为根的，保护好剧本的版权，就是维护电影发展的根本。

特别建议此次电影立法：剧本著作权列入此法，依法要求电影拍摄立项严格履行剧本授权书制度；加大扶持剧本创新的奖励力度，鼓励深入生活的原创剧本，由小说、戏剧改编的电影要履行原作授权关系，防止影片从原本立项就沾染侵权的病毒，严惩剽窃抄袭剧本创意的违法行为，保护剧本创意和提倡登记注册制度，剧本著作权人享有的发表权、署名权、修改权和保持完整权、报酬权和荣誉权都不得侵害。

在立法保护知识产权的前提下，除了规定不要侵害电影的版权，电影制作过程也不得侵害其他门类的著作权。

依法保护好文学家、剧作家的著作权，才能孵化成电影产业更多的版权，才能真正从根本上促进中国电影产业的发展，才能使中国从文化资源的大国，转化成电影产业的强国。

2010年

关于加快出台电影法，电影需要依法管理的提案

当今没有《电影法》的国家寥寥无几，而中国电影法自1982年杭州电影会议开始起草，至今成为跨世纪的漫长工程，我们几代电影界的政协委员接力棒式的提案，只有答复，没有成案；只见点头，不见成果。

尽管中国电影发展迅速，产量猛增，依然存在着习近平总书记批评的“三个存在”，有数量少质量，千篇一律抄袭模仿，机械化生产快餐式消费的现象，自主原创作品匮乏，剽窃盗版屡禁不止，根本要害是至今没有立法保护。

国内电影市场已经国际化，没有《电影法》保护的国产电影，如何同美国电影竞争？美国电影的竞争力和创造力是用法律武装到整个系统，电影生产需要在法律看守下，自由创作而成的智力成果。纵观我国电影多少年来，一直是在行政规定下的管理，由政府主导，甚至一部影片的命运是由某位领导喜恶而决定影片的命运，有的影片已经审查委员会通过，涉及某个专业部门的内容或者个别领导有看法，横加干涉，甚至采取追毙形式撤销其发行权利，人治现象无法根绝。另一方面，明知一些影片有暴力、色情、赌博、吸毒、恐怖的内容，不适未成年人观看，应该采用电影分级制度加以规范禁止或者限制，然而迟迟不见法律亮出红绿灯信号。

在全面推进依法治国的大势下，党对文艺的领导必须依靠社会主义法治。习近平总书记在省部级推进依法治国专题研讨班讲话强调，依宪治国，依宪执政。每个党政组织、每个领导干部必须服从和遵守宪法法律，不能把党的领导作为个人以言代法、以权压法、徇私枉法的挡箭牌。把权力关进制度的笼子里，就是要依法设定权力、规范权力、制约权力、监督权力。

电影立法就是规范权力，将管理电影产业的权力装入法治的笼子里，这

是整个电影产业发展的需求，也是法治时代的要求。

几年前看过《电影产业促进法》征求意见稿，涉及了电影行政审查、电影发行放映、电影企业保障、电影对外交流方面的规定。现在，要依据党的十八届四中全会的决定，重新审视和科学民主立法。

1. 《电影法》要遵从宪法原则制定法规，既不能和宪法相抵触，还要将宪法保障的公民权利落实在电影法律之中。比如，宪法规定保护公民的私有财产权和继承权。在电影制作中采用已故作者的作品，就要尊重子女的继承权，确认原创继承者的授权才能拍摄使用，以保障电影版权的合法性。

2. 电影产业是版权经济，立法的核心是保护创作和制作的电影版权，电影版权产生于剧本的版权，剧本又分成原创剧本和改编他人原创作品的剧本，依据国际《伯尔尼公约》精神，电影立法要充分保护原创者的权益，改编者要经过原创者授权。将保护剧本著作权纳入《电影法》的保护内容，保证剧本使用的许可授权，未经作者授权许可，使用剧本立项都是违法的。依法保护剧本作者的署名权、修改权和保护作品完整权。去年安徽省高考题是“剧本修改谁说了算？”这样的话题在任何保护知识产权的国家都不会出现。未经作者授权同意，对恶意歪曲剧本和篡改主题情节而引发诉讼的，发现抄袭剽窃他人作品的，法律应该规定停止发放行政许可，切实从源头上保障电影版权的合法性。

3. 《宪法》规定“国家尊重和保障人权”，著作权属于人权。确实要保障投资者的权益，影片的著作权属于投资制片者，剧本、音乐的著作权属于作者单独所有。一切与电影相关的权利人，法律规定无论大牌导演和大腕明星都不得侵害制片者和原创作者的权益。当前国内电影无法无序，国产电影字幕乱象丛生，应该依法限定和规范电影署名。

4. 看电影也要有法可依，对于不利于未成年人观看的电影内容，依法做出分级限制和出台指导观看的意见标志，切实依法保护未成年人身心健康。

5. 鉴于政府深化行政体制改革，版权局与广电总局合并。因此，在起草电影法案之时，电影和版权密不可分。当今世界，创意产业激烈竞争的核心是版权利益，促进我国电影自主版权繁荣发展的前提，首先是依法保障剧本版权的繁荣发展。宪法规定：“公民有益于人民的创造性工作，给以鼓励和帮助。”当前电影产业原创疲软，竞争乏力，要鼓励创作者扎根生活、扎根人民，搞好原创，政府要给予鼓励和资助，立法培育原生版权。

6.《电影法》应将各级政府对影片的行政审查权利纳入法律的监督限定中，严禁以言代法、以权压法，要廉洁高效依法行政，对利用职权、徇私舞弊、贪赃枉法者，要严肃追究其法律责任。

全面建设法治国家，政府要简政放权，尽快出台《电影法》，激发创意经济的源头活水，源头保护不好，一切渠道都会干涸，这是电影产业铁打的规律，也是《伯尔尼公约》的精神。世界电影产业证明：没有原创，竞争无望。

期待已久的新中国首部电影法，在依宪治国的统领下，为全面推进依法治理电影，铺设保护版权的法律之轨，让中国电影产业高速奔驰。

2015年

关于电影的一切从剧本开始，立法为何割弃剧本内容

建议人大立法增加剧本及文学创意的提案

从谢铁骊提出电影立法，到我从九届政协连续至今多年提案，终于看到了《电影产业促进法》“草案”六章58条，规范了电影的行政审查、电影发行放映、电影产业保障，各条都很细致，细到电影院要遵守消防和公共卫生都列入其法。但是，对于电影产品赖以生存的“电影剧本”的开发、保护及合法使用，以及尊重剧本和原创作者的著作权益没有纳入本法。可以说，“草案”如同一幅从地表以上锯断树干、放弃根本，企图促进树上硕果满枝的漫画，立法思路从根本上违反了电影创作生产的常理和规律。

一、《电影产业促进法》首先要促进剧本原创的繁荣

我从九届政协提案电影立法至今，公开的“草案”不是促进法，更像电影监管法，《电影产业促进法》首要应该促进什么？

“有声电影诞生后，电影剧本就自动跃居首要的地位。”（《电影美学》贝拉·巴拉兹）众所周知，电影的一切都是从剧本开始的。美国电影编剧2007年的大罢工，使好莱坞电影产业全面瘫痪的事实，向世人证明了：编剧不干，产业瘫痪。剧本一停，寸步难行。没有文学和剧本原创的发展，就没有电影产业的一切发展。

在当今版权影响世界，版权创造世界的新经济时代，剧本的版权分娩了电影的版权，电影剧本在电影产业中的法定地位和优先发展前提是不容忽视的，电影制作企业与剧本著作权人的法律关系必须在立法中有所规范。

最近《中共中央关于繁荣发展社会主义文艺的意见》第14条：“坚持内

容为王、创意致胜，提高文艺原创能力。重点扶持文学、剧本、作曲等原创性、基础性环节，注重富有个性化的创造，避免过多过滥的重复改编。”由此，电影立法者应该认真落实中共中央关于“重点扶持文学、剧本、作曲等原创性、基础性环节”的意见，如果没有这个扶持重点法律条款就有悖中央的精神。

一个没有严格保护文学和剧本原创的法律，等于断绝电影产业的源头活水，必然泛滥成为习近平总书记所批评的“有高原无高峰，千篇一律，抄袭模仿，机械化生产快餐式消费”的产品乱象。

文化产业是内容为王、创意致胜，发现决定了表现，发明促进了发展。电影内容的钥匙在于剧本，发明的权利在编剧。时下中国电影大量买外国版权，重新包装，翻拍上映，充分暴露我们电影原创疲软无力，这不应该是中国电影发展的方向。

世界电影产业的共同危机是缺好剧本、好故事，自主原创是一切知识经济产业的核心竞争力。各国创意产业在激烈竞争，高度维护版权利益已成为残酷的商业较量。如何促进我国电影产业基础——电影剧本的繁荣，是本法不可忽略的立法内容。

二、建议“剧本及创意”应该专设一章，涉及以下方面

1. 应该规定“电影剧本版权授权书”原则

广电总局在2006年颁布《电影剧本（梗概）备案、电影片管理规定》的第六条第三款要求电影备案必须有“电影剧本（梗概）版权的协议（授权）书”。未经剧本作者授权，任何人使用剧本创意都是违法的。《促进法》的第十六条，省略了剧本著作权人“授权书”的原则，有失法律程序。

剧本的版权是电影的原生版权，是用于立项与融资的根本。只有电影剧本版权的合法性，才能确保电影产品的合法性。著作权授权许可使用制度是世界版权制度铁打的法定原则。我注意到草案中13次强调政府的《电影公映许可证》，同样，没有取得电影剧本授权许可，依然不得使用。立法应该尊重统一性原则，不能只维护政府的许可权而忽视剧本使用的许可权，为保证电影法律严谨性，没有理由忽略电影剧本授权原则。

2. 应该规定电影作品中确保编剧和原创者的署名权

署名权是人身权。当前电影电视均出现署名混乱无序状态。世界电影少有像中国影片在片首冠名那么多的总顾问、总策划、总统筹、总监制、总制片，统统占位于编剧署名之前，编剧和原创者作为电影版权的上位权利人，理应署名在先。而当下中国，无论是影片和海报，大量出现抹杀编剧署名，有意将编剧署名淹没在一堆没有独立版权的众人之间，突出明星和导演在影片的署名，甚至导演署名为其个人作品等怪象。演员和导演是没有独立版权的，他们属于二度创作者。另有怪象，影片署名泛滥，茶水、司机及剧组所有人员，统统署名，百人之多之长若懒婆娘裹脚布。观众是看电影故事的，而不是看名单的。电影署名的混乱无序，淹没了真正的原创作者，看过电影不知道是谁编剧的。有意忽视原创者和首创人，暴露一个民族的文化盲区，立法就是要规范电影的署名序列和署名标准。

3. 依法规定维护原创作者修改权和保护作品完整权

电影剧本业经制片者购买完整版权后，未经剧本著作权人同意不得另请他人、演员、导演歪曲和篡改其主题。即使转让权利后，原作者依然有权要求维护自己的权益。我国加入的《伯尔尼公约》第六条之二规定："不受经济权利的影响，甚至在上述经济权利转让之后，作者仍保有要求其作品作者身份的权利，并有权反对对其作品的任何有损其声誉的歪曲、割裂或其他更改，或其他损害行为。"

"剧本修改谁说了算？"竟然成为中国高考的试题，说明在中国未经作者授权乱改剧本已成恶习，即使经国家重大革命题材领导小组审查通过的剧本，在拍摄时随意篡改主题，偷换角色，违反史实，颠倒黑白地胡编情节。演员改，导演改，枪手改，改得面目全非，极大地损害了原作者的权益和声誉。

电影立法要遵从《伯尔尼公约》第十四条关于电影的条款，特别是第三款规定电影作品创作的剧本、台词和音乐作品的作者，鉴于严重篡改和恶意歪曲原创者思想和意图的行为，有要求禁止电影发行放映的权利。可见世界版权法律一向尊重和保护原创作者的修改权和保护作品完整权。天下没有不需要修改的剧本，但是必须要经原创作者授权，杜绝无限制地谁都可以随意修改剧本的内容和角色，造成中国电影叙事无主的一堆故事垃圾。

我要指出“草案”中第七条：“与电影有关的知识产权受法律保护。任何组织或者个人不得侵犯与电影有关的知识产权。”此条款含混不明，哪些属于“与电影有关的知识产权”？没有具体的权利认定就没有保护的真实对象。而且，草案只强调了“不得侵犯与电影有关的知识产权”，没有规定“电影在制作中不得侵害他人的知识产权”的条文。电影制作中侵害他人的知识产权屡见不鲜，未经作曲家授权而盗用其音乐，未经作家授权而抄袭其小说中的情节，未经编剧授权篡改或者剽窃其剧本内容、未经美术家授权而拍摄其雕塑及美术作品，诸如此类在中国电影生产实际中屡有发生。因此，第七条只强调“不得侵犯与电影有关的知识产权”有失公正。

4. 应该规定原创作者对电影衍生产品的权益

美国编剧罢工后，争取到影片在手机和网络播放，编剧分得2.5%利润的权利。中国编剧几乎没有得过任何衍生产品的权益，“草案”中回避了源头与衍生的权利，模糊了原创与制片企业的法律关系，原作者对于自己的创意作品，拥有永久性控制权和终极影响力。《伯尔尼公约》第十四条第三款中规定：“根据文学或艺术作品制作的电影作品以任何其他艺术形式改编，在不妨碍电影作品作者授权的情况下，仍须经原作者授权。”即电影完成后，再改成其他形式的文艺作品及衍生产品等，也必须经原作者授权。

英国女作家罗琳创作的《哈利·波特》拥有图书、电影及衍生产品方面的利益，有效地保障了原创者的权益。当她现身于伦敦奥运会开幕式上时，向世界昭示了一个国家对于原创者的尊崇程度。

鼓励电影的原创应该成为《电影产业促进法》的核心条款。

5. 应该规定国家和各级政府建立扶持原创剧本的基金

建立原创剧本申报评审制度，依法资助和鼓励深入生活、开发新剧目，重奖原创者，抵制跟风抄袭，翻旧重拍，闭门造车，提升原创的质量，提高核心竞争力，这是促进中国电影产业发展，克服无米之炊的有效出路。

电影剧本作为可以阅读的文字作品，国家应该支持和资助发表电影剧本的刊物，有利于优质创新剧本的发表权，有利于从文学原本上提升电影创意产品的交流和评选，有利于研究剧本在影片摄制中发生的效果，提升原创和二度创作的质量交流。

6. 电影行政审查应该防范侵害原创者权益

凡侵害原作者和编剧的署名权，拖欠剧本酬金未付清的，均属于侵权行为。依据《行政许可法》第36条，电影行政审查对损害利害关系人（原作者）权益的，应当告知利害关系人，听取其陈述和申辩，不得在不告知利害关系人的情况下发放行政许可。凡与制作方引起法律诉讼的，必须待法院判决结果，方能许可通过，避免带有侵权劣迹的电影扩散到市场上；有证据证明或者经法院判决的，凡抄袭剽窃（包括国外作家）他人创意的情节和内容的剧本，即使影片拍摄完成，也要追究其抄袭剽窃者的法律责任，情节严重者吊销其影片放映许可。

7. 国家应该支持建立电影剧本创意注册中心

依法保护公民的电影故事创意。国家应支持剧本创意注册中心，既有注册保护也属创意种子库存。另外，在备案立项中，各级行政管理部门，有为著作权人维护其创意不被剽窃抄袭的义务。

综上，剧本创作是电影产业链条上首要发展而不可或缺的核心内容。因此，“草案”没有对于电影剧本文学创意的法定保护条款，这是不完整的电影法律，不利于调整和规范的电影产业关系。

提高电影立法的质量，必须贯彻“把权力装入制度的笼子里”，依法保护好文学家、剧作家的创作自由和原创版权，才能孵化成电影产业更多的版权，电影的精品出自剧本的精品，没有吐丝之蚕就没有丝绸之路，没有剧本原创就没有电影产业之路，新中国首部电影法规应该将剧本创意置于首要规范的法定内容，护根才能有果。

2015年

关于建议《电影产业促进法》应纳入保护原创剧本的提案

纵观《电影产业促进法》草案六章58条，规范了电影的行政审查、电影发行放映、电影产业保障、电影对外交流等法规都很细致。但是，对于电影产品赖以生存的“电影剧本”的培育、保护及合法使用，以及尊重剧本和原创作者的著作权益没有纳入本法。

一、《电影产业促进法》首先要促进剧本原创的繁荣

美国电影编剧2007年的大罢工，使好莱坞电影产业全面瘫痪的事实，向世人证明不可置疑的规律：编剧不干，产业瘫痪。没有文学原创和剧本著作权的发展，就没有电影产业的一切发展。这是首要的、决定性的。

版权创造世界的知识经济时代，电影原创剧本的版权分娩了电影的版权，电影剧本在电影产业中的法定地位和优先发展前提是不容忽视的，电影制作企业与剧本著作权人的法律关系必须在立法中有所规范。立法首先要促进和保障带有源头性和根本性的核心竞争力量的发展。

《中共中央关于繁荣发展社会主义文艺的意见》第14条：“把创新精神贯穿创作生产全过程。坚持内容为王、创意致胜，提高文艺原创能力，在探索中突破超越，在融合中出新出彩，着力增强文艺作品的吸引力、感染力。重点扶持文学、剧本、作曲等原创性、基础性环节，注重富有个性化的创造，避免过多过滥的重复改编。”电影立法应该认真理解并纳入中央关于“重点扶持文学、剧本、作曲等原创性、基础性环节”的意见和要求。

一个没有严格保护原创的法律，等于断绝了电影产业的源头活水，必然

泛滥成为“千篇一律，抄袭模仿，机械化生产快餐式消费，有高原无高峰的”产品乱象。

当今世界，各国创意产业在激烈竞争，高度维护版权利益已成为残酷的商贸较量。如何促进我国电影产业基础——电影剧本的繁荣，是本法不可忽略的立法内容。

二、建议“剧本及创意”应该专设一章，涉及以下方面

1. 规定“电影剧本版权授权书”原则。广电总局在2006年颁布《电影剧本（梗概）备案、电影片管理规定》的第六条第三款要求电影备案必须有“电影剧本（梗概）版权的协议（授权）书”。未经剧本作者授权，任何人使用剧本创意都是违法的。《促进法》草案省略了“剧本或剧本梗概”的“授权书”的原则，为侵权剽窃者留下漏洞，有悖《著作权法》使用他人作品必须授权许可的法定程序。著作权授权许可使用制度是世界版权制度铁打的法定原则，电影立法没有理由忽略这一原则。

2. 应该规定电影作品中确保编剧和原创者的署名权。署名权是著作权，也是人身权。当前电影电视均出现署名混乱无法无序的乱象。那些总顾问、总策划、总统筹、总监制统统占位于编剧原创之前，应该依法得以纠正（美国没有），原创者作为电影内容的上位权利人，编剧和原创作者理应署名在先。当下中国，无论是影片还是大量的海报宣传都抹杀编剧署名，有意将编剧署名淹没在一堆没有独立版权的众人之间，突出明星和导演作品。导演没有独立版权，没有资格侵吞原创和编剧智力成果而揽为自己个人作品的权利。

另外，现下中国电影中茶水、司机，什么人都上名，长长的署名如懒婆娘裹脚布。现在观众看过电影不知道是谁编剧的，改编自谁的小说，不尊崇原创就无法提升原创动力。电影立法要保证编剧原创署名在先的法定规则。

3. 依法规定维护原创作者修改权和保护作品完整权。即电影剧本业经制片者购买完整版权后，未经著作权人同意不得另请作者、演员，导演不得歪曲和篡改其主题。即使转让权利后，原作者依然有权要求维护自己的权益。《伯尔尼公约》第六条之二规定：“不受经济权利的影响，甚至在上述经济权利转让之后，作者仍保有要求其作品作者身份的权利，并有权反对对其作品的任何

有损其声誉的歪曲、割裂或其他更改，或其他损害行为。”

“剧本修改谁说了算？”已是当下普遍现象，演员改，导演改，枪手改，制片人改，改得面目全非，极大地损害了作者的权益和声誉。

电影立法应该遵从中国加入的《伯尔尼公约》第十四条关于电影的第三款，高度保护剧本作者的权利，过度歪曲作者本意，剧本作者有权禁止影片的发行放映。保障“剧本作者”的修改权和保护作品完整权，未经授权不得随意修改或者篡改他人剧本。

4. 应该规定原创作者对电影衍生产品的权益。原创作者在没有完全转让权利的情况下，有权要求分配利益。比如，美国编剧罢工后，争取到影片在手机和网络播放，编剧分得2.5%利润的权利（本法用“国家鼓励企业、其他组织和个人开发电影形象产品等衍生产品。”）。立法草案中回避了源头与衍生的权利，模糊了原创与制片企业的法律关系，原作者对于自己的创意作品，拥有永久性控制权和终极影响力。我国加入世界保护文学艺术作品的《伯尔尼公约》，此公约第十四条第二款中规定：“根据文学或艺术作品制作的电影作品以任何其他艺术形式改编，在不妨碍电影作品作者授权的情况下，仍须经原作者授权。”即电影完成后，再改成其他形式的文艺作品，动漫、戏曲、连环画等等，也必须经原作者授权。《红色娘子军》电影编剧梁信起诉中央芭蕾舞剧团，说明我们没有很好地落实对原创的衍生产品的法律保障。鼓励电影的原创应该成为电影促进法的核心条款。

5. 依法规定国家和各级政府建立扶持原创剧本的基金。建立原创剧目申报评审制度，依法资助和鼓励深入生活、开发新剧目，重奖原创者，抵制跟风沿袭，翻旧重拍，闭门造车，提升原创的质量，提高核心竞争力，这是促进中国电影产业大发展的能源，克服无米之炊的有效出路。

电影剧本作为可以单独行使的著作权，国家支持和资助发表电影剧本的刊物，有利于优质剧本的发表权，有利于编剧教学和电影创意产业的交流和提升原创能力。有利于研究剧本在影片摄制中产生的效果，提升原创和二度创作的交流。

6. 电影行政审查中，凡侵害原作者和编剧的署名权，拖欠剧本酬金未付清的，均属于侵权行为。依据《行政许可法》第36条，电影行政审查对损害利害关系人（原作者）权益的，应当告知利害关系人，听取其陈述和申辩，不得在不告知利害关系人情况下许可通过。凡引起法律诉讼的，必须待法院判决结果，方能许可通过，避免带有侵权恶迹的电影扩散到市场上。

7. 有证据证明或者经法院判决的，凡抄袭剽窃（包括国外作家）他人创意的情节和内容的剧本，即使影片拍摄完成，也要追究其抄袭剽窃者的法律责任，情节严重者吊销其影片放映许可。（行政许可制度）

8. 国家应该支持建立电影剧本故事梗概注册中心。电影剧本及故事梗概是作家剧作家脑力劳动的智力成果，从发现题材和发明故事，具备一部电影制作的核心内容，因此具有专利性质，可以申报注册。

作为促进电影产业发展的法律，剧本创作及著作权是这个产业链条上首要发展而不可或缺的核心内容。

本法的第七条："与电影有关的知识产权受法律保护。任何组织或者个人不得侵犯与电影有关的知识产权。"此条非常含混，且不明确，哪些属于"与电影有关的知识产权"？没有具体的权利认定就没有保护的真实对象，电影作品的版权属于制片方所有，那些导演署名为"某某导演自己的作品"，算不算"侵犯与电影有关的知识产权"？

而且，本法只强调了"不得侵犯与电影有关的知识产权"，没有规定"电影在制作中不得侵害他人的知识产权"的条文。电影制作中侵害他人的知识产权屡见不鲜，未经作曲家授权而盗用其音乐，未经作家授权而抄袭其小说中的情节，未经编剧授权使用或者剽窃其剧本内容、未经美术家授权而拍摄其雕塑及美术作品，未经当事人授权而使用其真实姓名和隐私，诸如此类都在中国电影生产实际中屡有发生。因此，第七条只强调"不得侵犯与电影有关的知识产权"有失法律的公正。

"电影分级制"对于未成年人的保护没有纳入本法，说明我们电影立法时机还没有真正成熟。

2016年

关于剧本著作权的合法性决定影视片的合法性行政审查要依法维护著作权人的合法权益的提案

为落实胡锦涛总书记在第八次中国文联大会上“依法维护文艺工作者的权益”号召，再度提案如下。

一、剧本版权的合法性直接影响影片的合法性

影视产业是版权经济，而剧本版权是影视版权中最核心的版权，任何一部影视产品都是依据文学剧本提供的创意内容，经过拍摄制作而新生的影片版权。因此，剧本版权的合法性决定了影片的合法性，各级政府主管行政审查许可影片制作和许可发行，首先要审查确定其剧本版权的合法性，依据广电总局《电影剧本（梗概）备案，电影片管理制度规定》第六条第三款要求电影备案必须有“电影剧本版权的协议（授权）书”；在第十七条中要求送审影片，第5项要求提供“原著改编意见书”；第8项要求，“电影剧本备案回执单”，这些都涉及剧本著作权的管理审查行为。在电视剧的申报审查表中，必备材料一栏中明确规定，要求提供“著作权人的授权书”。

从广电总局行政管理规定，已明确要求编剧的剧本版权授权书，是形成影片并作为审查影片许可的必定程序，没有剧本版权人授权就不能通过这部影片，说明行政许可一部影片并不是仅对“内容审查，不涉及著作权”。由此，当制片方侵害了著作权人的权益引起诉讼或者行政告诉的，理应先解决著作权的纠纷才能保证影视产品合法许可。当前，侵害编剧的署名权、修改权、保持作品完整权和报酬权的现象依然突出，依法授权就要依法维护好授权人的权益，严格审查授权程序，切实抵制抄袭、剽窃、盗版，包括不付清稿酬而拍摄

的侵权行为，对于明显告诉“引起诉讼的”侵权行为，应以备案的“电影剧本版权的协议（授权）书”为执法依据进行审查，已经法律判决的侵权事实的，行政执法必须执行。这样才能确保通过许可的影片均为合法影片，在行政执法中，保障编剧的合法权益就是落实宪法“国家保障和尊重人权”的承诺。

二、影视片审查涉及侵害编剧权益必须告知

制片方是影视片行政许可的申请人，申请人是依据编剧剧本授权拍摄影片，编剧必然是制片方直接的“利害关系人”。未经编剧授权的、不付报酬就拍摄编剧剧本的、抄袭剽窃内容的、损害和侵占编剧署名权的、制造虚假材料申报剧本备案的等等，都直接侵害了剧本授权人的权益。依据《行政许可法》第36条规定：“行政机关对行政许可申请进行审查时，发现行政许可事项直接关系他人重大利益的，应当告知该利害关系人。申请人利害关系人有权进行陈述和申辩，行政机关应当听取申请人、利害关系人的意见。”因此，凡是制片方侵害剧本授权的行为的，要求影视审查行政机构依法告知，并听取编剧的陈述和申辩。

三、建议

1. 依据《国家知识产权战略纲要》，为深化知识产权行政管理体制改革，完善知识产权制度的要求。特别建议广电总局2006年4月出台的《电视剧拍摄制作备案公示管理暂行办法》中，也应该如同电影备案制度一样，明确要求备案公示必须有“剧本版权人的授权书”。现在，电视剧的剧本著作权人及授权程序隐含在“备案公示表格”中，不利于强化著作权在影片制作中的法律作用，要求“剧本授权书”作为备案必备的要件进入规定条文，对于强调著作权合法性与影片的合法性，完善保护知识产权的行政制度，同时也会提高权利人自我维权的意识和能力，有效地遏制侵权行为。

2. 依据国务院国办发〔2007〕36号文件精神，中国电影文学学会为保护编剧权益，向政府反映行业、会员诉求，要求编剧在提供影视剧立项备案剧本版权授权书时，分别以两种格式：（1）付清全额稿酬具有完整剧本使用权，采用授权确认书；（2）未付清全额稿酬将采用授权同意立项通知书。或者在授权说明中，注明待全部付清稿酬获得完整使用权后享有版权确认。最终影片

审查通过，应以授权确认书为依据，希望各级政府行政审查许可机构，支持行业学会的建议与要求，采用行业标准，严格授权程序。

3. 凡有侵害编剧署名权的影视剧，审查中责令修正，不修正者不予通过；凡违约拖欠编剧稿酬而引起法律诉讼的影视剧，一律不予审查，不批准放映许可；凡是不经编剧授权同意，恶意篡改歪曲剧本原意而引起版权诉讼的，一律待法律判定后方可予以审查影片。

2009年

关于建议影视文化产业行政立项备案严格履行著作权人授权书制度的提案

电影、电视剧同样涉及原作者授权的剧本使用问题，影视产业的实质是版权经济，构成影视版权的首要的核心的东西是剧本版权，没有剧本就不可能拍电影。因此，编剧是影片的前位版权所有人，不管多大的制片公司必须得到剧本版权拥有者剧作家的授权许可，才能使用其剧本版，才能开始一部影片的生产制作，这是法律规则。

因此，未经剧本作者授权，任何人使用剧本创意都是违法的。中国的《著作权法》和世界的《伯尔尼公约》赋予创作者的权利，神圣而不可侵犯。所以，广电总局2006年颁布《电影剧本（梗概）备案、电影片管理规定》的第六条第三款要求电影备案必须有“电影剧本（梗概）版权的协议（授权）书”。这是一项非常必要的法定手续，没有编剧的剧本版权授权书，电影就不能立项，也就不能拍摄和生产；广电总局对于电影剧本备案这项严格的规定，标志着对知识产权的保护与管理，已经纳入行政审批必要的法定程序。

一、电视剧备案著作权人授权书制度纳入明确管理条件

在电视剧立项的申报审查表中，必备材料一栏中明确规定，要求提供“著作权人的授权书”。事实上，电视剧备案要标明“编剧”就必须要履行编剧授权书，唯有创意和故事的属权清晰明确，才能保证电视剧从源头上不沾染侵权病毒，影片拍摄完成发行才能保证其合法属性。目前，国家保护知识产权力度加大，著作权人授权书原则不仅在图书出版、电影广播电视等领域，凡是

涉及个人著作权益，必须经权利人授权方能使用。这是体现宪法“国家保障和尊重人权”的承诺。因此，建议广电总局2006年《电视剧拍摄制作备案公示管理暂行办法》，也应该如同电影备案制度一样，明确要求备案公示必须有“剧本版权人的授权书”。

现在，电视剧的剧本著作权人及授权程序隐含在“备案公示表格”中，不利于强化著作权在影片制作中的法律作用；要求“剧本授权书”作为备案必备的要件加入规定条文，与明确著作权的合法性与影片的合法性是密不可分的，可以有效地遏制侵权行为。

同样是广电总局的行政管理体制，既然电影明确要求“电影剧本（梗概）版权的协议（授权）书”，电视剧备案没有剧本授权书也是不能备案的，在当今政府要求做好知识产权的创造运用管理与保护，这不是可有可无的程序，应该以制度条例形式法定下来。

在保护知识产权的今天，坚持没有作者的授权书不能立项备案，剧本著作权来源不合法，即使内容合法最终也是违法之作。因此，电影备案制度先决条件是著作权人的授权证明，是符合法律要求的，电视剧备案没有理由排除。

二、电影电视影片审查涉及侵害剧本授权人权益必须告知

制片方是影视片行政许可的申请人，申请人是依据编剧剧本授权拍摄影片，编剧必然是制片方直接的“利害关系人”。未经编剧授权的、不付清报酬就拍摄编剧剧本的、抄袭剽窃内容的、损害和侵占编剧署名权的、制造虚假材料申报剧本备案的等，凡直接侵害了剧本授权人的权益的，依据《行政许可法》第36条规定：“行政机关对行政许可申请进行审查时，发现行政许可事项直接关系他人重大利益的，应当告知该利害关系人。申请人利害关系人有权进行陈述和申辩，行政机关应当听取申请人、利害关系人的意见。”因此，凡是行政许可申请人制片方侵害剧本授权行为的，要求影视审查行政机构要依法告知，并听取编剧的陈述和申辩。

本提案请广电总局和国家版权局分别答复。

2010年

关于电影、电视剧备案立项必须履行剧本著作权授权书的提案

为推动文化产业成为国民经济的支柱产业，落实中央政治局委员、书记处书记、中宣部刘云山部长在影视座谈会的讲话：“剧本是打造影视精品的基础。剧本、剧本一剧之本。对影视作品来说，剧本是源头、是根本，故事情节、人物形象、思想内涵等，都首先来自剧本的创意设计，必须高度重视剧本创作，为二度创作打下坚实基础。”

因此，维护剧作家的著作权益已经直接关系到中国影视产业发展的根本问题。特别提案，重申剧本在电影电视备案立项中必须要求剧本版权授权书的法定程序。

一、授权许可制度要成为电影电视立项的必需制度

电影、电视剧都涉及原作者授权的剧本使用问题，影视产业的实质是版权经济，构成影视版权的首要的核心是剧本版权，没有剧本就不可能拍电影。《著作权法》第二十四条规定：“使用他人作品应当同著作权人订立许可使用合同。”未经剧本作者授权，任何人使用剧本创意都是违法的。这是中国的《著作权法》和世界《伯尔尼公约》赋予创作者的权利，神圣而不可侵犯。

所以，广电总局2006年颁布《电影剧本（梗概）备案、电影片管理规定》的第六条第三款要求电影备案必须有“电影剧本（梗概）版权的协议（授权）书”。这一项法定程序限定了，没有编剧的剧本版权授权书，电影是不能立项制作的，剧本版权的非法使用，必然使影片属于非法侵权制作出品。对于由其他文学作品改编的电影，在第十七条审查混录双片第5项要求提供“原著改编

意见书”。第8项要求，“电影剧本备案回执单”，这些都涉及剧本著作权的管理审查行为。国家广电总局对于电影剧本备案的严格规定，标志着著作权的保护与管理，已经纳入行政审批必要的法定程序。

那么，电视剧备案公示也应该有“剧本版权人的授权书”，否则电视剧制作也是非法的。现在，电视剧的剧本著作权人及授权程序隐含在“备案公示表格”中，不利于强化剧本著作权在影片制作中的法律效用。因此，要求剧本授权书也应该作为备案必备的要件进入规定条文，广电总局2006年出台的《电视剧拍摄制作备案公示管理暂行办法》，应该增加对电视剧本的备案要求，出具“电视剧本（梗概）版权的协议（授权）书”这一项法定程序。另外，《著作权法实施细则》27条规定：“出版者、表演者、录音录像制作者、广播电台、电视台行使权利，不得损害被使用作品和原作品著作权人的权利。”为保护原创作者权益，也必须在送审影片时增加“原著改编意见书”。尊重知识产权和保护原创作者的作品使用不受歪曲、无恶意篡改的侵权行为，避免电视剧播出产生侵权行为。

此建议对国家广电总局在制定电影、电视剧管理政策法规具有统一性的要求，也是遵守《著作权法》，推进制度改革的要求，加强剧本著作权的保护，强调著作权合法性与影片的合法性是一致的，是进一步完善了影视产品在知识产权方面的行政管理制度。

二、行政审查许可影视剧要高度重视剧本版权的合法性

影视产业是版权经济，而剧本版权是影视版权中前位的核心版权，是由制片者购买许可或者转让使用其拍摄权。因此，剧本版权的合法性决定了影片的合法性，各级政府主管行政审查许可影片制作和许可发行，首先要审查确定其剧本版权的合法性。

备案制度不仅履行必要的立项程序，同时也是著作权注册的方式。由于制片者只对完成后的“影片”拥有版权，那么，在整个备案管理过程中，唯有被其使用的剧本的著作权是独立存在的，特别是经过审查过的重大题材剧本，应当受到法律和备案制度的依法行政的管理。

当制片方侵害了剧本著作权人的权益引起诉讼或者行政告诉的，必须等

待解决著作权的纠纷才能保证影视产品合法许可。当前，侵害编剧的署名权、修改权、保持作品完整权和报酬权的现象依然突出，依法实施“剧本授权”，就要依法维护好授权人的权益，严格审查授权程序，切实抵制抄袭剽窃盗版，包括不付清稿酬而拍摄的侵权行为；对于明显告诉“引起诉讼的”的侵权行为，应以备案的“电影剧本版权的协议（授权）书”为执法依据进行审查；已经法律判决有侵权事实的，行政执法必须执行。这样才能确保通过许可的影片均为合法影片。

三、电影电视完成片审查许可时涉及侵害剧本权益必须告知

制片方是影视片行政许可的申请人，申请人是依据编剧剧本授权拍摄影片，编剧必然是制片方直接的“利害关系人”。未经编剧授权的，不付报酬就拍摄编剧剧本的、抄袭剽窃内容的、损害和侵占编剧署名权的、制造虚假材料申报剧本备案的等，都直接侵害了剧本授权人的权益。依据《行政许可法》第36条规定：“行政机关对行政许可申请进行审查时，发现行政许可事项直接关系他人重大利益的，应当告知该利害关系人。申请人利害关系人有权进行陈述和申辩，行政机关应当听取申请人、利害关系人的意见。”因此，凡是制片方侵害剧本授权人的行为的，要求影视审查行政机构依法告知，并听取编剧的陈述和申辩。凡有侵害编剧署名权的影视剧，审查中责令修正，不修正者不予通过；凡违约拖欠编剧稿酬而引起法律诉讼的影视剧，一律不予审查，不批准放映许可；凡是不经编剧授权同意，恶意篡改歪曲剧本原意而引起版权诉讼的，一律待法律判定后方可予以审查影片。

2011年

关于依法确立“原创老大，作者第一”的原则，增大原创作者权益，加大原创保护力度，才能做大原创品牌的提案

文化产业要成为国家经济发展的支柱产业，那么支撑这个文化产业的支柱又是什么？英国作家罗琳笔下的《哈利·波特》做出解释，美国华纳公司因此原创创收票房80多亿美元，衍生产品达上千亿美元，作者本人获得10亿多美元版权收入。一个文学形象打造了世界文化产业奇迹，产生影响世界十年的哈利·波特文化品牌。原创的文学形象是影视文化产业的核心能源，是这个支柱性产业的核心支柱。

原创构成的“自主版权”支撑了这个创意经济的发展，个人的独创的智慧成果在法律的保护下，成长为世界性的贸易活动。中国为什么不能出《哈利·波特》系列电影？其重要的原因，缺少原创版权的保护机制和激励机制。曾有人要出版一个《哈利·波特词典》，法庭判决未经罗琳同意不得出版，保护原创达到丝毫不得侵犯的程度，唯有高度的保护才能滋生高品质的创意系列。

在我国《著作权法》修改之际和《电影产业促进法》出台之时，建议从根本上确立“原创老大，作者第一”的原则。

一、解决“原创疲软，形象匮乏”必须采取法律的硬措施

国家版权局柳斌杰局长一针见血地评价中国原创版权状况，90%的作品是属于模仿和复制的，电影、电视、小说等领域，作品重复和复制的最多。

仅举电影产品为例，编剧原创剧本或者根据小说改编为内容的电影，影片

版权依法归属制片方，属于二度创作的导演却在影片署名为“某某导演作品”，那么原创者被踩到哪里去了？如此违法现象在层层审查制度中都能通过，原创权益还有谁来保护呢？即使原创剧本经过国家重大题材领导小组审查通过，由某些法盲导演，连篇散文都没有发表过的人，雇用枪手来篡改原作剧本，颠倒黑白，歪曲主题，给哥们加戏，为姐妹添色。更有甚者，把原作一脚踢开，窃取其意，另找枪手，改头换面，占为己有，原创者败给剽窃者。《著作权法》对于原创作品铁打不动的四项权利，“发表权、署名权、修改权和保护作品完整权”屡遭侵犯，多数影片宣传中只宣传导演和演员，遗弃原创，媒体报道文章有意和无意都省略了编剧或者原著小说作者的署名权。评论和评奖少有谈原作的，几乎没有人去看原创文本来研究影视作品。“炒作高于制作，制作抵毁原作，卸磨杀驴，过河拆桥”是当前中国电影界最大的弊病，使坚持原创者心寒却步。

美国奥斯卡奖和编剧公会评选剧本都设两项奖，“最佳原创剧本”和“最佳改编剧本奖”，这是版权分明的体现，“改编剧本奖”也是对于小说原创者和编剧的双重尊重。而我们要么就像百花奖不设编剧奖，要么就没有改编剧本奖。为此，我和张抗抗委员提案三次了，至今都没有采纳。然而大量可见的是增设什么“境外最佳男女演员，最佳男女配角奖”、“最佳小成本奖”，等等，足可见对原创文学根本就没有足够的尊重和保护，本末倒置现象任其滋长，等于断绝电影产业的源头活水。

由于我国版权保护滞后，权限模糊，压制原创，怂恿了复制、抄袭、翻拍、篡改、模仿，跟风如潮，重拍四大名著，翻版经典电影，复制国外剧情，改头换面包装，原创之作寥寥无几。

中国加入《世界版权公约》和《伯尔尼公约》，这次修改《著作权法》要坚守“原创老大，作者第一”的原则，唯有强化原创者是上位权利人，对原创作品拥有不可动摇的控制权，高度维护原创权益才能创造出更多的原创作品。

二、修改《著作权法》要严格保障原创者的权益

1. 原创者的“修改权”和“保护作品完整权”是不容动摇的

《著作权法》第十条明确规定：“修改权，即修改或者授权他人修改作品的权利。保护作品完整权，即保护作品不受歪曲、篡改的权利。”在第

二十九条规定："出版者、表演者，录音录像制作者、广播电台、电视台等依照本法有关规定使用他人作品的，不得侵犯作者的署名权、修改权、保护作品完整权和获得报酬的权利。"

然而，却在《著作权法实施细则》第十条："著作权人许可他人将其作品摄制成电影作品和以类似摄制电影的方法创作的作品的，视为已同意对其作品进行必要的改动，但是这种改动不得歪曲篡改原作品。"

必须撤销这条细则。特别是"视为已同意对其作品进行必要的改动"，等于用强迫手段剥夺了原创作者对于修改权利的授权程序，有悖《著作权法》赋予授权他人修改的授权制度，在实践中产生无数的矛盾，肆意践踏原作权利，制片人改，导演改，演员改，根本不与原作者商量，最后被改得面目全非，往往把庐山改成了香山，把旗袍改成了裤衩，严重毁坏了作品的完整权，也损毁了作者的声誉权。

"修改权"不同于"改编权"，修改是对同一文本的修改权利，原作者不放弃，任何人无权剥夺。剧作家的电影剧本理应由原作者拥有修改权，未经原作授权他人不得修改。这不是将原作的小说另请他人"改编"转成电影剧本形态。《伯尔尼公约》第六条之二规定："不受经济权利的影响，甚至在上述经济权利转让之后，作者仍保有要求其作品作者身份的权利，并有权反对对其作品的任何有损其声誉的歪曲、割裂或其他更改，或其他损害行为。"因此，《实施细则》第十条必须废除。

2. 原创者对任何形式的使用都保有终极权利

现《著作权法》的十二条、十四条、二十九条、三十七条、四十条涉及对于原作品的改编、汇编、演出、录音录像方面"不得侵犯原作者的著作权"，需经"原作品著作权人的许可、并支付报酬"。

然而在影视改编和使用方面约束范围和保护力度不到位。因此，出现原创作品被改编成影视，有意践踏作品完整权，几经改编，消蚀和分解了原创者的权益，不仅原作得不到衍生作品应有的报酬，使用者转身成为"原作者"，授权他人出版发表，诸如连环画册、网络发表等等，这种以改编为幌子而行剽窃之实，在影视界屡见不鲜。依据《伯尔尼公约》第十四条第2款中规定："根据文学或艺术作品制作的电影作品以任何其他艺术形式改编，在不妨碍电影作品作者授权的情况下，仍须经原作者授权。”该条款意即电影拍摄完成后，再改成其他任何形式的文艺作品，也必须尊重原作者的授权和意见，充分体现世界各国保护文学艺术创作的根本原则，作者第一，原创老大。

建议本次修改《著作权》，要开宗明义地确定：“原创作者对于其首创作品及文学形象拥有无限期无约束的控制权利，一切改编、翻译、汇编、演出、录音、影视、网络、数字等形式使用其作品，均须经原始著作权人授权才能使用，并支付相应的报酬。对因其使用后而产生的其他衍生产品，除原作者特别约定转让外，无可争辩地拥有一定份额的版权收益。”

3. 增大原创作者及作品使用后的衍生版权

现《著作权法》第十五条、第二十九条中，电影和电视之类作品在使用之时，没有增加原创作者的权益。美国编剧2007年的罢工是向手机和网络播放其电影作品要求2.5%的分成。日本剧作家可以从电视、网络包括空中飞机播放均可赢得影片二次版权的分成。然而，中国的所有作家和剧作家从未在电视及网络播放其作品中获得过报酬。中国电影著作权协会加入西班牙著作权人音乐人协会，为中国电影在世界各国发行收取版权费，其中第九条约定按西班牙法律规定影视作品中，剧本、导演、音乐享有作者权利分配比例是：剧本50%，导演25%，音乐25%。从分配的份额足可见欧洲国家对于剧本原作的重视。中国剧作家何时能够得到二次版权，那才能证明中国电影原创步入了法治的轨道。如今，令人欣喜地看到中国音乐家著作权从不断使用的机构中不断地得到了应有的版权回报。

我们知道原创是发现性与发明性的智力劳动，是艰辛的、是耗时的、是苦心的、是多年积累而发源的智力成果，一个作家倾其一生也难创造几个经典故事和原创形象。纵观世界，凡版权保护严格的国家，很多剧作家是靠不断的播演和衍生产品而获益的，从而养活自已的创作人生。

修改《著作权法》必须让原创者在多种使用和衍生产品中得到报酬和权益，才能保障原创者不浮躁、不急功近利，能蹲下去，慢慢打造原创作品出世，这是非常关键的战略性的保护原创激励原创的法则。

建议修法中规定：“电视台、网络、手机数字移动以及类似使用其电影电视作品的传播机构，均需要向原创文本作者（包括被改编作品的原作者），不经任何机构直接支付著作人相应比例的报酬。”这样，原创作品改编率、使用率、转播率越多，获益越大。因此，独创性的原创精品才能增多，胡编滥造的重复之作自然就降低了。

三、行政管理部门和司法保护必须维护原创者权益

1. 中国加入世界版权公约，各级政府都有义务维护和保护外籍著作权人的利益，同时也有责任保护本国公民的著作权益。现《著作权法》第四十八条中对于侵权者“可以由著作权行政管理部门责令停止侵权行为”，应修改为：“各级政府管理和审批涉及有关著作权属性的产品部门，严格履行使用他人作品授权书制度，凡有侵犯他人著作权的行为责令停止侵权行为。”近年来，作为审批立项电影电视剧并发放行政许可证的国家广电总局，一再强调他们的行政职责为：“主要是审查内容是否存在违反《电影管理条例》有关规定的问题，并不涉及著作权等民事关系的审查。”这是推诿对原创者著作权的保护义务。因此，编剧原创屡遭侵犯，诉讼案情不断上升，极大地挫伤了原创者的积极性。

十七届六中会全后，广电总局新任蔡赴朝局长在宽沟创作会议上特别强调对于著作权的保护：“投入的是智力，产出的是著作权。要积极探索维护影视工作者合法权益的有效办法。”这才是符合《国家知识产权战略纲要》精神的。众所周知，影视产业核心是版权经济，第一轮竞争就是原创著作权的竞争。版权影响世界，版权改变世界，自主原创是掌握版权的主动权，各级政府主管部门和司法审判都应依法保护原创者的著作权益。

2. 常看到在司法审判中，总是以完成影片的内容来审定和考量侵权程度，往往忽略了著作权产生的首要一环，原创作者对于题材的发现权和创意的发明权，有意和无意地怂恿了高级的剽窃者和巧妙的抄袭者，侵占了原作者的权益。当下，影视界某些人不在生活中发现新题材，而是靠占有别人发现的题材和创意，闭门勾兑，把他人的毛衣拆了重织一遍。在我国注册制度不完善的情况下，原创者是最大的弱势。因此，修法要有效地强调保护“原创的发现权和创意的发明权”。

3. 一切有利益的地方都可能滋生腐败。因此，修法要增加追究政府部门

的侵权责任，并对管理审理著作权时发生徇私舞弊、官商勾结侵害原著作权人利益者，从严追究其法律责任的内容。

四、文化强国的标志是原创能力的强大

文化大发展依靠提升原创能力、沿袭模仿、改编组装，强大不了一个国家的文化。文艺作品最忌随人之后，别人的成功就是我们的坟墓，必须是查前人未有，创后者不同，才能出新求奇。讲中国人的故事给中国人听，才能与外国文化竞争高下，才能使中国立于不败之地。日本的《入殓师》正因为其独特的民族性，才获得奥斯卡奖，越是民族的原创才越有竞争力。软实力不在于科技形式，其根本还在于思想与文化的内涵，体现作家独立的思考和艰辛的发现，是原作的灵魂。用中国料炒中国菜，才能满足中国人，且以原创品牌端上世界的餐桌。因此，提升原创力就是提升国家软实力。

我们欣喜地看到广电总局出台重奖原创剧本100万到300万的政策，这充分体现了《宪法》第四十七条原则。因此，建议修改《著作权法》，加入奖励原则，对于有重大影响的原创作品，特别是在国内外产生良好影响原创作品和文学形象，国家依法给予荣誉和奖励。

中国是文化资源丰富的大国，唯有提高原创力才能走向文化强国，请法律之神守护那些勤劳的从无到有的原创者吧。

2012年

关于依法重拳打击抄袭剽窃维护原创者权益的提案

北京市第三中级人民法院判决琼瑶起诉于正《宫锁连城》抄袭其原创作品《梅花烙》胜诉。经过长达半年的争议，判决结果出来，在海峡两岸华语编剧界引起了强烈的反响，得到一致称赞。

未经原创作者授权，随意抄袭剽窃他人公开发表的故事内容，改头换面地移植他人影视作品，仿制克隆原创者的故事细节和情节桥段，用在自己的作品中，已在影视业内司空见惯。正如习近平总书记在文艺座谈会上一针见血地指出存在着“千篇一律抄袭模仿，机械化生产快餐式消费”的普遍现象，于正案仅是冰山一角。

由于长期存在着影视作品侵权盗版治理不严，漠视著作权法规定使用他人作品需要授权许可制度，仅从剧本创作来看，由于影视产品急功近利，公开和隐蔽的抄袭剽窃行为丛生，谁都知道原创作品投资大，创新难度高，耗费时间长。原创者倾其精力，抄袭者巧取拿来，从题材上仿制，从人物上抄袭，从细节上剽窃，积恶成习，见而不怪，严重地损害了那些坚守原创和首创者的权益。

造成我国影视业存在千篇一律抄袭模仿、原创极为疲软的现象，从法律角度剖析，对抄袭者打击不力、处罚不重是主要原因。原创赢得了官司赢不到利益，反而损害了身心和时间，加上诉讼二审时间太长，作者本身是弱势，即使胜诉，赔偿太少，且执行不力。而抄袭违法者成本太低，原创维权损失太大。抄袭不以之为耻，原创因此而伤心。所以难以形成法律围剿制裁的网绳，来杜绝抄袭剽窃现象。正因为琼瑶隔岸起诉于正的胜诉，并突破有史以来的最高赔偿额达500万元，同时禁止侵权作品的播放，从根本上断绝抄袭者滋生的后路，真正体现了法律的威严。

为了彻底克服习近平总书记批评的“千篇一律抄袭模仿”现象，加强保护原创作品力度。我建议：

1. 从源头防止侵权，剧本立项时依法要求出具剧本授权书，或者原创许可改编授权书。凡发生起诉或者发现立项剧本有抄袭行为内容剽窃而生，引起诉讼的，即停止或者取消立项，避免影片拍摄完成，播放抄袭剽窃他人成果，再度构成侵权，对原创造成极大的侵害。

2. 制片者若发现剧本内容抄袭而来，要求编剧赔偿损失；如果制片者共同参与抄袭剽窃，须承担连带责任。参与拍摄者及播出放映方发现抄袭剽窃作品，有权拒绝抵制发行放映，否则有共同侵权责任。琼瑶诉于正案的判决体现了维护原创者权益合理地控制整个作品的使用权。剧本和制片人承担了侵权责任，判定使用方的部分责任，编剧、制作者和使用者，连同一起承担法律责任，这样才能彻底根除抄袭剽窃的恶果，保护原创者的根本利益。同时倡导观众检举抄袭剽窃的影视作品。

3. 司法量刑上，对于明显的抄袭剽窃作品，惩罚要更加严厉，文贼如同窃贼一样，要罚得抄袭者没有能力再抄袭，起到惩前毖后、刑一而儆众的作用。这次对于《宫锁连城》判罚500万元仅是琼瑶诉求2000万的四分之一。而琼瑶根据自己单部作品此前投资、制作、发行的经验，收益均达到1亿元人民币，可见对原创者造成的巨大损失。保护原创要以《伯尔尼公约》的核心精神，必须重拳打击抄袭剽窃者，使原创处于至尊不可侵犯的地位，令抄袭者畏惧，才能依法杜绝抄袭剽窃行为。

4. 行政问责与司法审判追责机制要有机协调，行政主管部门应有知识产权投诉受理执法管理机制，这是建设法治政府要求的法定职责。当下是，涉嫌作品被侵权，原创权利人一封投诉信或律师函投诉到主管部门，不会得到任何正式的书面答复或处理意见，偶尔告知“去法院起诉解决”。鉴于司法诉讼周期长，二审需要两年时间，侵权剧目摄制和发行播放均已完成。损失的是原创者，助长了侵权人的非法行为。《行政许可法》第36条规定：“行政机关对行政许可申请进行审查时，发现行政许可事项直接关系他人重大利益的，应当告知该利害关系人。申请人、利害关系人有权进行陈述和申辩，行政机关应当听取申请人、利害关系人的意见。”因此，凡是立项作品有抄袭剽窃他人原创作品的行为，凡是有投诉检举其制作项目有侵权行为的，要听其申诉意见，接受投诉是依法行事，可以明确“在何种条件下，规定暂缓、暂停、驳回制作（摄制）许可证、发行（公映）许可证的申请”，这样让抄袭剽窃侵权者的作品没有市场，没有投资者接受。凡经法院判决有抄袭剽窃劣迹者，失信给予儆戒，行业自律固守法律底线。

2016年

关于加强对网络文学抄袭乱象的打击，提升文学原创的著作权保护力度的提案

2016年底，上星卫视播出的电视剧《锦绣未央》原著被指抄袭，引发社会的广泛关注。与琼瑶“梅花烙”案相比，本案的抄袭行为、抄袭方式更加恶劣，突出暴露了文学创作行业的乱象。

网络小说已成抄袭重灾区，部分网络小说作者往往注重字数更新量而非作品质量，为保持读者的关注度、活跃度、以及自身收益（包括以读者投月票、打赏、付费阅读等方式获取收益），网络小说作者力求每日更新作品章节，从5000字至上万字不等。此种荒唐的创作需求催生并助长了行业的歪风邪气，更导致“黑色科技”在行业中大行其道。该“黑色科技”是一种自动写作软件，通常被称为“小说生成器”又经常被追名逐利的写手用作“抄袭软件”。相关软件可从淘宝网站购买获得，价格从几十到几千元不等。大量雷同的类型小说都可以通过此类软件“创作”出来的。

这种抄袭软件后台具有庞大的作品素材库支撑，可以提供给用户关于人物、动作、服饰、景象、时令、场面等等相关描写的素材，大量的素材均来自中外小说、诗词，以及网站的新闻、热帖等他人的文学作品中摘抄、分类整理和组合而成。用户可以利用软件，通过简单的“关键词”指令，迅速自动生成小说具体情节、场景、服饰、心理活动等表述，相关语句、段落甚至剧情主要通过对数据库中的文学作品内容进行部分提取、复制以及拼凑等步骤以完成。部分网络作家一般对根据此种方式自动生成的文本进行微调之后便作为自己的作品对外发布，以进行作品更新，吸引读者持续性关注。通过此种野蛮复制的抄袭方式，日更万字真可谓“一蹴而

就”。基于此，建议如下：

“抄袭软件”具有自身侵权、助推影视行业乱象、极大损害正常创作秩序的社会公害性，已经成为文学创作领域的“毒瘤”，国家版权局、公安部应当就此组织联合执法，打击“抄袭软件”的推广、销售和传播。

该“写作软件”自动配送相关作品素材库，其本身涉嫌严重违法。软件素材库的作品素材包括海量未进入公有领域、仍在著作权保护期限的他人作品，相关作品未经权利人合法授权便被收录于素材库中，销售至用户，用于素材抄袭之便。在未经作品权利人授权的情形下，相关软件开发者、销售者涉嫌侵犯他人作品的复制权、发行权、信息网络传播权。网络写手利用抄袭软件拼凑写作，涉嫌侵犯他人作品的复制权、发行权、信息网络传播权、改编权、保护作品完整权等等。而此类作品一旦被用于影视剧改编、摄制、发行，则影视作品出品方、发行方也将面临相关法律责任。

此种技术使得抄袭成本大幅下降，抄袭效率大幅上升，原创作品被肢解得支离破碎。除民事侵权责任之外，其侵权行为、性质构成知识产权犯罪的，应当追究刑事法律责任。我国《刑法》第二百一十七条规定了侵犯著作权罪，其中包括的情形有：以营利为目的，未经著作权人许可，复制发行其文字作品，违法所得数额较大或者有其他严重情节的，处三年以下有期徒刑或者拘役，并处或者单处罚金；违法所得数额巨大或者有其他特别严重情节的，处三年以上七年以下有期徒刑，并处罚金。

根据《著作权行政处罚实施办法》，国家版权局以及地方人民政府享有著作权行政执法权的有关部门在法定职权范围内对侵犯著作权法第四十七条的侵权行为且损害公共利益的行为实施行政处罚。而公安机关具有预防、制止和惩治违法犯罪活动的职能。

综上建议如下：

第一，版权局应根据《著作权行政处罚实施办法》及时就相关侵权且损害公共利益的行为实施行政处罚（包括警告、罚款、没收违法所得、没收侵权制品、没收安装存储侵权制品的设备、没收主要用于制作侵权制品的材料、工具、设备等）。特别是通过没收违法所得，以增大侵权成本，对抱有侥幸心理的主体起到威慑作用。

第二，公安部与版权局应该重点配合，加大打击力度，版权局应该发挥自身优势特点，协助配合公安部立案侦查以及处理侵犯著作权犯罪案件，追查到底。版权局可协助公安部门审查版权证明文件，协助确认被侵权作品，就作品对比等出具鉴定意见，为违法认定提供专业的意见或标准供参考。

第三，文化部、工信部、广电部门应当建立文化行业诚信体系，明确惩戒措施，对有劣迹的相关人员建立“黑名单”制度，为行业和社会公众树立正确的价值取向。

第四，网监部门应当就此责成文学网站、涉嫌销售“抄袭软件”的电子商务平台加强自审、自查、自纠，从根源上杜绝严重侵权知识产权的违法犯罪行为。

为了让整个文化产业走上健康规范的道路，针对这种网文抄袭之风、“抄袭软件”泛滥的行为，需要及早制定应对良策。个别主体自行寻求司法救济的手段难度大、周期长、且只针对个案，要想从源头上遏制相关行为，营造一个良好的文艺创作氛围，保持中国文艺创作者的创作活力，这就需要一个良性的防控机制，相关主管部门有责任加强沟通协作，发挥联动作用，通过及时有效的行政手段进行维护。

2017年

关于电影百花奖要增设编剧奖，评奖要体现首创原创的核心价值的提案

电影百花奖作为国家级大奖，却不设立编剧奖，多少次编剧维权都批评此事，没有得到解决。世界各国的电影节，编剧奖是不能缺位的。人所共知，剧本是电影的根本，斩断根本，花叶焉存？一个排除编剧奖的电影节，就如同无根的豆芽，一个不关注电影文本只追求娱乐效果的电影评奖，对于激励和表彰电影创新、繁荣电影事业是没有好处的。为了提升人们对于知识产权的重视，尊重创作，尊重首创，特别提案如下：

一、作为电影综合大奖，没有理由不设编剧奖

百花奖排斥了电影编剧奖，无意中排除编剧对影片的作用和影响，剧本是电影的基础，电影的一切是从剧本开始的，编剧的首创必须得到应有的尊重，作为电影产业的第一版权拥有者，在公众舆论中大势媒体的形式下被公然排斥掉，这是对编剧整体行业的歧视，是对剧本著作权的漠视，有意地让观众在享受电影时淡忘编剧、忽略编剧，最终达到抹杀编剧。如同麻痹人们在听交响乐时，只见指挥家和演奏员，而忘掉作曲家贝多芬一样。其最大的危害是误导观众电影是可以不需要编剧、没有剧本即可诞生的艺术。

不设编剧奖的理由是“群众评委投票看不懂剧本”。这个理由是站不住脚的，观众看的就是人物演绎的有头有尾的故事，然而故事、人物及台词，结局都是编剧从无到有的创作，怎么能说观众看不懂故事，不懂编剧的功能呢？电影的一切是从剧本开始的，没有剧本是拍不了影片的，一个舍本而逐末、斩根而求叶的本末倒置的电影评奖，对于繁荣电影创作是有害的。

二、从百花奖始创时就设有编剧奖，应该恢复

全世界影视产业围绕着创意经济而形成竞争态势，其核心是以文学剧本为影视产业的根本支撑。所以美国奥斯卡奖给编剧设两个小金人（原创剧本奖和改编奖），即使中国创建的由观众投票的电影百花奖，依然有编剧奖，第一届百花奖最佳编剧奖是夏衍和水华的剧本《革命家庭》，第二届是李準（剧本《李双双》），第三届是陈立德（剧本《吉鸿昌》）获得最佳编剧奖。怎么能说群众不懂编剧奖的评选？百花奖的历史已经回答了应不应该设立编剧奖项的问题。

三、建议

去年，国家实施知识产权战略，尊重编剧首创与作家小说改编的原创，已提高到保护著作权的法律层面。一部好剧本成就了导演，造就了明星演员。

特别建议：百花奖作为全国性的评奖活动，要增设原创编剧奖和改编剧本奖。以体现著作权在影片创作中的首创地位，通过评奖在全社会提升大众对于知识产权保护意识和尊重首创原创之风，在国家全面实施知识产权战略之际，作为电影产业的第一著作权人的编剧，必然会在电影评奖活动中占有不可缺少的一席之位！

2010年

关于尊重原创权益，影视评奖增设“最佳改编剧本奖”的提案

“鼓励原创和现实题材”已写入了六中全会决定。尊重原创，奖掖原创，是提升原创力的一种激励政策。

李长春同志对于影视创作做出重要指示：“要紧紧抓住剧本创作和人才培养这两个关键环节，为影视事业繁荣发展打下坚实基础。”

中宣部副部长、广电总局局长蔡赴朝宽沟创作会议讲话特别强调：“我们要下大力气抓好影视剧本创作，一方面在评奖宣传等方面向编剧倾斜，一部作品成功以后，要宣传导演、演员，也要宣传编剧和其他主创人员；要有导演、演员的大奖，也要有编剧的大奖，给这些默默无闻的幕后功臣应有的荣誉。”

文学剧本对于影视产业是原创和首创，根据一部文学作品类似小说改编的电影，那么小说作者就是影视产品的原创，更是默默无闻的幕后功臣，从未在影片得到奖励而受到应有的表彰和荣誉。

当前影视作品大量出现复制翻拍、克隆抄袭、改编跟风，已经引起了观众的不满。特别是我们要走向文化强国，应以提高原创能力为根本，要给编剧荣誉，设立大奖。诸如国家级的电影百花奖居然多年不设编剧奖。我们连续三次提出影视评奖要增加“改编剧本奖”，均未被采纳。

从保护和尊重文学作品的原创版权出发，改编剧本和原创剧本构成的版权层次不同。美国奥斯卡奖设立了“最佳原创剧本奖”和“最佳改编剧本奖”，改编剧本涉及原著作者的权益，还有后来改编者的再创造。世界版权遵循“原创老大、作者第一”的法则，没有原创的授权是不能改编影视作品的。

因此，为了更好体现我国《著作权法》的原则，建议在国家级影视评奖中，增设“最佳改编剧本奖”。

我们对于有关部门的答复是不满意的，理由如下：

由文学作品改编的影视剧本的权益及其产生的效益，都是作家与编剧双方共有的智力成果。每年都有大量的依据小说或者戏剧改编的影视作品，如《唐山大地震》《金陵十三钗》《山楂树之恋》都是改编自文学小说。如果我们没有对“改编奖”的设立，被改编者（原创者）很少能够进入奖励机制，小说作者在媒体报道中淡化出局已成惯例。近年来发生多起涉及影视著作权的法律纠纷，均由此而生。

我国《著作权法》明确规定：“使用他人作品的，应当指明作者姓名、作品名称”；“出版者、表演者、录音录像制作者、广播电台、电视台行使权利，不得损害被使用作品和原作品著作权人的权利”。我国加入《伯尔尼保护文学和艺术作品公约》，其第十四条第2款中规定：“根据文学或艺术作品制作的电影作品以任何其他艺术形式改编，在不妨碍电影作品作者授权的情况下，仍须经原作者授权。”该条款意即电影拍摄完成后，再改成其他形式的文艺作品，也必须尊重原作者的意见。原作者对于自己的作品，拥有永久性权利和终极影响力，即使经过影视改编拍摄加工，都不可动摇原作者的首创权利和应得权益和荣誉。

三次提案的答复前两次是，有一项最佳编剧奖“既包括原创作品，也包括根据原著改编的作品”。“涵盖了最佳原创编剧及最佳改编两个方面，因此不必进行调整。”第三次的答复是“设立奖项要经中宣部门批准，不能随意设立”。

对于以上答复，我们不能苟同，理由如下：

1. 目前可见的增设什么“境外最佳男、女演员，最佳男、女配角奖”“最佳小成本奖”等等，这些都经过中宣部批准了吗？从这些答复中，足可见对原创文学给予影视的能源性支撑没有足够的尊重和认识。

2. 关于“可涵盖或包括”的解释，根本不具科学性和法理性。同属《伯尔尼公约》签约国的美国电影评奖，为何还要单独另设一个“最佳改编剧本奖”呢？正因为“最佳编剧奖”无法涵盖对原创文学作品的奖励，中国目前原创文学作品的激励机制中，正缺少这重要的一环，所以才需要增设“最佳改编剧本奖”。“涵盖和包括”是对提案敷衍塞责的回答，不设改编奖也是对于剧本改编的轻视。试问，设立最佳男女主角奖，为何还要再设立最佳男女配角奖？按照“涵盖和包括”的原理，设立一项最佳表演奖就都“涵盖和包括”了！华表奖竟然还增加了境外四项表演奖，试问没有剧本，没有原创小说提供文学形象，还会有男女演员奖吗？舍本求末，忘本弃源，只能说明轻视原创，只能证明评奖并不是为了激励原创的发展和剧本的繁荣。

比起民生大计，此案仅增小奖一项，且不关乎体制大变。我们两位政协委员历经三次反复提案，令我们清醒地意识到，这并不仅仅是增设一个奖励的项目，当前文化要发展要繁荣，亟待需要提升某些主管部门领导对于原创的尊重意识，提高某些人对于中央六中全会要“鼓励原创”的认识，提醒那些所有使用其原创版权的人们多有尊重，提出增设此项奖旨在吸引小说家提供更多的文学作品为发展影视而联姻，提示人们在享受影视演出时不要忘记辛苦于幕后的原创者。

我们第四次提案是认真严肃，据理讲法，依据《宪法》赋予政协委员的协商、议政的权利。我们要求：今年所有涉及此项的答复，有关部门当面协商，不搞文字游戏，不同意见公开交流，全国的编剧和作家们，共同参与，或者交付网上讨论。

1. 建议在“华表奖”“金鸡奖”“百花奖”“飞天奖”等国内大型影视评奖中，增设“最佳改编剧本奖”。尊重和保障原创作者和改编者的双重权益，使我国的影视产业知识产权保护体系，更为科学有序。

2. 为了落实六中全会鼓励原创的决定，任何影视剧送审作品都应该尊重原创，建议实施提供“原著改编意见书”的制度。

广电总局《电影剧本（梗概）备案、电影片管理规定》第十七条中规定，送审电影双片应当提供“原著改编意见书”的要求，希望影片制作部门能够认真履行。同时，在电视剧的行政审查中，也要体现这个原则精神，原著作者主动放弃者除外，保障“原著改编意见书”是履行《伯尔尼公约》第六条之二规定：“不受经济权利的影响，甚至在上述经济权利转让之后，作者仍保有要求其作品作者身份的权利，并有权反对对其作品的任何有损其声誉的歪曲、割裂或其他更改，或其他损害行为。”

3. 根据广电总局蔡赴朝局长的意见，媒体在宣传影视作品时，要尊重原创者在影视产品中的一切权益，把文学原作和剧本改编、原创剧本均视为影视创作的第一生产力来进行宣传，不可侵犯原作的署名权。

2012年

关于北京电影季扩成北京国际电影节，增加电影原创剧本研讨会的提案

北京是中国电影的发源地，第一部电影《定军山》就是在北京拍摄的，现在北京有了中国最大的电影博物馆，全国的电影人才和电影从业者很多，电影文化公司最多。特别是北京奥运会开幕式成功召开，使北京的电影文化品牌越来越有国际影响力和国际吸引力。

1. 十一届六中全会后，文化产业大发展，电影产业在大上，特别是北京搞过电影季，建议扩大成国际电影节，成为中国品牌，吸引更多的国内外优秀影片参赛和交流、贸易。使北京成为世界关注的焦点，将中国传统的文化通过电影交流出去。

2. 电影以内容为王、创意致胜，原创是根本，世界电影都缺少好故事、好剧本，为了把中国文化资源的大国变成产业的强国，必须先抓剧本。因此建议电影节设立剧本研讨会、剧本拍卖会。

剧本研讨可以汇聚海峡两岸三地的剧作家一同交流。中国电影文学学会是1983年成立的，是中国电影编剧的协会，调动行业学会联盟的力量，共同办好电影源头和根本上的问题。促进好的剧本出世，为电影提供源源不绝的好剧本，拍摄出精品。

3. 北京国际电影节评奖要根据国际电影节评选的标准，打造一流电影节的水平，以北京国际电影节推动北京电影产业的高速发展！

2012年

关于依法制定《未成年人观看电影指导办法》，实施“儿童不宜”审定标准，根据国情制定我国的电影分级制度的提案

最近爆出《西游·降魔篇》电影上映以来票房超过10亿多，但也不断传出有孩子在观看时被吓哭的消息，这该怪谁？有人指责作品暴力血腥残忍、恐怖吓人，有人责怪影院未能提醒标明儿童不宜，使家长带孩子来观看，甚至抱怨“孩子吓出病来，找你们电影院索赔”。

中国电影产业化提速，惊险恐怖等类型化影片多样，特别是美国电影仗着电影分级标准守护，充满血腥暴力凶杀的电影引进我国放映。那么，针对现状和现实，我国的电影制作和放映要不要制定“少儿童不宜”审定标准的分级制度？

中国是没有出台《电影法》的国家，唯一涉及电影的法律有《中华人民共和国预防未成年人犯罪法》第32条规定：“广播、电影、电视戏剧节目，不得有渲染暴力、色情、赌博、恐怖活动等危害未成年人身心健康的内容。”第54条还规定了对“影剧院放映或者演出渲染暴力、色情、赌博、恐怖活动等危害未成年人身心健康的节目”的处罚规定，恰恰这项法律就是保护未成年人心理健康的，依据此法律未成年在未被告知而观看到含有以上四类违法内容的影片，可以依法起诉，有关部门必须承担法律责任。因此，我在九届四次提案建议设定有关儿童不宜的电影审定标准。再度建议如下：

1. 依据《中华人民共和国预防未成年人犯罪法》第32条、第54条的规定，尽快出台适应我国国情的《未成年人观看电影指导办法》，这是严肃的法

律对电影的约束，是有法在先的，不能长期无动于衷不作为了，要严格审定不适合少儿观看的电影，公开放映要标明少儿不宜观看的标识，出台这样的分级制度，才能配套法规保证法律实施的完整性。

2. 目前，我们国家还不能按照国际通行标准办法对电影作分级放映处理的话，这不应该妨碍对很多不适合青少年儿童观看的影片作市场放映的分类指引，可以针对国情先出台我国的少儿不宜审定标准。大力提倡歌颂真善美的影片，这是对祖国的下一代负责，是对国家的教育事业负责，也是对中国电影的发展负责。道理毋庸多说，对于电影产业还有一个很重要的意义，就是提倡更多“老少皆宜合家欢”的电影，如经典电影《小兵张嘎》，现在的《喜羊羊和灰太狼》，中国电影应该更加以家庭娱乐为基本创作动机。有着20多年发行放映电影经验的广东省政协委员赵军，建议尽快出台《未成年人观看电影指导办法》，这样会更加促进电影创作朝向这个健康方向发展，只要不适合少年儿童的影片在影城放映受到限制，出品方就会思考怎样创作吸引更多观众进入影城，把青少年观众和“合家欢”观众一同吸引到影院的产品，这样的电影会产生更好的社会效果，自然产生经济效益，李安导演的《少年派之漂流奇遇》等，没有色情暴力，老少皆宜还吸引孩子，照样得奥斯卡奖，全球赢利。

3. 不要一谈电影分级制度，就谈虎色变，认为分级制就是让色情尺度放宽，性镜头泛滥银幕，恰恰相反，实施“少儿不宜”审定标准的分级制度，是对色情影片的限制和约束。伊朗电影《一次别离》更是我们学习的榜样，并不依赖色情、暴力、恐怖的刺激因素，却能赢得奥斯卡奖和全球的声誉，只有这样的电影，才在其版权发行其他商业传播渠道，更会创收。

本建议是，首先依法做到保护未成年人，凡在中国境内放映的电影，标不适合少儿观看的标志，落实《中华人民共和国预防未成年人犯罪法》第32条、第54条的规定，如同药品盒上明确标志，儿童用药量与成年不同一样，有所告知。由于未成年人的心理和生理的原因，他们在接受物质产品和文化产品时都与成年人有所区别，电影等文化产品必须做出这样的审定制度。如《色戒》《金陵十三钗》电影不标明“儿童不宜”，恰恰是对少儿身心健康不负责。国家出台法规对社会经营的网吧，明确规定未成年人不得入内，切实在法律上做到保护未成年人的权益。同样，为保护未成年人看电影的权益，电影应该出台《未成年人观看电影指导办法》。

4. 中国电影市场从实际运行中也急切需要确立电影产品分级制度，随着国内电影市场已经国际化，引进的某些国际电影充满血腥暴力、恐怖凶杀的镜头，对于我国少儿是极大的生理刺激和心灵侵蚀，我们不能说未成年犯罪原因是从影视片效仿出来的，但我们不能不承认过多的暴力凶杀场面会对孩子们幼小心灵悄然感染杀戮快感的病毒。因此，适合中国国情地进行影视分级制是政府对于我们未成年人负责任的态度。

建立“少儿不宜”审定标准，有利于电影的双向发展和双向需要，未成年人可以尽情地看专门为之创作充满童趣的产品；为成年人创作的产品可以最大可能地满足成年人的审美需求。比如恐怖片，成年人希望看到充满恐怖情绪的电影，希望感受恐怖带来的刺激愉悦；然而对于未成年人来说一次恐怖的刺激惊吓也许就会终身成疾。分级制是解决这两种不同需求的合理制度。

电影《哈利·波特》，陪伴全球少年走过10年，赢得了全球电影奇迹，创收80亿美元票房。实践结果证明了，建立“儿童不宜”分级制度，反而促进了创作适应少儿观看电影的空间和全球市场。因为，世界凡是电影发达国家都已建立了保护少年儿童的电影分级制度，对我们国产电影而言，凡走出去的电影，越是适应少年儿童的电影，越是绿色通行的产品。电影分级制度可以使创作者创作更多的适合国内外市场的，满足不同阶层、不同年龄人群的，首先建立在不要伤害孩子们身心健康的审定标准，这是真正地以人为本地健康有序地发展先进文化的制度。

2013年

关于在北京从事影视编剧的自由职业者专业职称评定的提案

“剧本和人才培养是发展电影的两大关键，剧本是基础性源头性的创作。”这是去年国家广电总局在宽沟召开影视创作会议上，传达了中央领导的重要批示。

为我国繁荣和发展影视文化创作，北京吸引了全国从事影视创作的编剧，云集京城，他们大部分是自由职业者，从事编剧多年，并做出突出贡献，靠编写剧本谋生立足，靠智力成果创造版权，靠创意文学发展产业，俗称“北漂一族”，这些编剧们，经过十几年的市场实践，已成为支撑中国影视产业原创核心的中流砥柱。有的编剧作品获得中宣部的五个一工程奖、政府的华表奖和飞天奖。但是，他们没有正规的编剧职称，没有任何单位给予他们评审，因为他们不属体制内编制，没有管理他们人事的部门。因此，这是他们从事编剧职业最大的苦恼。一位近50岁的编剧说，我从事剧本创作快20年了，没个正规的职称，难道“北漂”这顶帽子要戴到骨灰盒里吗?

北京有近万名从事影视编剧写作的自由职业者，从各类大学毕业，在京打拼多年，没有单位，没人管理，外出采访无证件。所以，这些自由编剧们自愿加入专业的社团组织——中国电影文学学会。

中国电影文学学会是1983年成立的影视编剧专业社团组织，由国家民政部批准的一级社团法人（社证字第3784号），业务主管是国家广电总局，学会所在地北京海淀区。随着北京的影视产业发展居全国之首，几千家影视文化公司落户北京，众多自由编剧加入了中国电影文学学会，学会凡60岁以上的编剧会员，大都在国有体制下，解决了职称问题。诸如八一电影厂的编剧均有职称，而大批的自由职业者，无论你创造了多少成绩、编剧出多少得奖的作品，“北漂一族”则没有人给予正规的职称，在实际工作中遇到很多障碍，在当今社会无处不讲学位论职称的竞争状态下，“北漂编剧”没有职称即没有社会地位，没有职称评定即没有专业认可，常常遭遇“枪手”待遇，无职称编剧常有被歧视之感。众所周知，从事独立编剧是高智商的创作活动，其剧本不仅是个人的智力成果，也是拥有版权的交易权利，甚至代表国家的文化智慧。再不考虑给自由编剧评定职称，不利于影视创作的发展，也不利于编剧人才的成长，更不利于影视文学的传承和教授。

因此，我建议：

1. 关注在北京的自由编剧的职称评定问题，应纳入文化体制改革的内容。根据《国务院办公厅关于加快推进行业协会商会改革和发展的若干意见》（国办发〔2007〕36号）（十一）：“深化劳动人事制度改革。加强专业人才队伍建设，行业协会及其分支机构、代表机构要配备专职工作人员，并参照国家有关规定，对符合条件的工作人员进行职称评定。”由此，自由编剧应该由国家批准的编剧专业社团：中国电影文学学会，根据国家评选编剧职称的标准，可以向北京市职称评审机构推荐申报。

2. 由于编剧的专业性、独特性有别于院校和演出团体评定职称，亦可由中国电影文学学会制订评定影视编剧职称的标准，学会组织享有高级编剧职称的评审委员会，根据自由编剧的个人申报，在北京市职称评选机构指导下，进行科学严肃的评选，享有评定高级（正高）以下的权利。最后报请北京市文艺职称审定机构审核批准，颁发证书。

3. 凡涉及正、副高级（教授、副教授）的编剧称职，亦可由中国电影文学学会行业学会向中央戏剧学院等拥有评定高级学术职称委员会行业对口学校，递交自由编剧的评定资格和代表作品，经过标准评比程序，授予相应职称，真正解决自由编剧的评定职称无人问津的问题，进一步强化影视产业原创人才的队伍建设！

2013年

关于实施“发表100部原创电影剧本，解决电影原创疲软”的提案

党中央《关于繁荣发展社会主义文艺的意见》第14条：“坚持内容为王、创意致胜，提高文艺原创能力，重点扶持文学、剧本、作曲等原创性、基础性环节，注重富有个性化的创造，避免过多过滥的重复改编。”第24条：“加大对文学艺术重点报刊、重点网络文学网站的扶持。”

如何提高电影产业的原创能力和重点扶持文学剧本等原创性的环节？特别提出此建议：

一、扶植原创电影剧本先从落实剧本发表权开始

世界电影产业的共同危机是缺好的原创剧本。中国电影产业突飞猛进，但原创剧本疲软，千篇一律，抄袭模仿之风盛行，过多过滥的改编，唯缺乏好的原剧本。纵观全国，已经少有发表电影剧本的刊物了，不能看到电影剧本，就难以实现阅读、发现、认购、研究、激励电影剧本的创新和繁荣。

中国缺少发表电影剧本的权威刊物，编剧们看不到同行的新作品，业界无处选择优质剧本，公众阅览不到好剧本，研究者难觅影片的原始设计。更糟糕的是，文学剧本不能公之于世，剧本的“完整权”在拍摄中被胡乱篡改和任意歪曲，公众无法比较原版，无法监督、审视、判断二度创作的优劣。

能否保证中国作家编剧的文学剧本发表权，关系到中央要求重点扶持“剧本”原创性基础性环节问题，关系到发展中国电影产业源头命脉问题。

自1925年洪深先生发表第一部电影剧本《申屠氏》开始，电影剧本作为文

学作品在中国文学史中留下了特殊的一页，奠定了视觉文学的地位和权利。文学剧本中优美的画面叙事、严谨的戏剧结构、引人入胜的悬念、鲜明的性格刻画、生动的人物对话，均会激起读者对未来电影不可抑制的思慕和观影期待，并在更大范围内引起制作使用者的公开竞选。

北京电影制片厂编剧岳野1962年发表在《电影文学》杂志的剧本《詹天佑》，历经38年后，在2000年由孙道临导演拍摄了这部电影，没有剧本的发表就没有这部电影剧本的生存权。

写作电影剧本，无论拍摄与否，作者都希望能发表出来，得到读者评议。一切富于创新的剧本总会有出路的，有发表就有阅读，有公开就有认购。剧本的发表不仅为使用者公开了选择机遇，也为研究影片成败寻根溯源提供了发言权。

中国电影飞速发展跃居世界前位，而全国没有发表电影文学剧本的权威刊物，无疑是中国电影的盲区，尽管围绕电影的活动越来越频繁，红地毯也越铺越长，不修其源而事其流，势必源绝流竭。各种迹象出现的题材模仿、样式跟风、翻拍复制、靠炒冷饭是无法应对国际化的电影市场的。解决剧本原创疲软的问题，先为原创作者提供发表园地，为剧本版权的问世做一个可见的摇篮。以视觉文学讲述中国人自己的好故事，让那些弘扬民族精神的主流作品、传播改革开放正能量的优质剧本，出现在公众视野里。

二、扶持创建中国发表电影剧本的权威刊物

目前全国写剧本的作者有20多万人，但只有一家发表电影剧本的刊物即中国作协旗下的《中国作家》杂志社，成为业余和专业作者发表电影剧本的平台。尽管网络视频时代潮水般汹涌扑来，各国对于本国优质电影剧本依然保有发表剧本的刊物。

日本电影剧作家协会由国家资助主办的《电影剧本》杂志，从1945年始至今，坚持每月发表5部电影剧本新作和相关剧作评论，每期发行3万册，各类图书馆均有订阅和摆放，培育公民参与电影原创意识，每年从中评选出10部优秀剧本，给予奖励（另外，日本《电影旬报》还单独评选十佳电影剧本），成为凝集剧作家的品牌刊物。

中国电影欲走向世界电影强国，更要切实解决发表电影剧本的短板。自2009年《中国作家》杂志社开始发表电影和电视剧本以来，一改多年来电影剧本无处发表的窘境，在社会、在文坛、在业内、在高校都产生了广泛的影响，在中宣部第12届“五个一工程”奖评选中，《建国大业》《辛亥革命》《惊沙》《飞天》4部剧本拍成的电影分别入选获奖。

为了落实中央加强剧本原创能力，避免过多过滥的重复改编，创作者要深入生活，搞好原创作品。需要更多的作家和编剧贡献出卓越的电影故事，需要以文学剧本形态展示他们的才华。中外电影成功的经验告诉我们，无基者虽高必覆。为夯实电影的基础，首先要促进和保障原创剧本的公开发表权。

偌大的中国，没有权威的发表电影剧本的刊物，读不到好剧本，看不到真正的剧作评论，提高剧本质量则是雾里望花，无的放矢，皆为空喊。

三、建议将中宣部资助的300万元扶持电影原创剧本资金，用于征集“发表100部原创电影剧本”，从中评选奖励10部可拍摄的优质原创剧本，给予重奖

1. 创建以《中国作家》杂志为基础的发表电影原创剧本的专业刊物，在中国作协党组领导下，实施“发表100部电影原创剧本工程”，每期发表8部剧本，全年12期共发近100部，解决中国编剧没有权威的发表电影剧本的刊物问题，激发全民参与剧本创作的热情，坚持数年，必成品牌。

2. 在中宣部、广电总局、中国作协指导下，从100部中评选出弘扬主旋律，传播正能量，有生活积淀、有思想深度、有创新形象的好剧本投入拍摄，评选出10部优秀剧本奖励。美国、日本电影编剧行业都有年度剧本评奖，成为凝集编剧、激励原创、引领创新的行业旗帜。

3. 面对发表电影剧本赔钱的压力，《中国作家》杂志社坚持鼓励原创。希望中宣部能给予300万的资助。用于剧本征集、公开发表、发现人才和题材（坚持5年则发表500部电影剧本），为电影生产提供能源库存。所需经费主要用于：（1）发表剧本充实编辑队伍；（2）扶持重点题材作者深入生活；（3）组织修改剧本及编剧培训；（4）组织剧作评论和研讨；（5）发表剧本的稿酬；（6）刊物发行费用。

如果没有莎士比亚剧本的发表、没有文字记载汤显祖戏剧传奇，今天的人们将永远无法分享这些人类伟大的文化遗产。发表电影剧本标志着一个国家和民族的文化留存，不受岁月和时间的限制，经典剧本可以长久地利用和再造版权的奇迹。

2016年

关于“中国作协鲁迅文学奖应增加电影文学剧本体裁的评选”的提案

电影文学剧本是以文学创作手段完成的文学作品，除用于电影的拍摄外，仍具有发表出版、阅读交流等其他文学作品共有的社会功用。电影原创文学剧本，文字在4万字以内，相当于中篇小说，其创作活动较一般的文学作品更加复杂，需要电影手段、戏剧结构和诗情画意的视觉文学描写，具有较高的文学价值。

鲁迅文学奖是中国最高荣誉的文学大奖，目前评奖的范围包括中篇小说、短篇小说、报告文学、诗歌、散文、杂文、文学评论和翻译过来的外国文学作品，缺少电影文学剧本这一体裁，这对中国从事电影剧本创作的剧作家来说是一个缺憾。中国作协设立影视文学委员会，但是没有将电影文学剧本纳入鲁迅文学奖的评选，这对激励、推动中国电影文学事业的发展来说是缺位的。

电影文学剧本是作家从事文学创作的一种体裁，不应被排除在中国文学最高评奖之外。自1925年洪深先生发表第一部电影剧本《申屠氏》开始，电影剧本就作为文学作品在中国文学史中留下了特殊的一页，奠定了视觉文学在文学体裁中的地位。电影剧本已不再是一个技术性的附属品，已成为一种值得由诗人来写作的文学形式，甚至还是一种可以刊印成书供人阅读的文学作品。

剧本创作是文学活动，然而在传统观念中，仅把小说、散文、诗歌、报告文学当作“正宗文学作品”，忽视和排除了为舞台和电影创作的“剧本”所应有的文学地位和文学价值，这样极不利于整体文学事业的发展。

鲁迅小说多被改编成电影剧本，将电影剧本纳入鲁迅文学奖是符合文学传统的，是具有充分理由和现实意义的。因此，电影文学剧本评奖应纳入鲁迅文学评奖体裁中，这对提高剧作家的文学地位，奖励和激励电影文学创作，推动建设中国电影强国意义重大。

2016年

关于将12月4日原“法制宣传日”改为“宪法日”的提案

12月4日是中国的“全国法制宣传日”，确定这一天为“全国法制宣传日”，是因为中国现行的宪法是在1982年12月4日正式实施的。因此，有人误称之为中国的“宪法日”。

为了更鲜明地体现《宪法》是保证党和国家兴旺发达、长治久安的根本大法，具有最高权威；更充分地证明现行宪法是一部适应我国实际的、充分凝聚了社会共识的好宪法；更深入地号召社会公民忠于、遵守、维护、运用宪法法律的制度；履行公民的权利和义务，建议将“全国法制宣传日”改为“宪法日”，突出宪法的尊严和神圣地位。

1. “宪法日”将充分体现党的十八届三中全会精神，《中共中央关于全面深化改革若干重大问题的决定》提出的要求：“维护宪法法律权威。宪法是保证党和国家兴旺发达、长治久安的根本法，具有最高权威。要进一步健全宪法实施监督机制和程序，把全面贯彻实施宪法提高到一个新水平。建立健全全社会忠于、遵守、维护、运用宪法法律的制度。坚持法律面前人人平等，任何组织或者个人都不得有超越宪法法律的特权，一切违反宪法法律的行为都必须予以追究。”由此，设立“宪法日”是“维护宪法法律权威”贯彻三中全会决定的具体措施之一。

2. “全国法制宣传日”不能代替“宪法日”的作用。2001年实施“全国法制宣传日”以来，党政机关、法院及学校学生，上街打横幅，挂标语宣传法律，将《刑法》《民法》《婚姻法》《合同法》《继承法》与《宪法》，混杂一起宣传。没有突出《宪法》的地位和尊严，因此，至今我们公民并不知道《宪法》赋予的权利和义务，一些大学生都没有看过《宪法》，其原因是将《宪法》与一般性法律混为一谈，没有公民将其当作至高无上的法律、国家一切行为的法律依据，多数公民认为《宪法》是国家的事情与己甚远，知之甚少。所以，年年“全国法制宣传日”关心者太少，留下法律概念不深，没有达到“法制日”的效果。由此，将“全国法制宣传日”改为明确的“宪法日”，主题单一，旗帜鲜明，确立《宪法》其突出地位和权威性，提高公民关注宪法的程度，以达到公民熟知《宪法》一百三十八条所有内容。

3. 《宪法》是国家的根本大法，确立“宪法日”，使公民广泛参与学习研究和遵守宪法，提升关心监督国家机器的意识，意义十分重大。我国的现行宪法在发展社会主义民主、保证人民行使国家权力、保障公民权利等方面都起到了重要作用。然而，由于宪法的观念还比较淡薄，一方面有的人不尊重宪法赋予公民的权利，另一方面有的人不认真履行宪法规定的义务。诸如厉行节约、反对浪费、爱护公共财产、遵守劳动纪律、遵守公共秩序、尊重社会公德等均属于宪法规定的义务。从国家行政机关和司法机构来看，侵害公民权益和贪污腐败渎职现象屡有发生，均属于对《宪法》规定的法律监督实施不力。因此，加强《宪法》宣传学习很有必要，确立“宪法日”是推进法治中国的必修之课。

4. 设立“宪法日”，是世界各国纪念宪法、宣传宪法、提高全民宪法意识的通常做法。习近平总书记在首都各界纪念现行宪法公布实施30周年大会上特别强调“宪法的生命在于实施，宪法的权威也在于实施”。并要求“坚持不懈抓好宪法实施工作，把全面贯彻实施宪法提高到一个新水平”，全国人大及其常委会，以及国家的权力机关、行政机关、审判机关、检察机关必须更加重视宪法实施的工作。因此，将12月4日改为“宪法日”是落实习近平总书记有关实施宪法“提高到一个新水平”的一项措施，让《宪法》深入人心，家喻户晓，成为普及宪法的全民节日。

5. 确立“宪法日”，可以让人们重温中国《宪法》的诞生，从“序言”中可以进一步了解苦难的中国经历了近代史上多少次艰苦卓绝的斗争，推翻了几千年的封建制度，终于取得了人民当家做主的今天，1949年成立了中华人民共和国，由第一届人民政协起草的《共同纲领》作为基础，渐渐发展和修改成为今天这部体现人民意志和国家性质的《宪法》。应该说“宪法日”是最好的爱国主义和民主法治教育的特殊一课。这是我们国家的政治、经济及社会生活走向法治国家，实现中国梦的行动纲领。“宪法日”是值得国家和人民庆祝的日子。

特别建议将“全国法制宣传日”改为“宪法日”。

2013年

关于《未成年人保护法》应增加保护受虐儿童强制报告措施的提案

《未成年人保护法》关于监护权的剥夺方法、步骤等虽有陈述，但在执行方面存有缺失，当很多未成年人遭受监护人虐待，甚至生命受到威胁时，无法得到政府及其职能部门的及时保护，未成年人权益受到极大侵害。希望在《未成年人保护法》第53条加以补充。

一、当下儿童保护形势越来越严峻

2014年六一儿童节，最高人民检察院发布的数据，2010—2013年国内起诉性侵儿童案7963起，起诉8069人，平均每天6起以上。2014年7月上海儿童保护机构“小希望之家”发布的数据显示，仅2014年上半年，国内媒体曝光的虐童案104起，虐待致死47人，虐待致残的案例及拐卖儿童致残乞讨犯罪案逐年上升。

伤害儿童的行为在国内屡禁不止。联合国儿童基金会与中国全国妇联等机构（2005年）联合调查显示，中国74.8%的儿童在成长过程中遭受过虐待。其中，家庭虐待是威胁孩子健康成长的重要因素。广东妇联2006—2007年在广东所进行的一项“反对儿童暴力”的调查显示，在广东，被调查的儿童中有90.9%在过去一年中遭受过一种形式以上的暴力，被调查家长中约80%认可“暴力训儿”，同时向孩子灌输“打你是为你好”的思想。

伤害儿童的手段也非常残暴。挖眼睛、割耳朵、割鼻子、剁手、割生殖器、头上凿洞、打断四肢、心脏扎针、溺死、摔死、打死、性侵、饿死、开水烫、毒死、掐死、丢入井中摔死等等，惨不忍睹，丧失人性，激起了社会公愤。

上述虐童行为，社会时有发生，国家却没有一个专门的监管机构介入阻止。例如2013年《中国青年报》报道，广东一母亲虐待女儿长达七年，居委会、老师都了解其中实情，但无一机构介入，也无人报告。2013年陕西一母亲因迷信母子相克，长期虐待儿子导致其四肢残废，也没有人介入阻止。南京女童饿死案、陕西女童饿死案也缘于无人介入救助。

二、我国的儿童保护体系亟须完善

我国虽然颁布了一系列有关儿童保护的法律法规，明确规定了保护儿童权利的内容，规定了儿童在生命、健康、人格尊严、接受教育等方面的权利，但现实情况是，现行法律缺乏惩戒性，例如《未成年人保护法》第10条虽然规定“禁止对未成年实施家庭暴力，禁止虐待、遗弃未成年人，禁止溺婴和其他残害婴儿的行为，不得歧视女性未成年人或者有残疾的未成年人”，但对暴力行为者没有明确的处罚措施。

再如《预防未成年人犯罪法》第49条规定：“对未成年人的父母或其他监护人未能履行监护责任。放任未成年人有本法规定的不良行为或严重不良行为的，公安机关对他们仅仅是‘予以训诫，责令其严加管教’。”由于相关实施条例不健全，以及有关“轻微的伤害和虐待案只有在受虐者控告施虐者时，司法机关才能介入”等规定，只采用“不告不理”的原则，使得保护受虐儿童的内容形同虚设。

我国有关儿童保护法律法规存在如下缺陷：第一，缺少一个专门的儿童保护机构；第二，没有制定强制报告制度，在虐待儿童事件的干预机构和措施上，没有保护儿童免受家庭内虐待与忽视的制度与措施；第三，法律虽然也规定了未成年人的监护人的权利范围和责任，但除了民事领域的责任承担，国家几乎没有任何法律法规对监护人不履行监护职责进行处罚。

三、建立儿童保护强制报告制度的重要性

在多数发达国家，保护儿童权益、满足其发展需要被认为是政府和社会的责任。保护儿童、改善儿童成长环境也是政府最早致力的社会福利之一。包括：

第一，国家指定儿童保护机构。为了对儿童提供有效的保护，必须有一个国家组织（或国家授权的组织）负责儿童保护的有关事宜。这个组织必须有

足够的权力、相应的资源和管理能力来处理虐童案例，并对儿童提供保护性监护。这个机构要为整个儿童保护机制的运行起到主导作用。如果这个机构缺失，被虐儿童很难得到有效的保护。

第二，强制报告制度。为了对儿童提供有效的保护，首先保证儿童虐待的现象被揭露出来。因此，报告制度是国家干预的第一步。在很多国家，从事和儿童有关工作的人员，如教师、医生等，发现儿童有受到虐待的迹象时，有义务向有关机构进行报告，这就是强制报告制度。建立高效的强制报告制度与具体的实施措施，是解决儿童保护问题的关键一步。

建议：尽快建立全国儿童保护强制报告及相关救助制度

1. 国家建立一个专门的儿童保护机构，由民政部门、社会公益机构、公安部门及志愿者组织共同组成的儿童保护体系，在保护受虐儿童时联合行动，提高救助效率。

2. 完善儿童保护制度立法，建立强制报告制度。当儿童权益受到侵害时，任何人都有权利、有渠道、有义务向儿童保护部门报告。保护部门的社工和公安人员在第一时间内到达儿童所在地，全力对儿童实施保护措施。

3. 规定儿童工作者，幼儿园、学校、医院、早教、咨询师等从业人员，都有义务在发现儿童被虐待或忽视时，向有关职能机关报告，不报告者将承担相应责任。

2015年

关于尽快出台《中华人民共和国网络法》的提案

由于互联网的发展和使用，已经全面覆盖国家和社会及公民的活动，全面应用到政治经济、国防军事、文化教育、新闻出版、司法行政等各行业各领域。在高举全面推进依法治国的旗帜下，没有关于互联网络的法律出台，网络管理应用无法做到有法可依，全面推进依法治国必然要推进网络立法。

出台《网络法》势在必行！

中央关于制定国民经济和社会发展第13个五年规划的建议中强调："牢牢把握正确舆论导向，健全社会舆情引导机制，传播正能量。加强网上思想文化阵地建设，实施网络内容建设工程，发展积极向上的网络文化，净化网络环境。推动传统媒体和新兴媒体融合发展，加快媒体数字化建设，打造一批新型主流媒体。优化媒体结构，规范传播秩序。加强国际传播能力建设，创新对外传播、文化交流、文化贸易方式，推动中华文化走出去。"

当今互联网的广泛应用，已经达到了网络天下，无处不在的地步。为了依法办网、依法上网、依法管网、依法用网、保障网络安全、打击恐怖主义宣传及网络犯罪、惩罚经济诈骗、杜绝虚假广告、保证人权声誉、扼制侮辱诽谤、抵制传播谣言和蛊惑人心的言论视频、实施有效的法律制裁，有关网络实行实名制度上网、构建网络诚信体系、依法管理网络文化、打击抄袭剽窃、打击发布黄赌毒的犯罪行为等等，明确互联网内容管理职权，加强网络法治规章，惩治网络犯罪，保障公民的正当言论，提倡文明上网用网，为了人民的利益和国家的利益的需要，到了必须为网络管理、使用而立法的迫切地步。有法可依，执法有据，立法为民，在《宪法》总纲的指导下，尽快为网络安全文明使用而立法。这事关国计民生之大法，建议应该尽早启动。

现在可见的有《全国人民代表大会常务委员会关于维护互联网安全的决定》《国务院关于授权国家互联网信息办公室负责互联网信息内容管理工作的通知》，国务院2015年10月26日《关于加强互联网领域侵权假冒行为法理的意见》，文化部2003年5月10日《互联网文化管理暂行规定》，2015年6月10日文化部出台的《关于加强网络游戏宣传推广活动监管的通知》21条，国家广电总局、信息产业部联合做出《互联网视听节目服务管理规定》计29条，2012年7月6日国家广电总局、国家互联网信息办公室联合发出《关于进一步加强网络剧、微电影等网络视听节目管理的通知》，2009年3月30日广电总局发出《关于加强网络视听节目内容管理的通知》，2014年国家广电总局再次发布《关于进一步完善网络剧、微电影等网络视听节目管理的补充通知》，2015年7月8日国家版权局发出《关于责令网络、音乐服务商停止未经授权传播音乐作品的通知》等通知、条例、规章和补充规定，一串串不断发出来关于网络的通知要求，都不具有法律所产生的效力，政出多门，各管一摊；令出多家，各表一项，无论其执法的效力和权威，都无法解决网络涵盖的面积以及涉及的权益和问题，也无法处置当前网络发生的问题和日益尖锐的突出矛盾。无论是政府的通知还是部门的补充规定，这些都无法体现全面依法治国的“法律”治网的战略布局。

为网络立法，当务之急。

唯有法律具有至高无上的权威，体现国家和全民的意志，限制和赋予各种权利，确保国家网络安全，打击犯罪有法可依，保障安全有法可为，健康上网有法可循，希望全国人大立法部门综合统筹各部门，共同起草《中华人民共和国网络法》。这将是具有划时代意义的重要法典。

2016年

关于江西省南昌市“梅汝璈故居”列入全国重点文物保护单位的提案

中国人民不能忘记这位大法官，世界爱好和平的人们不能忘记这个中国人——梅汝璈。

在纪念中国人民抗日战争和世界反法西斯战争胜利70周年之际，我因为创作全国优秀法官《邹碧华》的电影剧本，去江西省奉新县采访，在赴赣途中，参观了在远东国际法庭上代表中国审判日本战犯的法官梅汝璈故居，它位于南昌市青云谱区南莲路朱姑桥梅村，整个村庄被丰厚的历史文化笼罩，村内至今还保留着古池塘、古驿道牌坊和部分清末民初时期的古建筑群。

梅汝璈1904年11月7日出生在朱姑桥梅村，自幼聪颖好学，1924年毕业于清华学校（清华大学前身）后，赴美国留学，先在斯坦福大学文学院学习，后入芝加哥大学法学院专攻法学，26岁以优异成绩取得法学博士学位。

1928年，梅汝璈学成回国，先后在武汉大学、山西大学、中正大学、南开大学、复旦大学当法学教授，抗日战争胜利时，他代理立法院外交委员会主席，被任命为“远东军事法庭”的首席审判官。远东国际军事法庭由美国、苏联、中国、英国、法国、荷兰、澳洲、新西兰、加拿大、印度和菲律宾等在二战中获得胜利的同盟国共同任命的法官审理。审判于1946年5月3日开始，1948年11月12日结束，历时两年半。这次审判共开庭818次，出庭证人达419名，书面证人779名，受理证据在4300件以上，判决书长达1212页，在人类审判史上堪称空前。

这是继纽伦堡对德国纳粹战犯审判后，对日本法西斯罪行进行的一次大清算。梅汝璈作为战胜国人民的代表，依法审理并惩办日本的甲级战犯，包括破坏和平罪、战争罪和违反人道罪三项主要罪状，史有铭记，功不可没。

历时924天的国际审判，梅汝璈的才华和渊博的法学功底，体现在整个审判斗争过程里。为了争取中国法官的第二席位，梅汝璈不屈尊严，要求以战胜国签字排序，必须位于英国之前。为了惩罚东条英机七名战犯，他据理力争，辩论游说，终以6票对5票的微弱优势，把东条英机、土肥原贤二等七名首犯送上了绞刑架，伸张了正义，在国际法庭上维护了中国人民的尊严。

故居里可以看到，1948年12月国民党政府明令公布梅汝璈为行政院委员兼司法部长时，他在东京公开声明拒绝回国赴任。更使他感到怨愤的是，蒋介石政府仰赖美国鼻息，反而把在中国犯下滔天罪行的日本战犯冈村宁次无罪释放。

故居里可以看到，梅汝璈当选第一届全国人大代表的证件。1949年底，他经香港地区抵达北京，担任外交部顾问。1954年当选全国人大法案委员会委员。此后，历任第三、四届全国政协委员，以及世界和平理事会理事、中国人民外交学会常务理事、中国政法学会理事等职。

1957年“反右运动”他受到了不公平的对待。1973年在“文革”中与世长辞，终年69岁。梅汝璈遗著《远东国际军事法庭》，让更多的人了解了东京审判的历史原貌。

现在的“梅汝璈故居”是2012年南昌市青云谱区人民政府出资修复的，占地600亩，以其故居原貌为展馆，有实物和图片布展，特别是使用了视频播放当年美国拍摄的东京审判过程的影片实况，再现了梅汝璈法官居于审判席上的活动影像，宣判东条英机等七名战犯死刑，及被行刑绞死的真实记录影像，令人真实地感受到中国法官参与远东国际法庭并代表中国人民审判日本战犯的铁的事实，展馆存有梅汝璈在东京的审判日记和信件及用品。这是在中国江西一隅，唯一可以通过故居和人物来展示和证明，那场震惊世界的远东国际法庭对日本侵华战争犯下的罪行正义的历史判决，其纪念和展览意义弥足珍贵。当日本极力掩盖和否定远东国际军事法庭旧址时，梅汝璈故居就极具有警世教育意义和展示功能。

因此，我建议：“梅汝璈故居”应同谭嗣同、詹天佑故居等一样作为国家重点文物保护起来，这有着不可替代的历史文物价值和法学意义。名人故居是认识历史的一个坐标、一面镜子，是不可多得的人生教堂。作为维护二战胜利成果的历史见证人物梅汝璈及故居，应该纳入国家文物保护范畴，给予适当的政策和条件、更好的保护修缮，提高管理水平，增加参观者，将其充分利用起来，发挥应有的社会影响及教育功能。

梅汝璈故居应该成为爱国主义教育基地，让广大青少年了解历史，培养爱国之情、砥砺强国之志、实践报国之行，让梅汝璈审判日本战犯的史实凝固成历史的永恒。让每一位来此参观的中国人和世界爱好和平的人，回顾和记忆历史，中国法官对那些发动侵略战争的日本战犯在国际法庭进行庄严正义的审判与严惩，日本战犯被永远钉在了历史的耻辱柱上。历史不能被忘记，我们不能忘记法学泰斗梅汝璈先生。

当今中国全面推进依法治国，中国需要什么样的法官？梅汝璈故居是司法工作者和普法教育的最好课堂。我们以戏剧手段塑造黑脸的包公、清明判案的况钟。然而，在这里可以感受当代法官梅汝璈追求公平正义的勇气和骨气，傲雪凌霜、梅骨清香、坚守公平、崇尚法律的伟大品格，令人景仰。

参观故居，梅汝璈先生的爱国情怀扑面而来，他作为弘扬民族精神的代表人物，我们有责任传扬好他的故事，保护好他的故居。希望国家文物部门及江西省有关部门进行考察，提升其保护规格、投入维护资金，提高管理水平和宣传力度。

当我将提案想法与中国文物遗产研究院老院长、中国文物学会副会长张廷皓委员报告后，他表示梅汝璈作为战胜国法官赴东京审判日本战犯的史实永存，梅汝璈故居理应作为国家重点文物保护起来，成为国家历史的文物记忆，愿意和我联名提案。

2016年

关于司法部牵头掀起全国《宪法》知识大赛普及宪法知识的提案

十八届四中全会明确提出："坚持依法治国首先要坚持依宪治国。"我国宪法庄严宣示："本宪法以法律的形式确认了中国各族人民奋斗的成果，规定了国家的根本制度和根本任务，是国家的根本法，具有最高的法律效力。全国各族人民、一切国家机关和武装力量、各政党和各社会团体、各企业事业组织，都必须以宪法为根本的活动准则，并且负有维护宪法尊严、保证宪法实施的职责。""任何组织或者个人都不得有超越宪法和法律的特权。""一切违反宪法和法律的行为，必须予以追究。"

由于我们设立"国家宪法日"较晚，公民对于宪法知识，缺乏普及性的理解和认识，遵守和维护《宪法》的权威意识不够，很多公民、包括大学生都没有学过《宪法》，有的甚至认为《宪法》与他没有什么关系？一些被打落马下的高级干部，成为阶下囚后，才认识到自己缺乏法律的观念，更有一些领导超越法律搞特权，贪污腐化，以权谋私，权利任性，缺乏法律监督。公民不了解《宪法》赋予的权利和义务，选举权和被选举权，批评监督政府的权利，这都写入了宪法，不懂法就不能守法，不学宪法就不能依宪治权，依宪治官，依法治国，不能实现法律面前人人平等的法治社会，不能践行"国家尊重和保障人权"的宪法精神。没有全民对宪法的信仰和尊重，就不可能建立法治政府、法治社会和法治的国家。

根据十八届四中全会决定要求："推动全社会树立法治意识。坚持把全民普法和守法作为依法治国的长期基础性工作，深入开展法治宣传教育，引导全民自觉守法、遇事找法、解决问题靠法。坚持把领导干部带头学法、模范守法作为树立法治意识的关键，完善国家工作人员学法用法制度，把宪法法律列入党委（党组）中心组学习内容，列为党校、行政学院、干部学院、社会主义学院必修课。把法治教育纳入国民教育体系，从青少年抓走，在中小学设立法治知识课程。健全普法宣传教育机制，各级党委和政府要加强对普法工作的领导，宣传、文化、教育部门和人民团体要在普法教育中发挥职能作用。实行国家机关‘谁执法谁普法’的普法责任制，建立法官、检察官、行政执法人员、律师等以案释法制度，加强普法讲师团、普法志愿者队伍建设。把法治教育纳入精神文明创建内容，开展群众性法治文化活动，健全媒体公益普法制度，加强新媒体新技术在普法中的运用，提高普法实效。”

由此，我建议由司法部牵头，联合中央电视台等网络重要媒体，组织动员开展全国全民普及《宪法》知识大赛，全面落实四中全会提出普及《宪法》教育的要求。

一、各省级领导参与比赛《宪法》知识。习近平总书记在2015年2月2日在省部级主要领导干部学习四中全会精神研讨班开班式上的讲话强调，首要是学习宪法。

二、各省大学团体，尤其是政法学校参与比赛，会更加推动学习宪法所产生很好的普法作用。

三、人民军队，公安警察、法院、检察院系统都应该作为宣传解答宪法最好的展示平台，特别是法院和检察院结合一些违宪的案例，以案说法，是对《宪法》的最生动形象的普及。

四、通过普及《宪法》知识大赛，对于中小学生最为重要的活动，宪法教育就是依法治国的教育，比赛是一种激励方式，一个国家公民的法律素养需要从小培养，把对法律的信仰融入生活、融入学习。自觉培养公民的素质，这样的全国性的活动普及宪法教育，突出宪法思想，掌握宪法知识，建立宪法信仰，为最终实现建设社会主义法治国家奠定公民的觉悟，培养合格公民的重要一步，对于国家政治、文化和社会建设具有里程碑意义。

建议早日部署，国家宪法日为开赛，最后是总决赛。深入开展宪法宣传教育，大力弘扬宪法精神，切实增强宪法意识，推动全面贯彻实施宪法，更好发挥宪法在全面建成小康社会、全面深化改革、全面推进依法治国中的重大作用。

通过竞赛形式，推动内容的手段，让宪法文本走入千家万户，让宪法观念深入公民内心，真正固化于制、内化于心、外化于行、彰化于显，是保证宪法实施、树立宪法权威、坚持依宪治国的举措。

2017年

【会议发言】

依法维护影视编剧权益，做强软实力要有硬措施

中华民族悠久的历史储存着巨大丰厚的文化资源，美国迪斯尼公司拿走了我们“木兰从军”的故事，做了一个动画片，在世界上创收了12亿美金。守着如此丰富的文化资源，面对如此强大的竞争对手，我们中国的文学家和剧作家如何利用开发民族文化资源，打造国家文化软实力?

我们都知道英国女作家罗琳笔下创作的哈利·波特形象，华纳公司连续拍了几部电影，创下了50多亿美元收入，其出版书籍发行世界100多个国家，打造了全球文化产业的奇迹，这一切都源自于罗琳笔下的人物形象，作家本人创收了10亿多美金。

无可争辩的事实证明，文化产业是以内容为王，没有文学家和剧作家的创新作品，就没有影视产业的一切能源，美国编剧的罢工使好莱坞电影工业瘫痪受损，向全球从事影视产业演绎了一个事实，剧作家掌握着打开电影产业的第一把钥匙，没有编剧笔下的文学形象，再先进的高科技手段也无用武之地，文学形象是拉动这个产业的火车头，剧作家是这个产业的第一生产力。

作家和编剧的作品的首创性、原创性，一直被作为知识产权贸易的大生意操作和经营，是发展影视产业“基础的基础”。谁创造了文学形象谁就创造了市场，创造了财富。美国高度重视维护作家编剧的创意版权，奥斯卡奖给编剧设立两个小金人，最佳剧本原创奖和最佳改编剧本奖，而我们很多所谓的“电影节”，为了取悦观众市俗意识根本不设编剧奖，大众电影百花奖都不设

编剧奖，金鸡奖只设一项编剧奖还给空缺6届，说明我们对编剧轻视的程度。

美国编剧维权向互联网和手机在更高的层面要主张利益分成，而我们中国的电影编剧维权仅仅在《著作权法》赋予编剧的署名权、发表权、修改权、保持作品完整权和取得报酬权。

编剧是个体职业，面对各种文化公司和集团，当然是弱势群体，当下侵害编剧权益已成普遍现象。电影《墨攻》在字幕中，将编剧李树型署名为“剧本创作”，放在片尾字幕40多位，淹没在众多非创作人员当中，和司机、茶水、放在一起。当下常见影视作品在编剧之前压上“总策划、总监制、总统筹、总顾问”，在这一大堆名字之后夹杂其间出现了拥有第一版权的编剧，电视剧《三国演义》把“原著罗贯中”的署名压挤到第12位，不难看出本末倒置的现象已成普遍问题。在社会上造成了不尊重原创、不尊敬首创的不良效果。署名权即人权，自中国有声电影以来，编剧的署名都是在首要位置，以示其版权的属性。由于编剧不参与后期的制作，出现了随意排挤抹杀编剧署名，违反编剧意愿的乱象，随意加入他人署名，鸠占鹊巢。影片的海报、DVD的封套上、宣传杂志中找不到编剧署名已屡见不鲜，一些媒体在宣传影片时有意忽略编剧的作用。

剧本的“修改权”和“保持作品完整权”依法属于编剧，不经编剧本人授权是不能随意修改的。当下很多制片方忽视编剧这两项权利。有的投资者和监制人、导演甚至演员，不经编剧授权随意修改剧本重大情节，在某些人眼里编剧就是“文字打工仔”，制片方随意换掉原创编剧，大有卸磨杀驴之势，有意剥夺原创编剧的修改权，制造原创与改编间的版权纠纷，不经商量随意篡改歪曲作者原意，作品完整性也无法保证。

更直接的侵害是不付清剧本稿酬就开机拍摄。某些制片方以没有达到他的要求和种种理由拒付合同签订的尾款，有意拖欠赖账。由著名编剧康丽雯编剧的《中国·1949》直到影片拍摄完成，也没有拿到稿费，情况反映到电影审查部门予以卡住，电影局明确表示不付清编剧稿费不能发给放映许可证，制片方只好如数付清稿费。一位女编剧因为追讨电视剧稿酬尾款6.7万千元，投资方赖账拒付，并威胁她，“如果你敢起诉，我拿出10万元找人把你做掉”。女编剧惊诧地不解地说：“你才欠我6万多，给我不就完事了，干吗你要花十万杀我！”

当我们欣赏和消费影视剧时，有谁想到幕后辛苦的编剧们，我们一些媒体热衷报道女明星使用的指甲油、睫毛膏，也不会关注一个编剧为讨自己呕心沥血的稿酬而求告无门。还有影片在获得奖励和荣誉时，编剧却被排斥在外，甚至发生拒绝让获奖编剧通过星光大道走红地毯进入会场，理由是“只有演员和导演才能走星光大道”，一部影片成功，极少有评论家研读剧本认真分析，剧本就像建筑大厦的脚手架用过就被拆掉报废了，中国编剧的地位就是这样一次次在公众舆论前无形地被冷漠被淡出被贬低了。

剧本创作是一项耗时长、成活率低、报酬少、待遇差的高强度脑力劳动，一些文化公司急功近利，签订合同就带有霸气，逼着编剧几个月必须交稿，还要求修改到必须达到制片方满意为止。于是把编剧封闭起来，三天就得写出一集电视剧本，30集剧本要写45万字，其实这是违反创作规律，艺术创作强调唯一性，求异性，不可重复性，难度可想而知，写剧本不是把母鸡放进窝里给几把米就不断地产蛋，任何好的作品都是作家长期深入生活，经过时间酝酿构思不断修改而生。由于违反艺术规律，当下粗制滥造的影视剧比比皆是，其中最大的受害者就是编剧，付出很大的身心代价，因版权纠纷和拖欠稿酬尾款案件呈上升趋势，编剧稿酬本来不高，官司缠身，极大伤害编剧们的财力和精力。

讲到这里，不知为什么我们如此地怀念夏衍时代，20世纪90年代前出品的电影，哪一部不是将第一个画面字幕留给编剧，以尊重编剧的首创。现在很难找到一个发表电影文学剧本的刊物，即使是一部优秀剧本，未被拍摄，等于一堆废纸。

因此，现在这支队伍坚守编剧行当的少了，想当导演制片人的多了；深入生活的少了，闭门造车的多了；自主原创的少了，改编翻新的多了。“忽如一夜春风来，所有经典全重拍”，把红色经典的老电影放大、兑水、拉长成长篇电视剧，结果观众都不认可，没有一部是成功的！四大名著卷土重来，再炒回锅肉，改编经典之风的背后，掩饰着原创能力不足，自主创新空前的疲软。

求木之长者必固其根本，欲流之远矣必浚其泉源。中国影视产业求发展求繁荣，必须维护根本，保护源头，只有维护剧作家的根本权益，才能保障影视产业的第一生产力。因此，要做强软实力，必须要有硬措施。我有六点建议：

一、硬措施要体现在依法维护编剧的权益上

《世界人权宣言》第27条规定："人人享有保护自己创作的科学、文学或艺术作品带来的精神利益和物质利益。"保护剧作家的作品转化成为财产的权益不受伤害，具有人权的意义。像重视科学家一样重视影视剧作家，像重视科研成果一样维护剧本成果。希望各级政府主管影视部门、电视台、出版社，以法执政，凡侵害剧作家权益的影视作品，一律不给予审查放行许可。

二、硬措施要体现在版权价值分配上

中国编剧的酬金普遍偏低，如果仅靠写剧本生存，很难维持生活和养老保险费用。事实上，一个好的作家一生也不过有一两个好的构思和文学形象，只有通过不断的版税提成和回报，才能有效地吸引投身于这项颇具风险职业的编剧行当。要向DVD发行、电视播放、网络手机、国际发行、游戏动漫等等一切有关版权收益中主张权利，争取享有一定比例的利益分成。

三、硬措施要体现在法制保障上

影视产业核心是版权经济，构成电影版权的第一资格是剧本的版权，盗版是影视产业的死敌，剽窃是创意经济的公害，国家要出重锤打击盗版，只有保护了投资制片者的大利益，才能更好地落实编剧们的基本权益。

四、硬措施要体现在扶持政策上

电影的一切是从剧本开始的，剧本的一切是从生活开始的。不是编剧们不愿深入生活，深入生活也是要成本的，目前很多制片商，只想取蛋，不想施米，根本不提供深入生活的费用。建议国家搞重点项目扶持申报制度，编剧有重点选题，由国家预支编剧深入生活的费用，让编剧走出书斋，深入基层。

五、硬措施要体现在人才队伍建设上

做强软实力，首先要建设一支能打硬仗的编剧队伍，政府要用政策扶持，用感情凝聚，用待遇吸引，用成果奖励。前不久，电影工作会议决定给予

艺术院校学习影视编剧的学生设立200万元的奖学金，每年增加100万，从国家发展影视创意产业战略目标出发，国家要设立创意基金，要发挥编剧行业协会的作用和功能，集结人才，造就大师，有大手笔才能出大作品，有大作品才能大发展，有大发展才见大繁荣。

六、硬措施要体现在“走出去”工程上

中国影视文化要“走出去”，中国编剧要首先走出去，才能有效地开发设计两个市场都欢迎的剧本。

软实力的竞争是心灵智慧的较量，比经济竞争更残酷、更冒险、更智慧、更隐蔽、更复杂。面对国际强手的竞争与挑战，中国的电影编剧是有能力的，当“神舟”“嫦娥”飞向太空，没有人怀疑中国人的智慧。我们面对有五千年文化留下的产业资源，面对13亿的中国人民创造的奇迹、智慧和激情、灵感与使命，成为第一生产力最大的创造力。中国的编剧队伍是最有使命感的，每当唱响《义勇军进行曲》，我们倍感自豪和自信，国歌出自于我们电影编剧田汉之手，用血肉筑成我们新的长城，万众一心，中国就一定会从文化资源大国跨越成为文化产业的强国，从开放改革的中国迈向全面创新的中国。关心中国编剧，尊重编剧，善待编剧吧！

2011年

中国电影产业的四大困境及出路

为推动文化产业成为国民经济的支柱产业，政府大力扶持电影产业的发展。去年，票房过亿元的有17部国产影片，城市票房突破100亿元，但其中美国和进口影片占44.38%的份额，面对严峻的市场竞争，如何提高我们国产电影的核心竞争力，急需解决“原创疲软、形象匮乏、精神溃疡、侵权盗版”的四大困境。

1. 原创疲软，成为电影发展的首要危机，中国不缺国际导演和大牌明星，不缺资金，不缺观众，缺乏的是好故事、好剧本。“忽如一夜春风来，所有经典全重拍。四大名著再翻版，观众又吃回锅菜”，炒回锅肉，吃回头草，改编老电影，翻拍旧故事，嚼别人嚼过的馍，甚至买外国的电影版权重新包装，题材跟风，样式模仿，暴露了中国电影原创能力不足，自主创新疲软。

2. 形象匮乏，无法打造产业链条。一只被喊打的老鼠，被迪斯尼创造成米老鼠形象，从香港地区的主题公园已经跃到上海落户。电影产业说到底是创造形象的工程。英国作家罗琳笔下的哈利·波特，连续拍了七部电影，创收80多亿美元，创造了全球电影产业的奇迹。我们虽年产526部电影，鲜活生动的人物形象匮乏，其原因是我们对文学形象重视不够，做活一个形象，养育一个市场，创造一个人物，拉动一个产业。日本人用26年拍摄了48部寅次郎的电影，寅次郎的形象成为日本家喻户晓老少喜欢的人物，东京建成寅次郎的文化村。近年来，中国动漫出现灰太狼的形象，这是一个可喜的成果，如何培育、发展、保护，让中国品牌健康地成长为世界所接受的卡通形象，这是一道课题。

3. 精神“溃疡”，出现在一些电影过度追求娱乐至上，搞笑为王，只求为人民币服务，不讲为人民服务，只讲刺激眼球，不讲打动人心，急功近利，内容肤浅，以血腥、暴力为刺激卖点，以恶搞、戏说、低俗媚俗为噱头。电影要看票房，但更重要的是看感动多少人的心房，让失恋的、失业的、失学的，看过电影后对生活更加充满希望与自信。电影的根本属性是精神产品，美国电影“007系列”向世界输出强烈的美国英雄形象和爱国精神。我们的电影也应当成为体现国家文化力量的名片，一个只知道娱乐的民族是一个不堪一击的民族，文化产业成为支柱产业，不可缺失的是以先进文化为产业的精神支柱！

4. 侵权盗版，是中国电影发展的公害，每年被影碟网络盗版流失的电影收入200多亿。同样，侵害原创剧本的署名权、修改权和保护作品完整权，报酬权和荣誉权，已成为大伤原创的流行病毒。过去，影片第一位署名就是编剧，现在看过电影不知道是谁编剧的。纵观世界电影产业发展良好的国家，对原创版权有严格的保护制度。奥斯卡奖为剧本设立“最佳原创剧本”与“最佳改编剧本”两项奖励，而我们的电影百花奖居然没有剧本奖。

电影产业走出发展困境，首先创作人员要走出闭门造车的小屋，国家要建立编剧深入生活的专项基金，扶持原创，重奖原创，从根本上解决原创疲软的问题；尽快出台《电影法》，规范电影产业秩序，降低制作成本从降低明星身价开始，提高上座率要从降低票价开始，国家要像消灭“非典”一样，围剿打击非法侵权和盗版，保护电影知识产权健康发展。提高从业人员的社会责任感，抵制三俗，提升品位，多出像《唐山大地震》这样叫好又叫座的电影；要建立海外发行机构，营销中国电影，国家有针对性地选择重点题材，创意独特形象，集中人才优势，加大资金投入，打造代表国家形象的拳头产品，引领中国电影走向世界。

中国是文化资源的大国，好莱坞拿走了我们的“木兰从军”，创收了12亿美金，守着如此丰富的文化资源，面对如此强大的对手，中国电影人有能力开发新故事，创造新形象，有信心使中国从文化资源大国变成电影产业的强国，让世界透过高悬的银幕，仰看我们这个勇于创造、敢于改革的中华民族崭新的形象吧！

2011年

不做市场的奴隶，要做人民的代言人

习近平在文艺座谈会上的讲话，是我们今天文艺创作方向的导航仪，解决了面对市场竞争走什么路线的问题。特别是我们搞电影创作，是为人民币而写作还是为人民而创作的问题。他强调，把为人民服务作为文艺工作者的天职。讲话令我有种心明眼亮、认准方向、驱散心里的一层雾霾的感觉，心情豁然敞亮和振奋。

讲话是我们解放思想枷锁的钥匙，不做市场奴隶，不要沾染了铜臭气，这是告诫艺术创作不要套上“钱的枷锁”而变成倚门卖笑的三陪女，走低俗媚俗弄噱头，不愿攀高创造新风尚。只讲刺激眼球，不讲打动人心，越庸俗越烂片子越有人看，甚至票房成为衡量作品的唯一标尺。习近平总书记一针见血地指出，单纯感官娱乐不等于精神快乐。因此娱乐至上，甚至娱乐至死，不讲爱国主义，不赞美英雄，一味追求娱乐的民族，是不堪一击的民族。从感观刺激到精神麻痹，必然会丧失信仰，出现道德“溃疡”，影视圈某些人已经深受其害，跌入吸毒、嫖娼赌博的泥淖中，这就是只求金钱不讲善恶，只求刺激自食恶果。所以，强调艺术作品要把社会效益放在首位，艺术家是人民美好灵魂的发现者和表现者，是创造中华民族形象的工程师，是提升中国文化软实力的生力军。

我是捧着《在延安文艺座谈会的讲话》进入电影界的，是于敏、张天民先生指导和影响我们这一代编剧深入生活，把群众生活作为创作的源泉，在生活中发现，在剧本中表现，在银幕上展现，展现在生活中发现的可歌可泣的人物，展现人民群众拥戴的英雄，展现中华民族的精神品格和高尚灵魂。

强调社会效益第一，并不是说我们放弃市场竞争，不问经济效益，不理睬票房，不关心上座率。我编剧的《离开雷锋的日子》已经做了很好的回答，当我发现了雷锋的真实死因，用银幕讲述这个动人的故事，北京市有180万人走进了影院，创下最高上座率。社会效益和市场效果都很好。电影上映后17年间，乔安山同志从下岗工人到雷锋精神的传播者，走遍了全国各地，给部队学校做了上千场报告，传播弘扬雷锋精神。当然，还有刘佩琦饰乔安山这个角色，赢得广大群众的喜欢，并使他夺得金鸡奖和华表奖的最佳男主角；《蒋筑英》这部电影已成为科技界教育青年科学工作者必看的电影，爱国、敬业、诚信的知识分子的品格，已经拷贝到当年观众的心灵之中。即使《生死牛玉儒》这样的影片，由于赵军同志的经营，在广东省参与了党员先进性教育活动，创收600多万票房，数字的背后可以透视到社会效益的成果。在今天国内市场国际化的竞争中，更要对弘扬中国人性美好心灵的影片，用心去做市场，用力去推影片。首先，电影要做出质量，有艺术品位，都会收获很好的社会效果。我作为全国政协委员为纪念人民政协成立六十周年而创作的《建国大业》，授权中影集团拍摄，也有很好的市场效果。最近，我历时九年创作的《黄克功案件》电影，在兰州金鸡百花电影节新片展映，座无虚席，出现了观众站着观看影片的感人情景。皆因这部影片主题是反对特权反对腐败，表达了民意赢得了民心。故事取自党史资料，1937年发生在延安，红军长征干部黄克功逼婚杀人，怎么处理这位资格老、功劳大、职务高的红军将领，是全戏的戏剧焦点，以毛泽东为首的中央军委，将其移交给陕甘宁边区高等法院依法审理，最后判处死刑。影片再现了中国共产党在局部地区执政时，就坚持了法律面前人人平等的原则，党内没有特殊党员，任何人不能超越法律之外。看过影片的群众，真切地感受到了共产党为什么能赢得全国执政的权利，就是对人民利益的秋毫无犯，共产党的法纪是铁打的，江山才是铁打的。这样的影片怎么能不受观众的欢迎？以史为镜，这部电影将紧密地配合党的十八届四中全会依法治国决定，必将使其产生很好的现实效果。我坚信，既能在思想上、艺术上取得成功，又能在市场上受到欢迎。一切创作者都是追求自由的思想表达者，绝不愿做市场的奴隶，自觉地成为人民群众的代言人，成为弘扬核心价值观的发言人。

讲话既指出毛病又开出药方，习总书记批评在文艺创作方面，有数量缺质量，存在着抄袭模仿、千篇一律的问题，存在着机械化生产、快餐式消费的问题。这些都说明我们创作的急功近利和浮躁的病态。习总书记开出的药方是："最根本、最关键、最牢靠的办法是扎根人民、扎根生活。"生活是本经，一念就灵。我曾坚守电影剧本创作是用脚写出来的，那还是停留在走马看花的层次。现在要求去"扎根"，扎根就是把我们的感情、心情都要移位到群众生活中间，知其冷暖，痛其甘苦，不能再闭门造车，更不能抄袭移植外国影片的桥段。只有扎根才有创新，因为在生活中有触动才能在心灵中感动，有感动才能激动，有激动才能焕发创作的冲动，化作对人民情感体现的行动，以人民为中心的创作，就是从群众中来到群众中去的服务过程，只有完成两个扎根，才能不做市场的奴隶，才能用作品说话，替人民说话，说人民的心里话，讲好中国人的故事，长中华民族的志气，才能创作出无愧于自己、无愧于人民大众、无愧于时代的好作品。

2014年

创新是文艺的生命　原创是竞争的力量

《中共中央关于繁荣发展社会主义文艺的意见》提出把创新精神贯穿创作生产全过程。重点扶持文学、剧本、作曲等原创性、基础性环节，注重富有个性化的创造，避免过多过滥的重复改编。

当下文艺原创疲软主要是急功近利，心态浮躁。改编的多了，原创的少了；模仿的多了，创新的少了；离银行近了，离生活远了；离网络近了，离群众远了。嚼别人嚼过的馍，踩别人的脚印走，拆别人的旧毛衣重织一遍，买外国的版权贴中国的标签。习总书记指出："文艺创作中出现的一些问题，同创新能力不足很有关系。"

创新是文艺的生命，原创是竞争的力量。原创版权在创造世界，在影响世界。美国电影以版权分账方式长驱直入，抢占我们的市场，影响我们的心灵。面对激烈的竞争，如何提高文艺原创能力？我建议：

1. 全面提高保护原创的法度，加强打击侵权的力度。抄袭剽窃者应列入黑名单，整肃行业道德。

原创是用心血浇灌的花，用情感酿造的蜜。抄袭可耻，剽窃可恶，模仿可怜，复制可悲，创新可贵，原创可敬。《剧本修改谁说了算》成为某省高考试题，足可见未经原作授权随意篡改剧本，在国内已屡见不鲜。导演改，演员改，雇用枪手随意瞎改，被改得面目全非。只有全面执行《著作权法》和《伯尔尼公约》赋予作者各项法定权利，才能激发创新活力，繁荣原创成果。《电影产业促进法（草案）》连电影院消防和卫生都纳入法条，电影赖以生存的剧本创作和保护却被忽略在外，舍本求末的立法必须纠正过来。

2. 提升尊重原创的温度，体现内容为王的高度。没有作曲家的总谱，音乐会不能开演。没有剧本，一切戏剧都无从开场。原创虽居幕后，内容为王，原创为首，其艰辛的发明和艰苦创造的成果，是整个文化产业链条的命根子，理应受到尊重。

现在看电影电视剧不知是谁编剧的。一长串总策划、总顾问、总监制、总统筹、总制片、总协调署名在前，编剧不知塞在哪个位置。影片成功重导演，崇明星，媒体热衷于炒作明星的颜值与绯闻，而无视根本，漠视原创。《哈利·波特》拍摄了好几部电影，5位导演没有一位自称是导演作品，伦敦奥运会上原作者罗琳被高高托起。一个尊重知识产权的民族，享受文化作品，应怀有饮水思源的社会良知，崇尚创新从尊重原创开始。对阎肃老师的宣扬，令我看到，原创享有的知名度，体现了国家的文明程度。

3. 原创享有衍生产品的额度，才能克服有数量无质量的创作态度。原创者应对其作品享有类似物权的控制权利，终身受益。美国、日本电影编剧可以在互联网手机分享收益，而我们编剧少有享受衍生产品的权益。一锤子买卖，短期效应，机械化生产，未经消化，急于推出，粗制滥造。只有保障原创的智慧成为永久的实惠，才会有十年磨一剑的精品问世。

4. 作者扎根生活的深度，决定原创质量的精度。文艺创作是心灵工程，深入生活就是深入人心，投入多少感情就会产出多少感情。作者只有迈入百姓家的门槛，才能走入百姓的心坎，作品才会吸引观众迈进剧院的大门槛。一切有筋骨、有道德、有温度的原创，必然植根于中国生活的土壤。应加大扶持作者深入生活，孵化原创，重奖原创。

培育原创，保护原创，尊重原创，文艺才能源远流长。原创就是力量，原创就是胆量，敢同一切外来文化较量，唯有原创才能体现中国文艺家的智慧含量，才能传播中国精神的正能量。

2016年

保护原创的活力，才能激发创作的能力

从窗户看出去，依旧灰蒙蒙的天空让阳光也显得羞涩，照亮我心灵春天的阳光是从那叠厚厚的文件袋里透出的明媚光线，整套的十三个五年计划，在《文化重大工程》第二项中标明“组织实施优秀剧本扶持工程”，这是我呼吁多年要求重视剧本原创，终于破土而出，列入了国家计划工程。

上午，我们文艺界27组进行小组会议，令我信心满满难以抑制地兴奋，要求发言。就在这个房间里，还是去年的座位处。所不同的是，党的十八届五中全会提出五大发展理念，而李克强总理的政府工作报告始终贯穿和融汇着五大发展理念，特别强调创新的引领作用，为发展注入强大的动力。创新是发展的第一动力。现在我们强调要大众创业、万众创新。那么我们文艺如何崇尚创新？一切艺术没有创新就是死路，创新是艺术的鲜血，原创是艺术的生命，文艺作品质量的竞争最实质最重要的就是创新。

习近平总书记在文艺座谈会上批评文艺创作存在的三大问题：有数量缺少质量；有高原，没有高峰；千篇一律、抄袭模仿，机械化生产、快餐式消费。总书记一针见血说到根本上，就是创新的能力不足，原创能力疲软。如何克服这三大问题？既是一个大课题，也是一个大难题，而唯一的办法只能是在实践中，以创新为核心动力，敢为人先，敢于冒险，标新立异，突破旧规，不遁他人之后尘，从中国生活的土壤中滋养出有筋骨有温度的好作品。创新难在创造，贵在新品。

由于我国经过“文革”，落后于世界，改革开放初期，门窗打开了，拿来主义风气严重了，模仿跟风比较多了，哪怕是一首歌曲、一个舞蹈、一个影片，都是外来的高明，因此出现了大量的盗版，剽窃抄袭也已成风。丢掉了我们自己的深入生活搞原创的路线。比如中国电影每年生产七八百部，电视剧上万集，翻拍复制、山寨克隆、套拍成风，大部分都在模仿，随人之后，有些结构和故事都是人家的，甚至买外国的版权，中国式的包装，其根本原因是缺乏大量的优秀原创内容，只能炒冷饭、吃回头草。

创新是拉动文艺创作的火车头，动力来源于我们对社会生活的真情实感，来源的于文学的原创表达。文艺精品的创造，不是靠明星大腕、高科技手段，而是原创构思的有意思、有价值、有情怀的故事。文学与科学一样，贵在发现前所未有的东西，原创首先就是发现，从发现一个题材，继而发明一个形象，然后发掘一个思想，最终发展成一个故事，而不是“吃别人嚼过的馍”。

创新是一切文艺家立身文坛的双足。说起这个，前不久法院判决了，台湾地区作家琼瑶诉于正的《宫锁连城》抄袭她的《梅花烙》，经过19个月的审理，二审法院判决琼瑶胜诉，要求对方赔偿500万元。为什么要特别强调这个事？因其是中国《著作权法》诞生以来，在影视界首次敲响一记打击抄袭剽窃和侵权盗版法律的重锤。

面对抄袭与剽窃，社会上似乎有些是非不辨、美丑不分，没有什么道德底线。文学作品也好，影视剧也好，特别是网络抄袭剽窃得更厉害。如果不对这种行为进行有力打击，很难保护原创。一部原创作品从发现、发明，到创作，是个艰辛痛苦的过程。反之抄袭模仿成本低、时间短，但原作者维权却成本高、耗时长。对原创保护不力，创新就很难继续下去。保护原创的活力，才能激发创作的能力。

我们的文艺作品为什么精品少、模仿和抄袭的多？皆因自主知识版权太少，可衍生发展的核心版权不足，缺少原创的孵化能量。

我还尤其关注中共中央出台繁荣文艺工作的意见的第14条中提道：“要把创新贯彻到文艺创作的整个全过程当中”，“要坚持内容为王，创意制胜”，谈到“要加强原创能力，重点扶持文学、作曲、剧本等原创性、基础性的东西”，“要尊重作家的个性创作，避免过多、过滥的重复、改编”。

剧本通过文字留下来，才能流传下来。现如今，欣赏一部文艺作品，却不关心它的原创是谁。比如在影片宣传中，编剧的职能几乎不提。“吃水不忘挖井人”，现在对原创编剧的态度，挺让人寒心的，是打完水就把挖井人推进井里，掩埋原创的成就和荣誉。

工业要创新，科技要创新，文学艺术更要创新。我觉得，文艺要繁荣，首先要保护原创，要尊重原创、尊重编剧在影视戏剧创作中的地位。创新是发展的根本动力，让观众在欣赏文艺作品中感受到原创者的艰辛的发明创作，提高全民崇尚创新的成果，才能培育创新的基因和追求创新的素质。

就在我说到“文学作品创作也要树立一个屠呦呦精神，勇于发现，持之以恒”时，同组的梁晓声委员有些迫不及待地想要发言。连续几年开会，他总选择靠边儿的位置，看上去也是不温不火，可原创和创新的问题，让他明显有些坐不住了。对于文学创作，身为作家的他感触颇深，话也总能说在点儿上，“现如今搞创作难，写现实题材的作品更难”。

呼应了一下我发言中谈到的问题，晓声委员把话题又转回了政府工作报告，并特别提及了报告中出现的“阵痛”，以及“没有过不去的坎儿”。

“如果在我们的成长过程中，家长跟孩子说‘咱家没有过不去的坎儿’，那孩子会立刻意识到，家里往后的日子要做好节衣缩食的准备了。”晓声委员随之用了一个暗喻：“当一个家庭要过坎儿的时候，孩子要更懂事了。”

他说，自己隐隐感觉到，这么大一个国家、这么多的人口，报告中那些文字和数字背后是相当多的问题，这个担子很沉重。但他同时也是欣慰的，这个欣慰来自总理传达给他的那种自信，源于报告中体现出的那种自信。在他看来，有这样一位说真话道实情的总理，也是让人民放心的总理。

2016年

把人民当作母亲，文艺将捧出一片赤诚

不忘初心，把人民当作文艺工作者的母亲，把为人民服务当作天职；把弘扬社会主义核心价值观作为主旋律，文艺将构建中国人的精神支柱，屹立于中华民族文化自信的精神家园里。

哈佛大学教授约瑟夫·奈，把“讲故事的能力”看作21世纪衡量国力的重要标准，他说：“除了军事硬实力外，我们还需要运用旨在赢取人心的软实力——一种以价值观和文化来吸引他人的能力。”

美国电影向世界输出价值观，充斥美国式的爱国精神。艺术的魅力和威力同在，2012年美国电影《穆斯林的无知》，激起伊斯兰国家爆发反美示威，4人为此而丧命。

文艺不是纯粹的商品，不是简单的宣传品，而是人类信仰的精神产品，亦可视为震撼人心的精神原子弹，也可作为温暖人心的精神食粮，也可以制成污染灵魂的精神鸦片。所以习总书记在《讲话》中告诫我们，文艺是铸造灵魂的工程，不能在市场经济大潮中迷失方向。

背离初心，迎合市场，人民的代言人变成市场的奴隶，作品筋骨里侵蚀着铜臭气，三俗作品大行其道，妖魔鬼怪甚嚣尘上，价值取向被扭曲。某些领导参与主旋律当作“政绩单”，树英模作为“宣传品”，节日庆典一窝蜂赶制纪念“献礼之作”。

去年，中国人民反法西斯胜利70周年，临时决定拍摄的某些抗战电影，只见战争场面，不见抗日英雄的形象，只有交代介绍事件，缺乏精彩的核心故事。临时抱佛脚，质量没个好。看不到像《拯救大兵瑞恩》《这里的黎明静悄悄》那样悲壮而动人的反法西斯的故事。世人皆知，中国人民抗日战争极其艰苦卓绝，但反法西斯电影的表现力度不及美国、俄罗斯等国家。甚至都不如早期《平原游击队》塑造的李向阳的个性人物。当今，我们原创力缺少什么的话，除了缺少对于抗战生活的了解和激情外，主要是缺少抗战磨砺的持久战精神，急功近利，精品是容不得急促而就，尤其是创作反法西斯题材的电影，中外比较，我们缺乏远谋深虑，精益求精，有愧于人民。

不忘初心，把人民当作文艺工作者的母亲，孝敬母亲需要耐心，扎根生活需要诚心，把母亲的苦忧哀乐化作情感创作的能源。现在，红地毯越铺越长，去生活的路越来越短；奖杯越发越多，口碑越来越差；晚会越办越浮华，场景越来越浮丽，原创越来越浮躁，内容越来越浮浅。金钱一旦成为指挥棒，唯利是图使价值观离谱走调。一个只追求娱乐至上的民族文化，是不堪一击的民族。

不忘初心，把人民当作文艺工作者的母亲。对母亲怀有诚心，主旋律也要打假，打掉“假情假意”“假模假式”“假装正经”，一切违反生活规律，闭门造车，缺乏真情实感的，英模人物缺乏个性冲突，回避尖锐矛盾，违背艺术规律的，打掉这些功利化宣教化的追求。价值观影响着作品，作品反映着价值观，唯有用社会主义核心价值观来统领文艺创作，作品才能赋予崇高的精神价值。面对13亿人民和8000多万党员，维系我们众志成城的金色纽带是核心价值观。当前，弘扬核心价值观的作品不是多了，而是精品少了。

我建议：

1. 国家应集中人才资财，发挥制度优势，选择表现中华民族伟大复兴的题材，比如两弹一星、载人航天、中国女排、平型关大捷等等，集中国家力量，精心创作，耐心打磨，以感人的艺术魅力，彰显信仰的凝聚力，提高国家的软实力。

2. 要热情支持饱含时代温度的作品，当年反腐电影《生死抉择》敲响警钟，普及全党，广受好评，票房过亿。党的十八大以来，一批党政军内的大老虎被拿下，赢得了党心民心军心，从严治党反腐斗争如火如荼，中国历史前所未有，反腐影视作品不能哑然失声，噤若寒蝉，这有愧于为时代抒写，有负于为人民抒怀。

3. 坚持百花齐放，风格多样。当年《离开雷锋的日子》红遍大江南北，至今仍受欢迎。实质是雷锋精神体现了爱国、敬业、诚信、友善的个人美德，以价值观为文艺创作的轴心，不脱离生活，不脱离群众，不脱离实际，作品才有活力。政府及有关部门要鼓励作者深入生活，奖励体现时代风貌的佳作，激励作品精益求精，留得住，传得开。

不忘初心，把人民当作文艺工作者的母亲，就要扑向母亲的怀抱，感受人民实现中国梦的豪迈激情。世上最难的事，莫过于在喧闹中坚守信念，在诱惑面前牢记初心、不改诚心、不离轴心、不丢良心，才能赢得人心，只有创出无愧于时代的优秀作品，才能体现中华民族文化自信的雄心，对得起养育我们的母亲。

2016年

如何使学雷锋活动常态化

中央决定“深入开展学雷锋活动，采取措施推动学习活动常态化”。如何使学雷锋活动常态化？我想从“平常人、正常心、寻常事、经常做”提出建议如下。

一、雷锋是平常人的典范

“文化大革命”期间，从神化领袖到神化雷锋，认为雷锋是精神圣人，近乎完美，高不可攀。一位22岁的青年人，他没有久战沙场的英雄壮举，也没有超凡的天才发明，雷锋不是圣人，学雷锋常态化，首先要认识到雷锋是平凡人。

雷锋精神的魅力来自生活、来自民众。我采访他的战友们，总结出雷锋有五种精神：忠诚信仰的爱国爱党爱人民的“报国精神”；助人为乐热心奉献的“傻子精神”；干一行钻一行爱一行的“螺丝钉”精神；刻苦学习和钻研理论的“钉子”精神；勤俭节约、艰苦奋斗的“节约箱”精神。对全国人民来说雷锋是一个有亲和力、有吸引力的人，是全国人民都可以学、都可以仿效的道德楷模。

评判一个社会的道德文明程度，不是看少数精英人物的精神境界所达到的高度，主要看社会大众普遍相信并恪守的道德底线。雷锋精神既不高深也不玄奥，因此，是不难学的。

二、宣传雷锋事迹要有正常心

常态化就不能搞一阵风，三月刮过一场空，更不能把雷锋搞成政治宣传的“变形金刚”。提倡节约时，说雷锋是艰苦朴素的典型；市场经济来了，又说雷锋也有皮衣和手表。

“雷锋不是筐，什么都能装。”我曾看到口号“计划生育学雷锋”，雷锋没结婚，也没有孩子，这不真实。因此，宣传雷锋精神要抱有正常心态，要实事求是，随意地演绎、异化会损害雷锋的形象，让群众觉得不可信，不可信则不可学则难以常态化。

我建议，以学习《宪法》结合学雷锋，《宪法》第二章从第33条到56条规定了“公民的基本权利和义务”，雷锋模范地践行了。比如，公民有劳动的义务，他从湖南积极投身到鞍钢参加劳动建设。公民有保卫祖国、抗击侵略的职责，他积极入伍尽到了服兵役的义务。国家厉行节约、反对浪费，雷锋节约箱做得好。特别是第53条“公民必须遵守宪法和法律，保守国家秘密，爱护公共财产，遵守劳动纪律，遵守公共秩序，尊重社会公德”，雷锋做得最出色。他是抚顺市的区人民代表，情系群众，为帮助灾区主动捐了自己攒的100元钱。《宪法》是每个公民必须遵守的活动准则，雷锋是自觉履行法定义务和社会责任的模范公民，结合学习《宪法》学雷锋，更有普遍的和久远的作用。

三、学雷锋要从寻常事做起

学雷锋从小时候学起，从小事情做起。郭明义、丛飞、徐虎等都是从小时候开始，从小就节约一粒米、一滴水、一度电、一张纸，从不挥霍铺张。让座位是寻常事。一位退休女工看过《离开雷锋的日子》在座谈会上哭着说，她年轻时学雷锋，几乎没在公共汽车上坐过，如今老了，却没人给她让座。学习雷锋，扶老携幼，就从让座位这样的寻常事学起。

雷锋是中国传统美德孕育出来的好人，要结合中华民族“仁义礼智信”的道德故事，从小教育孩子，不因善小而不为，长大就不会做“地沟油”“染色馒头”之类的缺德事了。播种精神的种子，收获品格的力量。

四、学雷锋干群一心经常做

对现在的孩子们来说，需要时间来理解上个世纪的雷锋。要认真带头学习、起表率作用的是我们各级领导干部。群众对学雷锋的最大疑虑是“民学官不学、下学上不学”，尤其是有些人要求别人学雷锋，自己却以权谋私，牺牲群众利益。学雷锋，关键看领导干部的引领作用，带头学，就得有“朱德扁担”的精神，拿出行动来。经常做，就得像孔繁森、杨善洲那样，情系民心，为民解难。

因此，我建议学雷锋首先从领导干部做起，当好人民的勤务员，面向困难群众“手拉手，一帮一”，经常做，公开做。干部向孔繁森学习，群众向郭明义学习。使雷锋精神成为奠定在我们中华民族精神家园里的一块不朽的基石！

2012年

“国家宪法日”让宪法成为全民的信仰

去年两会，我和汪国新委员等10人联名提案建议将每年的“法制宣传日”改成“国家宪法日”。在党的十八届四中全会决定设立宪法日之后，人大常委会正式通过并决定，将每年12月4日定为“国家宪法日”。

这是中华民族有史以来最值得庆祝的节日，尽管这天不放假，俄罗斯等国的宪法日是休息日。但是，中国有了国家宪法日，标志着依宪治国迈出了坚定的一步，世界看到了中国沿着宪法的灯塔开始远航。

习近平总书记指出，要以设立国家宪法日为契机，深入开展宪法宣传教育，大力弘扬宪法精神，切实增强宪法意识，推动全面贯彻实施宪法，更好发挥宪法在全面建成小康社会、全面深化改革、全面推进依法治国中的重大作用。

如何以国家宪法日为契机，普及宪法，弘扬宪法，将宪法精神铭刻于全民心中，我建议如下：

一、宪法日是各级政府官员规范权力的宣誓日

我赞成人大规定，要求国家公职人员任职时面对宪法宣誓制度。宣誓，就是表达忠于宪法即忠于人民赋予的职责。让宪法精神内化于所有国家公职人员心中，权力属于人民，权力服从宪法。各级领导干部要率先带头尊崇宪法。

建议今年宪法日，本届当选的国家主席、政府总理、各部部长，以及各级党政军的首脑，应率先向宪法庄严宣誓，让国民世人看到他们决心依宪行政、依宪执政、廉洁自律、奉公守法的承诺。

二、宪法日是公民重述权利义务的宣导日

建议各级人大代表这一天向自己的选民进行述职和听取意见，使宪法赋予人民当家作主的权利，回归到权利人身边。宪法第33条至56条，规定了公民的权利和义务，不学宪法则难以守法。因为飞机座椅的小事，两个中国乘客竟然在瑞士航班上动手打斗，迫使飞机返航。这些违反宪法行为，有损中国公民的形象。

公民不了解宪法所赋予的权利，将宪法当作“闲法”，视为一纸文稿而已。在长期以权代法的人治状态下形成的官治民从，将官员奉为父母官，求政府办事，向官员弯腰，主人沦为仆人，不敢监督批评官员，纵容了特权，滋生了腐败。

宪法日要宣导公民的权利，依法治国就是依法治权，依法治官，那些百姓父母官就是要由人民父母来管，用宪法赋予的批评权、监督权、检举权来管好政府官员，让他们不敢贪、不能腐。学习宪法，熟知宪法就会热爱宪法，就会更加热爱这个国家。

三、宪法日是回顾民主宪法诞生历程的宣讲日

宪法和人民政协有密切联系，第一届人民政协制定的《共同纲领》，成为中华人民共和国的建国大纲，凝集了毛泽东、周恩来为代表的中国共产党和各民主党派、无党派人士的心血和斗争经验，奠定了1954年《宪法》的基础。回顾宪法的历史，宣讲人民政协发挥的重要历史作为，倍加珍惜共产党领导的多党合作政治协商的民主制度，共产党领导人民制定了宪法，依宪治国就是体现党的领导，一切政党和社会团体必须在宪法范围内活动，宪法是国家的根本大法，至高无上，违宪必究，宪法日是人民政协值得纪念的光荣节日。

四、宪法日是普及宪法信仰法治的宣传日

学法懂法是用法执法的前提，普法宣传是前提的前提。从商鞅徙木立信，到谭嗣同舍命求法，再好的法律只有播种民心，才能信仰生根。信仰不会自然产生，信仰需要传播，信仰需要教育，信仰需要影响。建议今年举办全国宪法知识大赛，利用电视和网络媒体，以各种喜闻乐见的形式，做到家喻户

晓，妇孺皆知。

如何将宪法抽象条文，转化成人们看得见感受得到的形象？去年，由全国政协文史委和法制委支持的电影《黄克功案件》在首个宪法日放映，人们重温了延安时期审判红军团长逼婚杀人而判处死刑的故事，宣扬了法律面前人人平等的理念，让法条从文本走进了人们形象的记忆里。我们文艺工作者要投身于宪法文化的创作中，国家应该给予大力的支持和扶助。让我们用歌声、用影像、用彩笔去弘扬党领导人民制定的民主法典。

马克思称，法典是人民自由的圣经！在庆祝宪法这个神圣的日子，让我们信仰宪法、捍卫宪法、依据宪法建设伟大的法治国家！

2015年

亟须为国歌立法，依法捍卫国歌尊严

《义勇军进行曲》由第一届人民政协首倡定为代国歌，2004年纳入宪法。由于没有专项为国歌立法，侮辱、亵渎，篡改、歪曲、恶搞国歌的现象，普遍发生，激起国民强烈不满。我们文艺界政协委员多年提案，要求必须为国歌立法！

国歌是国家主权和尊严的象征，神圣不容侵害。世界杯亚洲区香港地区球迷，嘘闹《义勇军进行曲》恶劣行为，激起国人的愤怒。另有香港地区某校毕业典礼学生侮辱国歌，被校长训斥；某卫视台金融节目，篡改国歌为炒股歌："中华民族到了最赚钱的时候，每个人都发出兴奋的吼声，买进，买进，买进，我们万众一心，冒着被套牢的危险……"；在曼谷机场因航班延误，中国旅客大唱国歌抗议，集体与警察对峙，把个人的维权与国家的尊严捆绑在一起，造成不良影响；网络视频和手机微信肆意篡改，疯狂恶搞，戏狎崇高。另外，多有婚礼舞会放国歌，老人送葬时也奏国歌。

误用是无知，错用是无法，恶搞是违法，侮辱是犯罪。鉴于国旗、国徽已经立法26年了，该到了为国歌立法的时候了！依法保护国歌的尊严就是维护国家的尊严，对一切亵渎侮辱国歌者，必须像侵害国旗国微一样依法制裁。

国歌是浓缩的国魂。源自抗战电影《风云儿女》的插曲。编剧用84个字浓缩成，呼唤民众团结抗战的号角。自1935年问世，便成为世界反法西斯的嘹亮战歌。《义勇军进行曲》的历史就是中华民族争取国家独立民族解放的历史，反对外来侵略，反对国家分裂，展示了中华民族不甘屈辱团结自救的英雄气概，发出了独立于世界民族之林的最强音。

国歌是浓缩的国魂，世界各国均以各种法规保障国歌的神圣感，通过演唱国歌向世界展现其国家精神风貌。鉴于中办、国办印发的《关于规范国歌奏唱礼仪的实施意见》，是指导性意见，而非法律准绳，缺乏违法制裁操作规则，使得执法部门的监管无章可循。

我建议，亟须为国歌立法：

一、参考《国旗法》、《国徽法》，规定国歌的标准版本、国歌的演奏，演唱的场所和时间、国歌的制作与发行、对侮辱或破坏国歌形象行为的惩治内容，以专项立法捍卫国歌的神圣性，规范公民演唱国歌必要礼仪，不得以国歌作为广告和其他牟利的行为。

二、国歌教育依法纳入小学课程，了解国歌的诞生和词曲作者的经历，结合观看反映国歌的电影电视，培育社会主义核心价值观。教育部在1983年发出的通知，“从小学一年级就要进行国旗、国徽、国歌的教育”。通知不具备法律效应，唯有纳入法律，才能规范国歌教育的义务与职责。

三、国歌在外交场合的使用要有明确规定。于海委员曾指挥中国军乐团演奏过160多个国家的国歌，目睹了各国政要和外交人员对于本国国歌充满崇敬之心，或者把右手捂在胸前，庄严而神圣。我们的《义勇军进行曲》和美国的《星条旗永不落》、法国的《马赛曲》都代表着国家神圣的尊严。凡中国公民在外交、体育重大场合，规定唱国歌的礼仪，唱出尊严，唱出豪迈，唱出自信。

四、国歌是中华民族精神之魂，是凝集各民族的团结之歌。重大政治活动演唱国歌，不仅是必要程序更是精神的陶冶，“中华民族到了最危险的时候”，国歌是警钟长鸣，安不忘危，最大的危险是看不到危险，自满自足，沉迷享乐，忘掉了敌人磨刀霍霍，丢掉了艰苦奋斗勤俭建国的传统，高枕无忧的民族是不堪一击的民族。理解国歌才能唱好国歌，依法治国从依法演唱国歌起始，坚定文化自信振奋民族精神，从高唱国歌做起，让我们万众一心，众志成城，团结在以习近平为核心的党中央，为了两个一百年奋斗目标，前进！

2017年

随感·报道

委员随感

为写剧本的人群写提案

现在的电影上映，根本不宣传是谁编剧的，媒体热衷炒作明星，宣传导演，还有某些导演把影片揽为自己的作品，人为地把一部影片首创的编剧，推到被遗忘的角落。如同在人们听交响乐时，只让你记住指挥家和演奏员，而让你遗忘掉作曲家贝多芬一样，在我们欣赏这些文化成果之际，同时养成了不尊重首创、漠视发明者的恶习，这是我们建设文明社会的悲哀，发展影视产业的痼疾，也是当今知识产权意识的集体贫血。

电影的一切是从剧本开始的，没有剧本就没有电影的一切。美国编剧的罢工使好莱坞电影工业全面瘫痪，向世界演绎了一个不争的事实，剧作家掌握着电影产业的第一把钥匙，没有编剧笔下的文学形象、故事情节，再先进的高科技手段也无用武之地，电影剧本作为独立的具有著作权的文学创意，是电影产业的根，是源，是本，是命，是拉动这个产业的火车头，一句话，维护编剧的权益就是维护影视产业的基础，保护剧本的版权就是保护影视创作的命脉。

一、代表群体利益，捍卫法律尊严，履行委员职能

我从事电影编剧 35 年，1998 年我被推选为第九届全国政协委员，随着文化产业的飞速发展，影视产品已经成为人们精神生活的主餐，我就倍加关注影视剧的创新与发展，关注着影视产业的基础，维护编剧的权益问题。

《著作权法》赋予编剧所创作的剧本拥有 12 项权利，即发表权、署名权、修改权和保持作品完整权，还有摄制权、改编权、广播权、翻译权、汇编权、信息网络传播权、报酬权和荣誉权。

我进入电影业时，编剧无论大小，署名总是在影片中第一位出场的。然而，

随着影视产业走到当今，各种影视文化公司的参与和多种利益的驱使，编剧的署名权被侵害得十分严重。仅举电视剧《三国演义》的署名排列，首先是总策划、总监制、总顾问，在第13位才出现“原著：罗贯中”，再后才是编剧。如此本末倒置，违反科学的程序已成普遍问题。甚至有的电影把编剧打压在片尾，摆放在司机和茶水一大堆署名中间，将拥有第一版权的编剧排挤到这般的地步，淹没和掩盖原创的作用和价值，再看看各种海报、宣传画报、DVD封面都不标明编剧的署名，已积恶成习。

署名权是标明作者身份的权利，也是人权。排位序列看似小事，却标志着一个国家尊重创作的态度。甚至有的导演在影片上标明“李四作品”，《著作权法》第15条规定：“电影作品和以类似摄制电影的方法创作的作品的著作权由制片者享有，但编剧、导演、摄影、作词、作曲等作者享有署名权，并有权按照与制片者签订的合同获得报酬。电影作品和以类似摄制电影的方法创作的作品中的剧本、音乐等可以单独使用的作品的作者有权单独行使其著作权。”

影片的版权归制片人所有，导演是没有版权的。一个集体创作的成果，怎么能归为个人的作品？这种违法的现象，无人纠正。

美国电影所以称雄于世，首先是高度重视作家编剧的版权，奥斯卡奖为剧本设立两个金像奖，最佳剧本原创奖和最佳改编剧本奖。而我们中国有影响的大众电影百花奖至今不设“编剧奖”，百花奖排除了编剧，让编剧们非常寒心。所有从事电影创作的人都清楚，承担从无到有的创作时，编剧首当其冲；而到了评功论赏时，彻底抛弃编剧，这种业内的过河拆桥，对于电影的可持续发展是一种伤害。金鸡奖只设一项编剧奖，还空缺了6届，可见编剧地位被轻视的程度。

影片成功，少有评论家从原创剧本来分析影片，少有演员获奖感言谈及剧作提供的角色，少有导演谈到编剧创作的故事。《法官妈妈》电影得了百花奖，我去无锡领奖，因为我是编剧，拒绝让我通过星光大道走红地毯进入会场，理由是“只有演员和导演才能走星光大道”。

美国编剧罢工是向互联网和手机上要报酬分成，而我们中国百分之九十编剧都有被拖欠剧本报酬的经历，甚至影片上映发行了，依然拖欠剧本稿酬不给，恶意欠薪屡有发生。

对于当下在北京靠写剧本谋生的青年编剧们，他们的权益被侵害得更为严重，没有署名权，拿不到稿费，此情况如同农民工讨薪一般艰辛，关乎我们这些年轻的同行的民生问题。

在这样飞速发展和裂变的影视文化产业中，普遍存在着侵权与盗版的现象，编剧的构思和剧本创意，被抄袭剽窃，时有发生。“修改权”和“保护作品完整权”是法律赋予编剧的权利，当下常常是不经编剧授权随意篡改剧本，什么“加戏加出个女主角”，雇用枪手肆意篡改原作，已成灾难性的、普遍性的，不经编剧授权随意修改使得面目全非，最后连编剧都看不懂自己的电影了，“保护作品完整权”在影视片中成为法律的空谈。

由于缺少政策和制度维护编剧的权益和智力成果，有能力的人不再热衷从事这个“出力不讨好”的尴尬职业了。因此，坚守编剧职业的人少了，想当导演制片的人多了；深入生活的少了，闭门造车的多了；自主原创的少了，改编翻版的多了，“忽如一夜春风来，所有经典全重拍”。改编老电影，翻拍旧故事，嚼别人嚼过的馍，让观众吃回锅菜，啃回头草，暴露中国影视原创能力不足，自主创新疲软，暴露了影视产业在剧本创作和文学创意上政策失调。

编剧是从无到有的创造，是艰苦的情感活动，任何好的作品都是作家长期积累，经过时间酝酿构思不断修改的，耗时长、成活率低、报酬少、待遇差、地位低，成功了都是导演的、明星的，付出高强度脑力劳动的，得不到应得的收获。

美国编剧维权罢工游行，中国编剧维权是依法提案。我作为编剧界的委员，通过连续提案，建议献策，先后写了《关于依法维护影视编剧权益，保障使用剧本获得报酬权利的提案》《建议电影百花奖要增设编剧奖，评奖要体现首创原创的核心价值》《对“电影产业促进法”有关剧本著作权的建议》《关于广电总局出台规范字幕的建议》《建议影视拍摄立项严格履行剧本授权书制度》《建议重大题材剧本创作深入生活采用项目经费申报制度》《剧本著作权的合法性决定影视片的合法性、行政审查要依法维护著作权人的合法权益》等涉及剧本权益的提案，我和张抗抗提案的《建议华表奖、金鸡奖、百花奖、飞天奖——增设“最佳改编剧本奖”》由于答复不满意，连续两年提案，今年还要提案的。增设“最佳改编剧本奖”，不仅体现原作者权益以及改编者的才华，实现公平竞评的原则，我们希望引起全国作家及全社会公议，其目的不在于设立一个奖项，而是如何在公民心中建设起尊重原创和首创的灯塔，照耀并激励国民在各行业上有所创新有所发明，这是本提案的长久意义。

特别值得一提的是，建议行政审查影视片中，切实维护《著作权法》赋予剧作家的权益，不希望看到侵害编剧权益的作品在国家影视审查中通过放行，助长侵权者的行为，向行政审查部门提出三点要求：“一、凡有侵害编剧署名权的影视剧，审查中责令修正，不修正者不予通过。二、凡违约拖欠编剧稿酬而引起法律诉讼的影视剧，一律不予审查，不批准放映许可。三、凡是不经编剧授权同意，恶意篡改歪曲剧本原意而引起版权诉讼的，一律待法律判定后方可予以审查影片。”提案得到34位政协委员的联名支持。在社会上发表后，引起广泛的反响，尤其是一些个体写作的弱势群体编剧们，纷纷表示赞同。

二、为影视产业铺轨，为知识经济建制

英国女作家罗琳创作的《哈利·波特》，华纳公司连续拍了几部电影，打造了全球影视文化产业的奇迹，作家本人版权收入10亿多美金。事实证明，作家和编剧首创的故事和文学形象，一直作为知识产权贸易的大生意操作和经营。

当今世界进入知识经济竞争的时代，中国是影视文化资源的大国。迪斯尼公司拿走了我们“木兰从军”的故事，做了一个动画片，在世界上创收12亿美金，守着如此丰富的文化资源，面对如此强大的竞争对手，谁来开发成影视产品，使中国从文化资源的大国，转化成影视产业的强国。开路先锋是编剧和作家。那么如何维护编剧和剧本的权益就是不可小视的问题了，世界上凡是影视产业发达的国家，均有完整的保护原创版权的制度。

中国的影视产业要发展，必须打击侵权和盗版，必须从源头上扼制对于剧本的侵权。剧本的版权支撑着中国电影产业的版权经济，剧本的版权是电影的原生版权。“剧作使导演有了工作，剧本使演员有了角色，剧目使投资者找到了运做的项目。”

作为编剧学会的带头人，我要为编剧们的权益呐喊。但是，每一次看到提

案的答复，令我不满意，有些灰心，是继续为编剧的权益提案还是放弃？有人劝我，不要再提了，中国的知识产权意识没到那个境界，什么原创首创，什么内容为王？现在就金钱为王，中国编剧又不能像美国编剧罢工，你还是自己写自己的剧本吧。

在中国，知识产权的维权是艰难的，特别是属于创意经济的影视界内，我自己是深有感触的。正是因为我编剧了《建国大业》电影，深入地研究了第一届人民政协的创建，看到那些我十分敬重的电影编剧的委员田汉、夏衍、洪深、阳翰生等参与了民主协商，完成了建国大业，尤其是田汉创作的《义勇军进行曲》还被当选为国歌，我仿佛感受到前辈剧作家在履行政协委员的职能，坚定的参政智慧和热情的议政情怀，激励着我，鼓舞着我，面对着阻力，我必须像他们那样敢于谏言，勇于建言，作为剧作家的政协委员能够为国家文化建设留下一些制度，可能比留下一些剧本更可贵。

提案是政协委员的权利，也是向人民汇报参政的意见，通过两会媒体的宣传，中国编剧维权已经为社会共知，全国的编剧们都提高了维权意识。《世界人权宣言》第 27 条规定：“人人享有保护自己创作的科学、文学或艺术作品带来的精神利益和物质利益。”为兑现《宪法》“国家尊重和保障人权”的承诺，为落实胡锦涛总书记“依法维护文艺工作者的权益”的要求，我坚持为编剧维权提案，希望能形成产生一些新的制度。

让我没想到的是，今年 6 月 3 日中宣部通知我参加一个小型座谈会，是政治局委员、中央书记处书记、中宣部长刘云山召集的，主要是针对当前影视创作发展的情况，搞调研，摸态势，查问题，让我畅所欲言。我带上所有提案涉及的问题和建议，面对面地向刘云山部长汇报，由于我连续几年的提案，言之有据，持之有故，他非常高兴地听着，并与我们五位参与座谈的人进行广泛的交流。

我一直期待着，中央领导能听到我们编剧的声音，并且能为编剧的地位价值和作用有个说法。

刘云山同志在中宣部、广电总局召开的影视创作座谈会上做了重要的发言，他说：“剧本是打造影视精品的基础。剧本、剧本一剧之本。对影视作品来说，剧本是源头、是根本，故事情节、人物形象、思想内涵等，都首先来自剧本的创意设计，必须高度重视剧本创作，为二度创作打下坚实基础。”

这是我参加影视创作以来，新中国电影发展至今，中央最高级别的领导人，给予编剧和剧本在影视产业创作中以历史性科学性的定位，可以称作“81字定律”，解决了多年以来，忽视剧本创作，出现剧本荒的要害问题，定位准确，功能明晰，为影视创作指明了主抓方向，确定剧本是影视发展之根，规定剧本是影视创新之源，奠定剧本是影视繁荣之基。

看来，我的建议和意见表达上去了，并为中央领导采纳了，我很高兴。想一想，我这几年的提案，旨在建立起尊重首创、尊重原创、尊重版权的社会风气，推进我们国家知识产权竞争有序，健康发展，让世人通过中国影视屏幕看到一个高度守法、高度文明、高度发展、高度创新的中国形象。

（原载于2012年《把握人民的意志》，中国文史出版社第四期）

把握政协两大主题，为文化建设建言献力

我从未敢想，身为写剧本的政协委员，能走上人民大会堂的讲台，面对世人，面对国家领导人，发表我对国家文化产业的建议——《中国电影产业的四大困境及出路》。当下影视创作出现“忽如一夜春风来，所有经典全重拍。四大名著再翻版，观众又吃回锅菜”的现象，暴露了中国电影原创能力不足，自主创新疲软。影视产业要走出发展困境，创作人员必须走出闭门造车的小屋，建议国家要鼓励原创，扶持原创，重奖原创，从根本上解决原创疲软的问题。为文化产业全面进入科学的可持续发展，我的议政建言，引起有关部门高度重视。

人民政协的大会发言，始创于1949年，是各界委员充分发扬民主议政的公开讲坛，每次三场大会发言，各党派、各社团、各界别，欲言者踊跃，竞选者激烈。去年我已发言，今年自认无望，在小组会上我对学雷锋常态化谈了看法，意外地引发共鸣，小组集体联名力荐我到大会上发言。于是，我就《如何使学雷锋活动常态化》再次走上大会讲坛，建议结合学习《宪法》学习雷锋更有普遍长远的作用，因为雷锋是自觉履行法定义务和社会责任的模范公民，学雷锋从小时候学起，从小事情做起。群众最大疑虑是“民学官不学”，尤其是有些干部要求别人学雷锋，自己却以权谋私，牺牲群众利益。学雷锋首先从领导干部做起，当好人民的勤务员。我言之有理，持之有故，8分钟的发言赢得8次掌声。

我从未预想到，做了三届政协委员，从写提案到为政协写影片，创作了《建国大业》和《辛亥革命》两部电影剧本，正因我身在政协，深知人民政协为合法地建立中华人民共和国做出了历史性的贡献，没有当时的多党合作共同创建和召开了第一届政治协商会议，就不会有新中国的创建。我从1948年毛泽

东发表“五一口号”，建议召开新政协会议的发生地河北省阜平县城南庄，再到上海的宋庆龄故居，看到毛泽东邀请孙中山夫人宋庆龄参加政协会议的亲笔信，从人民政协大量的文史资料到各民主党派的回忆录里，跃然而出“民主、团结”的主题，正是在中国共产党的领导下，坚持多党合作而共同完成了建国大业。在人民政协创建60周年和新中国成立60周年之际，《建国大业》电影凝集着爱国主义的民族精神，磁铁般地吸引了众多知名演员加盟，影片放映引爆了群众的爱国热情，创下4亿多元票房，把人民政协“团结”与“民主”的两大主题形象地放大在银幕上。贾庆林主席在常委会报告中，总结政协工作特别提到，“参与拍摄《建国大业》等优秀影视作品，进一步扩大了人民政协的社会影响”。

政协是一个民主团结的大家庭，是人才济济的群英会。为纪念辛亥革命100周年，在贾庆林主席的提议下，我和陈宝光编剧《辛亥革命》剧本，政协委员中辛亥革命者的后裔，纷纷向我提供素材和资料，北大历史系教授王晓秋委员义务承担顾问，我本身在政协文史和学习委员会，面对丰富的文史资料，怀着对先贤的敬畏之心，剧作重在表现伟大的民主先行者孙中山先生，领导同盟会，推翻君主，创建民主，再现这场改变中国历史命运的伟大变革，结束了2000多年的封建帝制，才有了我们今天人民当家作主的时代。这样重大的剧目，不仅吸引了多家制片机构踊跃投资，还有台湾地区演员赵文瑄和香港地区的成龙等大牌明星纷纷参与演出，辛亥革命使中国成为亚洲第一个推翻帝制创建共和制的国家，影片在海内外放映产生极好的影响。

正是因为政协具有人才优势、资源优势、渠道优势，电影《辛亥革命》的拍摄才能得到各级地方领导和群众的支持，完成百年一遇的文化使命。如果不在政协，我仅是一个编剧，穷尽思维也无法得到这般能源，我很幸运，政协的优势为我的剧作补充了智慧和能量。

我从写文化产业的提案到为文化产业创作剧本，置身于数码影像无处不在传媒时代，政协工作正与时俱进，运用新手段，开拓新渠道，用感染人心的影视艺术形象，传扬人民政协坚持多党合作、肝胆相照、荣辱与共的政治情怀，达到了良好的社会效果。《建国大业》《辛亥革命》两部电影作为政协工作内容分别写入贾庆林主席在大会的报告中，这是前所未有的。在提升国家文化软实力的参政议政中，政协委员自觉地自信地发挥了自身的优势，创造着统战文化、多党合作文化，产生了更广泛的社会影响力和感召力，以独有的文化品格开创了文化建设的新思路。

最近，这两部电影荣获中宣部精神文明建设“五个一工程奖”，让我更加理解，在科学发展观指导下，全国政协领导创造性地提出发展统战文化和多党合作文化的深远意义。

我和张抗抗委员连续四年，建议增设“最佳改编剧本奖”，看似小事，实质是涉及知识产权维护原创者的权益问题；另外，从繁荣影视文化亟须原创作品来讲，则非同小案。然而，政府部门对提案答复，既不过问，也不沟通，仅用一纸公文寄来了事。在广电总局领导参会聆听意见之际，我正式提出公开批评，行使民主监督的权利，在场的广电总局的领导真诚表示接受批评。事后，很多人为我担心，直言惹祸，犯颜记恨，下届甭想当委员了。

当我收到提案的再答复，没想到广电总局率先采纳了提案，从明年电影华表奖开始分设最佳原创剧本和最佳改编剧本奖，同时与中国文联等部门沟通交流，协商在其他全国性影视评奖活动中增设“最佳改编剧本奖”进行奖项分设制度，为激励原创提供了机制的保障。

多年的提案终得满意的答复，比提案更让我满意的是，政府主管部门听取委员的批评，认真吸纳意见，这样的政府部门是可信赖的，为民主监督放绿灯，下不钳口，上不塞耳，才能政通人和。

我认为，当政协委员不是荣誉称号而是使命，胸前挂牌参加会议不是招牌而是责任，作为中国编剧群体的代表，我围绕国计民生，反映社情民意，多方呼吁，使中国电影百花奖空缺28届的编剧奖，今年恢复了编剧的席位。为修改《著作权法》多次提案，落实剧本授权许可制度，打击侵权盗版；为保护编剧的署名权、修改权，保持作品完整权、报酬权，多次参加电影法的讨论，为中国电影走出去，围绕文化建设献计出力，民主议政的过程是学习民主最好的过程。

政协是大学校，培养我的政治协商、民主监督、参政议政的履职能力，造就我激活政协文史资料的智慧，以政协人物创作了《一个人的奥林匹克》

《许海峰的枪》等政协文化作品。我深知，老一代的政协委员，人人都有故事，为民代言，为国建言，舍身直言，拼命谏言，倾注着浓浓的民主爱国之深情，正是这些感人的委员形象，铸造了中国共产党领导的多党合作制度，政治协商成为我国的政治命脉。

我爱人民政协，更爱民主与团结。

（原载于《人民日报》2012年10月12日）

让傅作义将军走上国家大剧院的舞台

这一天，终于实现了我的愿望，请傅作义将军走上国家大剧院的舞台，与观众进行心灵的对话，60年前，他为什么会把25万国民党军队交给人民解放军和平改编？使800年古都免于战火，宁愿被人骂成降将也毅然打开了城门。于是，第一届人民政治协商会议和中华人民共和国诞生于和平解放的北平。

这一天，是2009年10月3日国庆六十年阅兵后，贾庆林主席、万钢副主席前来观看了话剧《北平·1949》，我期待看到，贾庆林主席和傅作义将军握手的戏剧性场面；也期望看到，致公党中央主席、科技部万钢部长，与共和国第一届政府党外人士的水利部部长傅作义的会面。在纪念北京定都六十年之际，在国家最高的艺术圣殿，演绎着国民党上将傅作义的故事，舞台聚光灯的焦点照亮傅作义将军，不知观众是如何评判的。

帷幕开启，雄伟的不可再见的中华门出现在舞台上，傅作义将军在大兵压境中出场亮相，将观众的视野引入1949年的北平城里，声音和灯光创造的奇妙效果，让我感受到大剧院这般美妙的艺术魅力，一个编剧的剧本能够在国庆六十年，在国家大剧院上演，也许值得记忆终生。

啊，国家大剧院，这座当代北京标志性的宏伟建筑，是全国政协委员在吴祖强常委的牵头下，连续多年提案，得到采纳而建成的世界级的剧院。前年，我请日本电影剧作家代表团在这里观看舞剧《牡丹亭》，他们惊讶，他们震撼，日本没有如此壮观气派的大剧院。正是我从那天开始，写了30多年电影的编剧，萌生了要写一部话剧在国家大剧院上演的念头，写什么？

看到由中国文史出版社出版的《傅作义将军》一书，傅作义与北京城，一个绝妙的戏剧主题将我构思点燃，当80万解放军包围北平城时，傅作义身为国民党华北总司令是背城一战，是弃城而撤，是献城投诚？60年前那个冬天，傅作义成为北平城内最痛苦的人了。

最痛苦的人就是最富有戏剧性的人，一切戏剧必须是高举人学的旗帜，研究人、剖析人、表现人。当我读懂了这个人与这座城的关系，渐渐进入傅作义将军那伟大的爱国情怀中，在经历了1949年那个决定中国命运之战，在毛泽东以打促和的军事思想和统一战线思想的引导下，他做出了生死抉择。正如毛泽东主席评价：和平解放北平，傅作义将军是有功的，人民是不会忘掉的。

当观众看到舞台上，傅作义痛苦之际来到于谦祠，在暮色降临的鼓声里，面对着500年前保卫北京获胜的英杰，有一段5分钟的问历史问将来的道白，诉说他内心之苦衷。影视剧三栖演员陈逸恒，这位出身梨园世家极具实力的演员，把傅作义复杂矛盾心理、英雄末路悲怆感和弃暗投明前的犹豫心境，节奏分明、层次清晰地呈现在观众面前，当他道出我含泪写下的台词：

“听，这是北平己丑年的鼓声，撼人心魄，仿佛是殉难的弟兄们，诘问我，嘲笑我，骂我是变节献城的叛臣，笑我是望风归附的降将。作义我一腔悲愤，满怀苦衷，向何处诉说？于忠肃公啊！（鼓声戛然而止）你百年在，千年还在，待转过六十年一个甲子，我傅作义早已黄土覆面，你在此见证，是非功过，由后人评说吧！”

顿时，我被全场一片掌声震动，历史的抉择在这里得到了回应。

人民没有忘记，在新中国成立60年，北京定都60年之际，让傅作义将军走出历史的记忆，再现在国庆盛典的舞台上。

政协委员没有忘记，在人民政协成立60周年之时，追溯我党统一战线理论的成功典范，毛泽东主席与傅作义将军共同创造了“北平模式”，为后来湖南、新疆、绥远的和平起义树立了榜样。人们看到《北平·1949》不仅是一部撼动人心的话剧，而且也是我们政协委员替人民代言，为历史留言，向世人表达我们的宣言，凡是为中华民族进步、为新中国成立创建功绩的人物，我们都不会忘记。

我们不会忘记开国领袖毛泽东，同样也不会忘记国民党爱国将领傅作义先生，不会忘记我们全国政协傅作义副主席，为统战工作做出的历史性贡献。

又是一阵掌声震响国家大剧院！人们看到两位战场上的对手，在西柏坡的亲切握手，情不自禁地爆发出掌声。

掌声、笑声、泪水，都收获在观众对于1949年北平的那段难忘的故事中，这是我和学生马蹄第一次编写的话剧，没有各级政协领导的支持和政协委员们的共同信念，是不可能在重要的历史时刻，在重要的舞台上演的。首先，把国民党将军作为戏剧的主人公，没有市政协领导阳安江、陈平等人的首肯和支持，是不会通行的。确有话剧团体害怕这部剧本政治上出问题，而不敢接拍。为把剧本修改好，邓宝珊将军之子邓成城委员多次提供宝贵资料和建议。但是，更苦恼的是剧本找不到投资者，制作人王浙滨是我爱人，她是市政协委员，致公党党员，她找到同党好友、市政协委员、致公党员的企业家郭滨，慷慨扶助，并为话剧演出而成立了天鹤信羽文化公司；市政协委员安庭，是做文化演出公司的，帮助找到演出单位天津人艺和著名导演任鸣。特别让我感动的是致公党北京市主委、市人大副主任李昭玲协调联络北京市各民主党派联合支持这部与北京息息相关的话剧。

政协委员写政协委员，政协委员演政协委员，政协委员投资、策划、制作，各民主党派加盟支持，这表明了，我们政协组织始终高举统一战线大旗；这说明了，我们政协坚守民主、团结的两大主题的力量；这证明了，贾庆林主席多次号召要发挥政协人才优势的结果。

善良的北京观众呀，为真正书写了北京的历史和人物而起立长久地鼓掌，那掌声中似乎表达，入场前对陌生剧名和没有明星大腕显亮招牌的轻视有一点自责的意味。

所有的观众交口称赞“傅作义夜访梁思成家”那场戏，我写这场戏是用电影和话剧的两支笔，用影视幻灯的效果，再现60年老北平城的影像，梁思成夫妇劝说傅作义，北平不能打，用幻灯展示一幅幅古都北平的画面，林徽因的精彩讲演，壮观的古都，巍峨的城楼，中轴线宏伟设计，谁看到这里，心都被揪起来、提起来、热起来，傅作义看后，当即就表态："宁可毁了傅作义，也不能毁了北平的一砖一瓦。"

从国家大剧院又一次传递出心灵共鸣的掌声。傅作义说出了我们多少届政协委员为保护国家文物和民族文化遗产的肺腑之言啊！

中场休息时，贾庆林主席和万钢副主席热情地接见主创人员。当贾主席握着陈逸恒的手，热情而高兴地说："傅作义演得好，前不久，还看了你在电视剧《北平战与和》中扮演的傅作义，给人们留下极好的印象。你们这个话剧编剧好，导演好，演出很成功。"

随着记者的闪光灯拍摄，我注意到万钢副主席接见傅作义演员情景，他满面笑意，连连称赞，我向万钢副主席汇报说："这个戏是你们致公党党员投资和制作的。"万钢副主席说："这部戏做得很有意义，很值得一看。"

当大幕关闭，剧场空空，人已散尽了，我最后走出剧场，意外地看到两个观众在门外等我。一个中年妇女，拉住我的手说："王编剧，非常感谢你，把我姥爷写得那么大情大义，我哭得不行。"

"你是谁？"

"我是傅冬菊的女儿，周小宣。"

另外一个70多岁的老者，走近我："我就等着见编剧一面，我要告诉你，傅作义让北平不打了，保护了200万人没遭枪炮之难，我就是其中一个，那年我10岁。这个话剧，看出咱北京人是有良心的，没忘了感谢傅作义。"

（原载于《人民政协报》2010年3月4日18版）

孙中山的民主精神是人民政协的生命力
人民政协文史资料是电影创作的源动力

——电影剧本《辛亥革命》创作谈

一、用电影手段表现人民政协“民主、团结”两大主题

我从九届当选全国政协委员，编剧的本能使我对于人民政协的创建产生了探索的兴致，主席台上挂着那幅民主革命的先行者孙中山先生的大画像，像一根精神支柱挺立于第一届人民政协大会的前方。

当我想在建国50周年之际，为国旗的诞生写一部电影，了解五星红旗如何选定为我们的国旗，他的设计者是谁。我查阅第一届人民政协的史料，知道国旗是充分发扬民主，在2992幅国旗应征图稿和1920面小旗帜，经评委会精选出38幅图案，编成一册，提交全体代表讨论，上海小职员曾联松先生投稿的五星红旗方案，被选定为中华人民共和国的国旗。

我以曾联松为主人公编剧了电影《共和国之旗》，让世人看到，中华人民共和国的国旗是公民自己设计的，是民主选择的，一望而生人民当家作主的自尊感。

想到第一届人民政协会议那幅孙中山先生的大画像，像一根民族精神的支柱挺立于我的心中。在纪念人民政协成立60周年和庆祝建国60周年之际，我有责任将第一届人民政协会议完成的伟大的历史使命写出来，我和陈宝光编剧了电影《建国大业》。

没有政协文史资料的支撑是不能完成的。所以，贾庆林主席看过电影剧本后，特别批示指出：“在人民政协成立六十周年之际，拍摄一部反映创建人

民政协事业的影片，有着重要意义，全国政协大力支持，以文史学习委员会为主，予以积极配合，提供翔实资料，争取创作成一部精品力作。”

为了写好《建国大业》剧本，除了我到河北城南庄、西柏坡，上海宋庆龄故居、南京总统府等实地考察外，新疆政协、北京市政协、香港地区政协委员等都提供了很多宝贵的史实资料。

中宣部刘云山部长审读了《建国大业》剧本，并给予了高度评价和大力支持。电影第一次将中华人民共和国政府成立的合法性，用电影手段在银幕上为国家写史，为人民政协立传，真实地再现了第一届人民政协会议的历史功绩，突出地表现了人民政协代表了各族人民合法行施了民主权利，选举了有各民主党派参加的新的政府，奠定了“民主、团结”的两大主题。

人民政协60年来搜集汇编了浩瀚如海的文史资料，尤其是辛亥革命的史料。许多第一届政协委员都是辛亥革命的参加者，他们留下了大量的亲力亲见亲闻的史料。我做政协文史委员知道这些文史资料的政治文化价值，作为电影编剧这是我取之不竭的视觉文学创作资源。

二、贾庆林主席的提议坚定了创作方向

2009年10月3日，全国政协贾庆林主席观看我编剧的话剧《北平·1949》时，接见主创人员时对我说起：“《建国大业》搞得好，《北平·1949》话剧也好，2011年有大文章可做，辛亥革命一百周年了，我们要隆重纪念辛亥一百年，最好能写一部电影！”

贾主席的提议坚定了我的创作想法。我和搭档陈宝光开始结构《辛亥革命》的电影，在阅读了大量的辛亥革命史料后，找不到典型的环境是无法下笔的。我从事电影剧作几十年，坚守“电影的剧本是用脚写出来的”指针，必须要看到那个环境，才能再现当时的人物。我随文史委去广州考察学习情况，卞晋平副主任特别批准我一天时间，去了“广州三·二九起义指挥部陈列馆”参观，在广州市越华路小东营5号指挥部的旧址，陈列着当年起义吹响的螺号和总指挥黄兴写下的遗书，还有孙中山与美洲华侨致公堂筹饷局为了募捐印制的金卷，正是这场由孙中山在马来亚槟榔屿策

划，由黄兴指挥的起义，让我感受到100年前，这里集聚着从海外归来的革命精英，为了民族救亡图存，唤醒民众，毅然冒死发动了起义，最终谱写了血染黄花岗的悲壮史诗。在七十二烈士墓前，我默念着孙中山对起义的评价："事虽不成，而黄花岗七十二烈士轰轰烈烈之慨，已震动全球，而国内革命之时势，实以之造成矣。"

在上海香山路的"孙中山故居"，看到当年他在澳门行医用过的手术刀，遂生灵感，作为贯穿道具让孙中山随身而带，象征着辛亥革命就是给国家做一次大手术，为孙中山写下这样的台词："医人是我的本职，医国是我的天职。医术只能救人，革命才能救国。法国革命为了自由，美国革命为了独立，中国革命为了民族、民权、民生！"

孙中山本身就是侨领，在海外的政治活动中，与洪门致公堂结成联盟，得到多方捐助，出人出钱，所以孙中山发自内心表达："华侨乃革命之母"之感慨。中国致公党领导万钢主席、王钦敏副主席都非常关注海外致公堂参与辛亥革命的情况，司徒美堂既是革命的参加者，也是致公党的创始人。他们为创作提供资料并专门召开剧本研讨会。

文史和学习委员会召集北大历史系博导王晓秋委员，黄小同、陈漱渝委员精心论证剧本。辛亥革命后裔武昌起义的总指挥吴兆麟之孙吴德立委员给我提供大量的资料和画册；黄兴之孙黄与群特别关心剧本创作，多次电话交流；还有舍身炸死清廷宗社党主将良弼的同盟会员彭家珍烈士的叔辈兄弟彭家祥，通过张梅颖副主席，从四川寄来史料和图片。

三、写《辛亥革命》比《建国大业》有难度

写《建国大业》是再现第一届人民政治协商会议，我曾访过雷洁琼等历史当事人。辛亥革命已过百年，参加者众多。李笠翁早就说过："一本戏中，有无数人名，究竟具属陪宾，原其初心，止为一人而设。"故李笠翁主张应该集在"一人一事"，电影作品更宜如此，人繁事杂，交代展示过多，也是当今电影的新病。"一人"只能是突出孙中山的形象，这是不能动摇的。

写好孙中山先生的难度在于，他长期在海外进行革命活动，很难参与到

指挥国内武装革命的最前线，而电影是靠动作体现人物的。于是，我和宝光在如山的史料中，提炼出一个焦点事件和一个动作链条，焦点事件就是推翻皇帝，为推翻皇帝孙中山由七个动作形成链条：①槟榔屿决策三·二九广州起义；②在美国华侨中募捐；③摇控武昌起义；④在英国舌战四国财团；⑤创建中华民国当选临时大总统；⑥以总统职位逼袁世凯叛清；⑦皇帝退位，孙中山辞职，千年帝制结束。

我们都不是辛亥革命的经历者，但我们铭记着《宪法》序言："二十世纪，中国发生了翻天覆地的伟大历史变革，一九一一年孙中山先生领导的辛亥革命，废除了封建帝制，创立了中华民国。"

创作自由源于法律赋予的权利。此剧必然围绕废除封建帝制的主题，再现辛亥年间，以孙中山、黄兴为首的同盟会，为推翻卖国腐朽的清王朝，发动武装起义，从第一章《血染黄花岗》、第二章《武昌城首义》、第三章《阳夏保卫战》到第四章《创建共和制》完成故事。

辛亥革命所以伟大，就是孙中山、黄兴等少数同盟会革命党人，办成了一件难以想象、惊天动地的伟业，推倒了200多年清王朝的参天大树，打碎了2000多年封建君主的"家天下"，开辟了民主的"公天下"，其戏剧性和悬念不是牵强的，革命本身就是最残酷的冲突，各种人物都被卷入革命大潮之中，展现其性格的表演，这些不是我们能编出来的，诸多人物的表演已留存历史的记忆中。我们的责任就是用电影的手段和结构、依据历史做出的庄严结论，再现革命党人"舍得一身剐，敢把皇帝拉下马"的精神。电影不能搞成编年史，做流水账，要有尖锐的冲突，惊险的悬念。这部电影不是哀婉小调，不是花前月下、轻歌曼舞，而是腥风血雨、金戈铁马、大江东去，是浓烈、强烈、壮烈、激烈、刚烈，是一场争天下的残酷斗争，是一部真正值得用电影表现的雄壮史剧，为这样的故事和人物，呕心沥血去写作，再难也值。

我和宝光研究了国内包括台湾地区反映这段题材的影视剧，有的为取悦观众，搞成了武打动作片，戏说调侃，有的故意颠覆、篡改已有定论的历史人物形象，美化袁世凯，矮化孙中山，甚至称袁世凯为共和之父，大搞扬袁抑孙一套手法，混淆历史真伪，甚至有人想借孙中山宣扬五权分立的政治主张，以吸引观众眼球而博取喝彩。我们同这种思潮做了不妥协的斗争，那些借历史而影射现实，必然会遭到广大史学者和观众的唾弃。

我们从孙中山、黄兴身上感受到前辈先贤伟大的民族情怀，今天中华民族不甘落后勇于改革的精神基因。孙中山从一位医生成为中国历史上第一位民选总统，为了推翻封建帝制，发动11次武装起义，失败了再起义，越挫越奋，百折不挠，历尽磨难，其坚定的爱国信念，深深地感动我们。为了给国家留下一个光明体制，为实现最高政治目标推翻帝制，他毅然辞职让位，以总统一职换袁世凯叛清，实现共和制度，其伟大的人格令人景仰，这样的情节只能由伟人创造出来，不是情节塑造出来的！

孙中山就是民族的凝聚力，他一生致力于为中华民族的解放和统一大业，鞠躬尽瘁，赢得海内外华人的尊敬，在欧洲、美国、加拿大、日本、越南、东南亚，特别在中国香港地区、台湾地区都有着深远的影响，辛亥革命使中国成为亚洲第一个打落皇冠，建立共和制的国家。

四、《辛亥革命》电影填补了中国电影的一个空白

《辛亥革命》剧本在全国政协、中宣部、广电总局领导多方关注下，几易其稿，投入拍摄。哈萨克族的全国政协委员艾克拜尔·米吉提看过剧本，非常激动。他说，孙中山先生是我们各民族尊敬的伟人，剧本一定要在他主编的《中国作家》杂志发表。看到发表的剧本，很多制片者纷纷投资。全国政协委员、中国城市建设集团总裁于炼立即投入资金。

近年来，常见所谓影评家们不看剧本却能夸夸其谈影片，有意抬高制作而诋毁原作，这是当今危害影视产业自主创新的流行病毒。《辛亥革命》剧本由铁凝、王蒙为顾问，高洪波等著名作家组成的评委会，评选为当年的鄂尔多斯文学奖大奖。评奖辞是："再现了辛亥时期革命党人为推翻腐朽、没落的清政权与建立共和制国家而抛头颅洒热血的历史场景，大手笔、大气派、大豪迈，刻画了辛亥革命英雄。"

巧妇难为无米之炊，米是决定的因素。当我这个编剧走入人民政协的大家庭，政协文史资料是我创作影视剧本用之不尽的大粮仓。从全国政协主席到各级领导给予我亲切的关注和大力支持，一个编剧能为20世纪，中国发生的

“辛亥革命”“建国大业”两次翻天覆地的历史变革写史立传，为民族英雄塑像，为推动社会进步的人民抒情放歌，这是多么可幸的机遇，一切能量源于人民政协给予我的精神动力。

每当我步入人民大会堂参加政协大会行使民主参政议政时，我眼前总会浮现第一届政协会议那幅孙中山先生的大画像，没有孙中山先生领导的辛亥革命，废除了封建帝制，就不会有我们人民当家作主的公天下，与人民大会堂千米之遥的紫禁城就不会变成故宫博物院。我是怀着崇敬之心，完成这部电影剧作的。

电影是沟通心灵的桥梁，孙中山挟辛亥革命风云从银幕上走近全球华人，无论在台湾地区、香港地区还是海外华侨地区放映，我们都会铭记孙中山先生“振兴中华、统一国家”的号召。

（原载于《中国政协》2011年9月）

奥运人物传奇是发展政协文化的珍贵资源

——从创作电影《许海峰的枪》谈起

中国健儿在伦敦奥运会取得38块金牌、27块银牌、22块铜牌，列金牌榜第二。我守在电视前，看到五星红旗一次次在赛场升起，《义勇军进行曲》一次次在伦敦奏响，心潮起伏。特别关注体育界政协委员刘翔的参赛，他在雅典以12.91秒夺得金牌，没想到他在这次预赛中意外打栏，摔倒在地，在跟腱断裂脚受重伤的情况下，以单腿跳到终点，感动得我热泪出眶。刘翔跳动的每一步，无疑是中国健儿留给奥运史上永恒的足迹，也是政协委员亲历赛场为政协文史留下了珍贵的记忆。

这让我想到中国奥运第一人，第五届全国政协委员刘长春，曾在1932年洛杉矶第十届奥运赛场，一个人代表了中华民族，单刀赴会，不畏强手，从此奥运赛场有了中国人展现民族精神的跑道。

这也让我想到中国奥运夺金第一人，第十届政协委员许海峰，他用手枪在1984年第23届洛杉矶奥运会打落第一枚金牌，实现中国金牌零的突破。一位安徽省和县的供销员，站在奥运会射击场上，从容镇定，心无杂念，用子弹在靶纸上，书写着中国人自信的密码，抒发着改革开放后的中国人敢于参与一切竞争的意志。

奥运造就英雄，英雄创造精神，精神养育文化。奥运精神是我们民族振兴的精神动力。当这些奥运健儿带着传奇的经历走入人民政协大家庭里，极大地丰富了人民政协的奥运文化资源的矿藏。

身为电影编剧的政协委员，我努力实践贾庆林主席的号召，发挥人民政协的人才优势，创造和发挥政协文化和统战文化的影响。我关注体育界委员的故事，发掘奥运文史资料，用我写电影剧本的手段再现奥运英雄的形象。

政协委员写政协委员是近水楼台，在《政协文史资料选辑》第七十期的小册子，我找到刘长春回忆首闯奥运会的亲历《我国首次正式参加奥运会始末》，记录了1932年日本侵占我国东北，国家处于战乱，刘长春只身前往洛杉矶奥运会，往返路费是张学良将军资助的，哪还有随行记者。因此，刘长春的回忆录是弥足珍贵的史料。为了迎接北京奥运会的召开，我根据刘长春的文史资料，编剧了电影《一个人的奥林匹克》，这段悲壮的奥运历史与中国观众见面，以史为镜，反映着时代的变迁，国际奥委会主席罗格亲自为影片题写英文片名。他对我说："这是我第一次给一部电影题写片名，刘长春的故事我知道，拍摄这部电影是很有意义的。"

为了宣传这部电影，我随北京市广电局到美国洛杉矶，当年刘长春首闯奥运会，洛杉矶的华侨团体给予了大力支持。没想到这部电影在美国洛杉矶进行推介活动时，受到热烈欢迎，美洲华侨总会联谊会秘书长黄金泉激动地说："如今，国家昌盛了，在美国举行这么有中国特色的推介活动，我们华侨感到特别自豪！"影片像心灵的桥梁连接着海外华人对于祖国的亲情，很多华人都深知这段历史，刘长春当时拒绝代表伪满洲国，而是代表中华民国参赛的，由于在海上漂了23天，旅途劳累，他在100米和200米预赛中被淘汰了。然而，他所创造的民族大义和奥运精神，成为凝集海内外华人情感的磁铁，也是我们政协文化团结侨胞、振兴中华情感的纽带。

为了宣传刘长春的电影，许海峰被邀请来到洛杉矶。美国南加州这座城市举办了两届奥运会，刘长春在这里没有取得成绩，甚至被画个鸭蛋。然而，52年后许海峰在这里为中国人改写奥运历史，打碎了鸭蛋，实现了中国人夺金牌的第二梦想，把许海峰的故事搞成电影是我新的梦想。

我和许海峰在十届政协期间有所接触，并不了解他的成长道路和背后的故事，我曾认为他有军队的背景，神枪射手没有一位不是用子弹壳堆出来的。当他告诉我，参赛两年前，还是安徽省和县供销社卖化肥的，神秘性和戏剧性立刻浮现我的眼前，一个供销社员怎样走向射击之路？为什么中国第一个奥运冠军出在安徽省和县？他是怎样用手枪改变了自己的命运，改变了世界看中国人的视角。这枚金牌就是电影的核心道具，凝集着许多不为人知的故事。

我问许海峰得金牌的想法，他说当时没有多想，就是想做好每一个动作，当打出566环，最后夺得第一时，黄中副团长激动地扑上来亲吻，这才意识到这枚金牌，不仅是我的第一枚，更是中国人的第一枚金牌。那天是萨马兰奇主席来颁奖，结果不得不推迟40分钟，不是因为尿检什么的，而是因为现场缺一面中国国旗，当时王义夫打了第三名，要升两面五星红旗，而组织委会只备了一面中国国旗，所以只好等待工作人员回驻地再取一面中国国旗。

这太有戏剧性了，一切都是意外，从未得过金牌的中国，在首场赛事竟然同时拿到两块奖牌，令组织者不得不再取一面国旗，这个等待补旗的动作，恰恰是电影最有戏的段落。

许海峰为中国夺得首金所产生的影响，成为改革开放初期的一颗精神原子弹，振奋我们个人奋斗意志和激励着为国争光的热情。当我和奥运英雄同坐在人民政协大家庭里，当我和他面对面地谈起奥运夺金的往事，渐渐地步入中国底层的公民，怎样从白丁成为英雄，在他所处的逆境中，别人失去了信心，他却下定决心，持之以恒地去实现自己的目标。这枚沉甸甸的奥运金牌凝集着中国人对奥运精神的理解与创造。

许海峰对我说，这块金牌和别的金牌没什么不同，他的运气好，因为它是中国的第一枚，已经捐给国家博物馆了。

政协委员与奥运英雄，电影艺术与民族精神，正像文艺界和体育界是没有距离的两个界别，同在人民政协统一战线组织之中，面对体育界的奥运英雄，我从理解他们到讴歌他们，从他们为国家荣誉而拼搏，为民族复兴而参与竞赛，洋溢着浓烈的爱国主义和民族气概。我有责任将刘长春、许海峰委员的故事编写成电影，这是为国家写史，为英雄立传，为民族塑像，也是弘扬爱国、团结的政协文化，让政协文化通过艺术形象发挥举目可见的影响力。

在许海峰的授权许可下，我去安徽省和县深入采访，当年他卖化肥的仓库还在，听他母亲、弟妹、同学讲他成为射手的往事，也讲他初恋的故事。在国家队、省射击队采访他两任教练，得到安徽省委宣传部、广电局的大力支持。深入生活的经费是由艾克拜尔·米吉提委员提供，文学剧本在他主编的《中国作家》杂志上发表，安徽省和县领导看过剧本，愿意参与拍摄。特别是青年演员李东学，辞掉所有片邀，一心要演这位奥运英雄许海峰，经许海峰的认可，亲自教练他射击技术，在深入生活的体验中，李东学逐渐感悟到许海峰由供销社员走向奥运赛场的坎坷历程，演绎这样的人生会更加激励青年人奋斗的目标。

许海峰在零的突破中，创造了“突破就是成功，突破就是胜利，突破才有新生”的自我超越的突破精神。没有突破的民族是被忽视的民族，谁做到了零的突破，谁就是民族的英雄！这就是奥运会给予我们的人生哲学。零的突破精神，成为当时改革开放中国人勇于突破，敢于创新的精神火炬。

我有幸为中国奥运第一人和奥运第一夺金者，编剧了《一个人的奥林匹克》和《许海峰的枪》两部电影，也是政协委员履行职责，发掘和激活政协文化资源，在银幕上弘扬人民政协委员的形象。电影《许海峰的枪》已经列入党的十八大献礼影片。

再现历史，激励当代，从刘长春单枪匹马悲壮赴会，到许海峰射落奥运首金，再看中国奥运军团在伦敦载誉归来，世界已经201次瞩目五星红旗在《义勇军进行曲》中高高升起，历史见证着，在中国共产党的领导下，中华民族的复兴大业，如日东升。

（原载于《人民政协报》2012年9月3日12版）

做大民主团结两大主题　扩大人民政协社会影响

——从参与《建国大业》《辛亥革命》电影看政协文化的创新思路

当我回首第十届以来履职走过的脚印，不能不谈到参与《建国大业》《辛亥革命》的电影创作，两部电影得到全国政协领导的高度重视，影片在社会上产生了良好的效果。最近两部电影都荣获了中宣部第十二届精神文明建设“五个一”工程奖，这是国家文化建设的最高奖励。应该说，全国政协直接参与创作和支持拍摄的电影并不多见，作为工作内容已分别写入贾庆林主席在大会的报告中，这也是前所未有的。

一、激活政协文史资源，打造政协文化影视作品

五星红旗已成为我们誉满全球的国家标志。但是，国旗是由谁设计的，又是怎样被选定为国旗的？在当下中国的年轻人中能说清楚的不多。中国人民政治协商会议是在什么背景下建立的？为什么中国共产党领导的多党合作和政治协商是我国的基本政治制度？一个用简易接受的传播方式，形象地再现人民政协创建与历史作用的电影，在我心中酝酿着。

我是电影编剧界的代表，1998年被推荐为第九届政协委员，怀揣对国旗诞生的神秘感，渴望了解背后鲜为人知的故事，开始查阅政协文史资料，特别有幸访问了中国民主促进会的创始人雷洁琼，她向我讲述第一届人民政协会议，是在2992幅国旗图案中，通过民主协商，投票选定的。后来知道是上海的一个职员设计的，在上海市山阴路145弄我拜访了五星红旗设计者曾联松先生。

一个普通市民把自己设计的国旗图案投稿，竟然在第一届人民政协被选

为国旗。一个公民、一个会议和国家之旗，成为我编剧的《共和国之旗》电影的主题。至今难忘在中央档案馆，查阅大量第一届政协有关国旗、国歌的史料和会议记录，当多数代表同意一颗红星下一条黄杠的红旗图案时，站出反对的是张治中将军，他说："我反对这个图案，红底国旗代表国家和革命，中间这一杠，不变成分裂国家和革命了吗？一杠子也代表不了黄河，老百姓会联想到一根棍子，像孙猴子的金箍棒。"

在分组讨论中，各抒己见，田汉一直坚持五星红旗的图案，为了更好地民主协商，毛泽东、周恩来在中南海丰泽园请郭沫若、黄炎培、沈雁冰等18位代表召开国旗、国歌的座谈会，协商听取各方意见。在1949年9月27日第一届政协全体会议表决通过五星红旗为中华人民共和国的国旗。

当我读懂国旗的诞生也就读懂了人民政协的性质，一国之旗采用了上海市民设计的图案，望国旗而生人民当家作主的感觉，透视了人民政协创建之始即坚守着"民主、团结"的方向。

我在第十届有幸进入全国政协文史和学习委员会，在筹划纪念人民政协创建60年选题时，王蒙主任说起了召开第一届政协会议是历经艰难险阻，有的委员为之付出生命的代价。冯玉祥将军接到参加会议的邀请，离开美国途经黑海在船上和小女儿被大火烧死；李济深是从香港地区冒险北上，乔装商人一路风险到达大连；张澜在上海险遭反动派特务绑架沉江暗杀，在地下党的营救下北上赴会；为阻止民革中央常委杨杰将军来参加大会，国民党派特务们在香港地区寓所将他杀害；新疆的政协代表阿合买提江、伊斯哈克伯克、达列力汗、阿巴索夫、罗志五位参会代表，在赴会途中，乘坐苏联飞机在西伯利亚起飞时撞山遇难，连同机组人员19名全部牺牲。看似开会，实际是一场惊心动魄的权力斗争，第一届政协会议有很多鲜为人知的故事，我们不讲，别人是不会知道的。

应该让更多的人知道，首先是我们今天的委员们。每当我佩戴胸卡，步入大会堂开会之时，抚今忆昔，想到第一届参会的委员们，冒着九死一生的危险，从香港地区、从敌占区奔向大会，倍加珍惜政治协商制度是在战火中催生的，更加珍惜民主团结之花是用鲜血浇灌的。

当我阅读文史出版的《第一届全体会议亲历记》，刘白羽清晰地记载，毛泽东以557票当选人民政府主席的情景，读后令我激动。怎样激活文字资料转化成电影艺术的形象，把人民政协会议从创建到完成建国大业的史实搞成剧本，抓住“政协会议”的召开，展开了大集会和大阻截、大团结与大暗杀的生死较量，这场决定中国命运的大会，充满惊险搏杀和危机四伏的悬念。

我把写电影剧本的想法向王蒙主任汇报，他让我写个报告。2007年12月7日贾庆林主席对电影《建国大业》做出“同意立项”的批示。

电影剧本是用脚写出来的，编剧必须要到实际发生地看看，我去了河北省阜平县城南庄，1948年毛泽东在这里发表“五一口号”，建议召开新政协会议成立联合政府。我又到了上海宋庆龄的故居，看到毛泽东邀请宋庆龄参加政协会议的亲笔信，能不能请来宋庆龄参加第一届政协会议是电影中的重要情节，我在故居看得很仔细，每一个细节都对我再现领袖的性格极其有益。为了弄清新疆五位代表牺牲的事实，特别向新疆政协文史借了一册《新疆三区革命史》，我从各民主党派的回忆录里，从香港地区护送民主人士北上的史料中，跃然而出“民主、团结”的主题。

由北京市政协主席阳安江组织召开了剧本征求文史委员的意见，大家认为，全剧的焦点是召开政协会，其目的是组建新政府的合法性，这个主题的提炼是以往表现1949年建国题材未有过的，是一次历史性的突破，卓然树起人民政协的历史作用。

我没想到，贾庆林主席在百忙中阅读了剧本，在2008年10月14日做了重要的批示：“在人民政协成立六十年之际，拍摄一部反映人民政协创建的影片，有着重要意义。全国政协大力支持。以文史学习委员会为主，予以积极配合，提供翔实资料，争取创作成一部精品力作。”让我更没有想到的是，全国政协办公厅还把剧本分发给在京的副主席征求意见，这是中国电影有史以来，从未有过的最高规格的重视电影剧本的创作。

很快，张梅颖副主席约我们交流剧本意见，她平易地向我们讲述关于她祖父张澜先生的感人细节，对剧本修改丰富了血肉。仅举小例，作为民盟领袖的张澜在政协会议上当选为共和国副主席，典礼要上天安门城楼，一身棉布长衫，戴着瓜皮帽，没有穿制服，这是张澜先生主动要求节省下做新制服的费用，留为新的国家建设使用，自己穿着夫人做的棉布长衫，母亲做的布鞋，参加典礼。老一代革命家廉洁奉公的品格令人感动。张梅颖副主席还送给我张澜先生的著作和画册，在修改剧本的日日夜夜，那位银白长髯为中国民主革命奋斗终生的张澜先生，时时出现在眼前。

召开一届政协会，接生一个新中国。从政协角度是纪念人民政协创建60年，从国家视角是庆祝新中国成立60周年。中宣部的领导非常重视这个剧本，亲自审阅，并决定作为新中国成立60周年献礼影片，剧本经重大革命历史题材小组审查通过，在广电总局协调下，授权许可由中影集团公司拍摄。

《建国大业》电影凝集强烈的爱国主义的民族精神，磁铁般地吸引了众多知名演员加盟，影片放映引爆了群众的爱国热情，创下4亿多元票房。后来改成同名小说，发行5万册，在盛大网络上有700万人点击。

贾庆林主席在十一届三次报告中总结说："参与拍摄《建国大业》等优秀影视作品，进一步扩大了人民政协的社会影响。"

二、激励委员发挥人才优势，开创政协工作新思路

人民政协是人才济济的群英会。面对文化大发展大繁荣的局势，我感觉会议一次比一次更加强调以科学发展观为指导，发挥政协人才优势、资源优势、渠道优势，围绕文化建设创新政协的工作，激励着委员建言献策，也激励着我们参与创作的欲望，提出新方案，不如亲自干，在实践中感知社情，在创造中验证提案。

《建国大业》的实践证明，政协文史资料具有独特的资源优势，内容丰富，保存悠久，亲力亲见亲闻具有高度的可信性，要激活这些文字资源转化成为文化产品，就需依靠创新的内在动力，这个动力源自于委员的自觉和理解，理解了才能深深地感受，有感受才能去创造。因为我身在政协，深知人民政协形成的基因和不能忽视的历史贡献，《建国大业》是有感而发，不是无病呻吟，不是仿造得势，更不是曲意迎合市场而作，是我做文史委员多年积累的情感，用电影手段表达对参与建国的委员们的敬意，正是1949年创建的人民政协，奠定了《宪法》中的政治地位，成为我们委员们今天行使职能的精神支柱。我的这个愿望，得到全国政协领导的肯定和地方政协的支持，上至主席、副主席，下到各界别委员，一个项目充分展现了政协工作在资源、人才、渠道的强势和优势。

当下文化产品发展的瓶颈同物质产品发展一样，决定其命脉的是能源。而政协文史资料是宝贵的矿藏能源。比如，1985年文史出版的《傅作义将军》，我看过多遍，身为国民党华北总司令的傅作义将军，为200万市民的生命安全，将25万国民党军队移交给解放军和平改编，八百年的古都免于战火摧残，保护了世界上独一无二的北京城，北平和平解放是我党统一战线工作的典范，以文史为镜，我由衷地敬佩这位第一届政协委员的民族大义。正如毛泽东主席评价，和平解放北平，傅作义将军是有功的，人民是不会忘掉的。

每当我参会期间，必有要求保护文物古建名人故居的联合提案，谴责房地产开发中不断地蚕食和破坏文化古建。这时，总是让我联想到傅作义将军为北京古都免于战火，交出军队向人民投诚的义举。这个形象不离不散，与当今破坏古建名居形成鲜明对照，提案是思考的结果，最终将思考结果酝酿成一部话剧形象，我参与编剧的《北平·1949》，在北京市阳安江主席、陈平副主席的鼎力支持下，在国家大剧院上演了！并请贾庆林主席、万钢副主席和北京市的领导出席观看，他们观后热情赞扬，傅作义将军的爱国爱城的义举着实让人感动。60年前傅作义将军为民族利益，没有背城一战而是开城求和。60多年过去，人民政协没有忘记这位第四届全国政协副主席在历史中所做出的抉择和贡献。

政协委员写政协委员，是近水楼台遇知音，是从文史资料中开掘蕴含民主与团结的精神矿脉。在《政协文史资料选辑》七十期，我找到刘长春回忆《我国首次正式参加奥运会始末》，记录了他1932年只身前往洛杉矶，参赛奥运会的往事，根据他的亲历史料，为迎接2008年北京奥运会，我编剧《一个人的奥林匹克》电影，再现了第五届全国政协委员刘长春，当年“一个人代表了一个民族”单刀赴会的英雄气概。

政协委员写提案、做发言，视察调研是履职的手段。十届以来，给我最大的感受是，强调政协工作的创新和进取，调动人才的优势。我的优势是写电影剧本，从写提案到写影片，我不是写商业片、娱乐片，而是瞄准政协人物、选定政协题材，创造政协文化的主旋律，面对浩瀚的文史资料，运用新手段，开拓新渠道，从扩大人民政协的社会影响和社会效果出发，让提案的思考和民主建言，不滞留在文案上，采用影视手段，寓教于乐，以史喻今，相互融摄，相得益彰。实践证明，通过感染人心的影视艺术形象，传扬人民政协坚持多党合作，肝胆相照的政治情怀，再现了政协委员参政议政的形象，在社会上产生了良好的感召力。

三、激发政协文化创新本能，打造政协文化新品格

在党的六中全会前后，贾庆林主席在报告中，多次鼓励广大政协委员积极投身社会主义先进文化建设，创作生产更多的优秀文艺作品，不断满足群众的文化需求。我感觉到了扑面而来的文化大发展的温度，也感受到了人民政协对自身文化发展的进取力度。

为纪念辛亥革命100周年，在贾庆林主席的提议下，我和陈宝光创作《辛亥革命》电影剧本，各地方政协和政协委员中辛亥革命者的后裔，纷纷向我提供素材和资料。我在随全国政协文史委员视察时，有意去辛亥革命发生地参观考察，寻找当年一些革命党人的生活细节。在广州的黄花岗起义的小东营旧址，在南京的临时大总统的就职地，在上海的孙中山纪念馆，在福建的林觉民故居，在武汉革命军起义的红楼，为我构思剧本起到了感性认识。

在人民政协积累了最丰富的辛亥革命的文史资料，如何在汪洋大海的资料中提炼出一个感人的故事？把这场改变中华民族命运的大革命再现出来，不仅是对我从事30多年剧本创作经验的挑战，也是能否填补中国电影史册没有辛亥革命故事的空白。面对重任和挑战，并未使我怯步为难，政协的资源、人才、渠道三大优势，成为支撑我创作的能源、能量和能力。

北大历史系教授王晓秋委员义务承担了历史顾问，文史与学习委员会卞晋平副主任召集了剧本研讨会，专家学者的意见是我修改剧本的灯光。致公党中央对这个剧目格外重视，孙中山从事革命与海外致公堂有很深的渊源，海外华侨对辛亥革命的捐助和参与，有史可鉴。我先后两次听取了致公党中央对于剧本的意见，怀着对先贤的敬畏之心，剧作重在表现孙中山1911年领导同盟会，推翻君主，创建民主，结束了中国2000多年的封建帝制，从“血染黄花岗、武昌城首义、阳夏保卫战、创建共和制”四个篇章结构了全剧。

孙中山先生作为民主革命的领导者，100年前发动这场震动世界的革命，使中国成为亚洲第一个推翻帝制创建共和的国家。“民主与团结”的主题，再一次像磁铁一样吸引着境内外多家制片机构踊跃投资，曾四次饰演孙中山的

台湾地区著名演员赵文瑄，放弃一切片约，执意要出演这个全景式展现辛亥革命中的孙中山角色。享誉国际的香港地区影星成龙，看过剧本后非常激动，主动放下自己要导演的电影《十二生肖》，前来主演驰骋战场的总指挥黄兴并任总导演。在全国各地响应全国政协常委会做出的纪念辛亥革命100周年决定之际，一批反映辛亥题材的影视片将纪念辛亥百年推向了高潮，缅怀孙中山，民族盼统一，《辛亥革命》电影在境内外上映都取得了很好的效果。

2011年9月19日贾庆林主席、王刚、钱运录、孙家正、万钢副主席一同观看并接见了电影《辛亥革命》摄制组主创人员。我至今还记得贾主席的讲话给予我们热情的鼓励，“运用影视艺术浓缩跨越百年的激荡风云，再现彪炳史册的千秋人物，对深切缅怀孙中山先生等革命先辈的崇高风范和革命精神，激励海内外中华儿女为中华民族的伟大复兴不懈奋斗，具有重要的现实意义”。

从提议创作到制作过程，再到影片宣传发行放映，身为编剧的政协委员，直接感受到全国政协的领导者高度重视和支持政协文化工作的创新，开辟政协文化的新手段，大力扶持政协文化的新成果，积极推动政协文化的社会影响力。

从《建国大业》到《辛亥革命》让我感受到，人民政协越来越重视引导委员，深入挖掘和打造以多党合作文化、民族团结文化、宗教和顺文化、新的社会阶层信义文化、海内外同胞同根文化为主要内容的统一战线文化。发动委员，发挥优势，发扬创新，以各种文化形式，打造具有中国特色的政协文化。

在大批文化作品中，融入了政协色彩，抒写了政协职能，树立了委员形象，开创了政协文化建设的新思路，在中华民族传承与发展的文化建设中，政协文化以独有的文化品格，成为民族文化的重要组成部分，成为向世人传播中国政党制度的窗口。

我做了三届委员，对人民政协历史和人物了解得越多，感情就越深，越有创作的欲望，老一代政协委员，人人都有故事，个个名不虚传，民主和爱国是他们的思想精髓。正是一代代政协委员为民代言，为国建言，舍身直言，拼命谏言，创造了感人至深的故事；正是这些心怀崇高信念、极富人格魅力的委员形象，铸造了中国共产党领导的多党合作制度，政治协商成为我国的政治命脉，为政协文化可持续发展储备了丰富的精神能源。

（原载于《人民政协报》2012年12月5日12版）

《义勇军进行曲》唱响我们的国魂

国歌是浓缩的国魂。今天，举世瞩目的中国人民抗日战争暨反法西斯战争胜利70周年的大阅兵，在200名护旗手将五星红旗插上旗杆，在解放军合唱团及所有人共同高唱《义勇军进行曲》，全世界再次都听到了、看到了中华民族："每个人被迫着发出最后的吼声，起来！起来！起来！我们万众一心，冒着敌人的炮火，前进！"这是自这首歌曲诞生以来最雄壮最宏大的一次胜利者的高歌，表达了中华民族威武不屈、不畏强敌、不怕牺牲、敢于斗争和争取民族独立自由的英雄气概。

我们在场的政协委员齐声高唱，前奏一响，即点燃每个人心中的激情，我们深知国歌是由人民政治协商会议第一届会议1949年9月27日通过决议，以田汉作词、聂耳作曲的《义勇军进行曲》作为代国歌。66年前，就在天安门广场上升起五星红旗奏响《义勇军进行曲》，中华人民共和国宣告成立了。今天，我们目睹着伟大的祖国在国歌声中走向民族强盛，国家强大，军队强壮，我们再度唱响国歌，无比豪迈地纪念中国人民抗日战争暨反法西斯战争胜利70周年，我发自肺腑地尽情高歌，仿佛感觉书写歌词的第一届全国政协委员、剧作家田汉就站在其中。

国歌是浓缩的国魂，歌曲的历史就是中国人民抗战的历史。1934年田汉编剧电影《风云儿女》，深深地被东北人民反抗日本侵占，不愿做亡国奴，组织抗日义勇军的斗争士气所鼓舞，为影片写下主题歌《义勇军进行曲》，在电影的传播下，成为唤醒民众，团结抗战的号角。1940年美国黑人歌唱家保罗·罗伯逊将其收录制唱片，向全球传播，成为世界反法西斯的嘹亮战歌。国民党远征军戴安澜将军将其作为二〇〇师的军歌，鼓舞士气。在民族救亡图存之际，田汉和聂耳代表中国抗战军民发出了独立于世界民族之林的最强音，一个编剧抒发了中华民族不甘屈辱团结自救的誓言。我在创作表现第一届人民政协《建国大业》电影时，查看到在选择国歌时的资料，有人提出要修改歌词，新中国成立了，不能再唱“中华民族到了最危险的时候”。经过民主讨论，毛泽东和周恩来赞成这种“安不忘危”的思想，认为新中国要达到真正安定、安全，还需要与内外敌人及各种艰难困苦奋斗。周恩来表态：“用原来的歌词才能鼓动情感。修改后，唱起来就不会有那种情感。”毛泽东也态度鲜明地表示尊重原作，要用就用原词。

国歌是浓缩的国魂，是一个国家和民族精神的核心。今天，当我们和国家主席一起高唱国歌，望着眼前升起的国旗和即将在眼前走过的三军雄师铁流，仅仅84个字的《义勇军进行曲》，表达了中华民族追求民主独立自由的精神宣言。诞生于抗击日本法西斯的硝烟血火之中的战歌，80年来成为中国人民心灵的鼓角和精神的火炬，在任何困苦的危难关头，中华民族万众一心，筑成我们新的长城，就能打败一切入侵者。今天，我作为电影界的政协委员，站在观礼台上激动地高唱这首诞生于电影插曲的抗日歌曲，一首歌能够历经风雨而成为鼓舞人民打击敌人的文化武器，成为一个民族生生不息、永不言败的精神支柱。艺术家站在民族救亡的前列，满怀爱国激情，呼唤人民，团结对敌，向法西斯发射精神轰击的炮弹，用文艺筑起抗击侵略者的铜墙铁壁。

国歌是浓缩的国魂。从来没有像今天在这样的时刻，唱响《义勇军进行曲》令我激动地流下热泪。我想起从“代国歌”到五届人大一次会议做出“修改歌词”的决定，田汉在“文革”中被迫害而死，他及他的作品都没有平反，做出修改歌词，最终以“集体修填词”而署名，由于概念化口号化而没有人唱，1982年五届人大第五次会议撤销了新词，恢复田汉作词、聂耳作曲的《义勇军进行曲》为中华人民共和国国歌，2004年修宪法时正式写入了《宪法》。我不能不为这次矫正而流泪，恢复了田汉的原词才使这首穿透历史风云的战歌得以传唱。事实证明，“集体创作”从概念化出发而修改国歌，经不住实践的检验，任何人都无法替代剧作家的真情实感，无法替代血与火熔铸的旋律，无法掐断穿越历史的大众呼声。

我们参观人民武装力量的阅兵，同时也是检阅我们文艺的创作力量，田汉和聂耳合作的《义勇军进行曲》历经沧桑岁月的检阅，终于成为我们民族精神的主旋律，成为争取民主、自由平等、不屈不挠、居安思危、团结对敌的国家核心价值观的表达。从天安门广场第一次奏响国歌之时，到今天庆祝抗战胜利70周年唱响国歌，这支伟大的战歌伴随着中国人民从弱到强，以大国风范屹立于世界东方。

国歌是浓缩的国魂，我爱国歌更爱国家。

（原载于《人民政协报》2015年9月4日11版）

媒体报道

王兴东催生《建国大业》

方 舟 涵 子

作为国家一级编剧，王兴东擅长重大题材和主旋律题材。《孔繁森》《生死牛玉儒》这些主旋律的电影都出自于他的剧作，特别是《蒋筑英》《离开雷锋的日子》使他两次获得华表奖最佳编剧奖，13届、17届金鸡奖最佳编剧奖，成为政府和专家都肯定的优秀剧作家。

《建国大业》是王兴东的又一次大手笔。

创意由来

1998年，王兴东为创作《共和国之旗》电影，前往中央档案馆去查阅了大量资料，在查阅过程中，他了解到第一届人民政协会议对国旗的讨论定夺。从那时起，他就在心里酝酿着要写关于第一届人民政协的电影。

酝酿已久的想法，源于对于人民政协的感情，特别是王兴东在十届全国政协期间，进入文史委员会，一次研究全国政协建立文史馆时，王蒙主任说起了，第一届人民政协成立之时，历经艰险，遭遇了重重阻力。冯玉祥将军接到毛泽东的邀请，为参加政协会议，离开美国途经黑海在船上被大火烧死；李济深从香港地区冒险北上，乔装商人一路风险到达大连；张澜在上海险遭反动派特务绑架暗杀，在地下党的全力营救下才得以北上开会；杨杰将军马上就要进京开会了，却在香港地区寓所被特务们杀害；新疆的5位代表在赴会途中，坐飞机在西伯利亚撞山，全部遇难……作为全国政协委员的编剧王兴东，应该把这一段故事写出来，并向人民政协成立60周年献礼。

搭建故事框架

王兴东面临的第一个困难就是如何结构这个故事，因为那时有不少诸如《大决战》《开国大典》等片子，虽然这些片子都是写毛泽东和蒋介石的斗争，但对于王兴东也是一个挑战，毕竟都是关于建国的题材。而王兴东写的就是开政协会，因为首先要开会才能建立共和国，那么这个会能不能开起来？怎么开的？开的结果？这就是全部的故事。一句话，就写开会，而且要有新意和创意，和其他的建国片子不同。

王兴东遇到的第二困难，也是最大的困难，如何搭建故事框架？如何选取重点人物？

参加第一届人民政协的代表有660个，每个代表都是一个精彩的故事、都是一本书，写谁不写谁都很难选择。最后，毛泽东作为中共主席，要实现多党合作，成立联合政府，必须请来这三位非中共的领袖：孙中山夫人宋庆龄、民革主席李济深、民盟主席张澜。于是，中心人物和主要人物的关系形成了，以毛泽东为主角，用“一个篱笆三个桩，一个好汉三个帮”结构的角度，重点表现毛泽东与宋庆龄、李济深、张澜三位非共产党的副主席肝胆相照、风雨同舟的情谊，避免流水账式交代众多人物，这个故事结构有了。

寻找故事精彩开篇

故事开端，如何引人入胜？王兴东去了毛泽东在城南庄遭遇轰炸的地方。

2007年冬，王兴东从石家庄租车，一大早就向90公里外的保定市阜平县的城南庄奔去。毛主席是1948年4月10日带领中共中央机关从陕北来到城南庄的。

站在毛泽东居所门前，看到那炸弹皮留在房前木柱上的深刻弹痕，讲解员向王兴东讲述着毛泽东涉险被炸的故事：“五一口号”（迅速召开政治协商会议，成立民主联合政府）发表后，5月18日早饭时，城南庄上空发现了两架国民党军用飞机。聂荣臻司令员大吃一惊，意识到情况危急，涉及毛主席的安全，马上让警卫人员通知毛主席躲避到防空洞去。于是，毛泽东被秘书和警卫人员放在担架上转移到房后的防空洞里，没离开多时，就见一颗炸弹正落在毛主席居所前，两间房子的前墙都炸塌了，屋里的东西被炸得一片破碎狼藉。这次空袭共投下4颗炸弹！

从电影剧作的角度看，毛主席遭遇惊险危机，为电影的开篇提供了紧张惊险的戏剧场面。

王兴东思索着，这次轰炸是冲着那个“五一口号”来的，蒋介石妄图从摇篮里斩断人民政协会议，从根本上扼杀新中国的诞生。

当王兴东把这个惊险的开端，告诉合作者陈宝光时，两人兴奋呼出，感谢城南庄！

小细节有助于人物刻画

在上海宋庆龄故居里，一楼是接待大厅，壁炉上方摆放着孙中山的巨幅照片，二楼则是卧室，洗澡间外面是一台英文打字机，楼上还有一架钢琴。此情此景，让王兴东仿佛看到了这位多才多艺的国母优雅地坐在那里弹钢琴，还有那部打字机也曾和她相伴。这些画面对他刻画宋庆龄非常有帮助。王兴东还看到了宋庆龄曾戴过的一枚印章金戒指，上面刻有她名字的英文字母缩写。在那个锋火硝烟年代，不少人捐助宋庆龄福利基金会，她用这些善款救济贫困的儿童和妇女，每有人来捐助，她会使用这个戒指印章盖章的，这个印章金戒指提示人物的特征，王兴东写到剧本里了。

写建国不能跳过“划江而治”国共两党的和谈问题，那么就要涉及和平将军张治中了。

2007年王兴东采访了张治中将军的女儿张素久，她是美国南加洲华人联合会主席，她讲起了张治中将军作为国民党政府的和谈代表团团长，1949年4月1日来北平和谈，毛泽东热情地接见他，两人进行了友好的谈话。由于国民党政府丧失人心，败局已定，周恩来劝其留在北平，张治中认为自己是政府代表团的团长一定要回南京复命。张治中执意让国民党政府派飞机来北平接他。张素久回忆起父亲这段往事时说，等国民党派来接我父亲的飞机到达北平机场时，父亲万没有想到我和妈妈从飞机上走下来了，原来是周恩来派上海的地下党把我们秘密接到机场，送上飞往北平的飞机，这样爸爸看到我们都到北平了，南京已陷落，还回去干什么。于是，他就只好留在北平了。张素久的回忆，对于深化主题是非常有益的情节。

一部影片引爆全民爱国激情

2008年9月底，《建国大业》剧本完成了，构思三年，终有揭开之时，王兴东先请妻子王浙滨看一下。两小时后，王浙滨眼圈发红地从房间里走出来对他说："这稿成了！你应该抓紧时间送审，离明年人民政协60周年只有一年时间了。听听意见你们还要改的，拍摄的时间，挺紧的。"于是，王兴东连夜加工剧本五套，分别送审有关部门。北京市政协和全国政协都非常重视。贾庆林主席将剧本批给了所有副主席审看。

《建国大业》剧本同时也报到国家广电总局赵实副局长，她是重大题材领导小组的负责人，她看完剧本后约王兴东谈意见，第一句话就是，剧本很好，史实性与揭秘性，惊险性与抒情性，结合得很好，我看宋庆龄和邓颖超谈孩子那场戏落泪了。后来王兴东将剧本许可授权给中影公司拍摄。

王兴东对影片采用明星的做法表示赞同："这就让电影的关注度更高了。"他认为这部片子，献礼的目标明确，选材的角度准确，操作的方式正确，放映的时间精确，宣传力度做得很大，诱惑力和吸引力引爆了全民的爱国激情，构成了影片最大的卖座点。

（原载于《中华儿女青联刊》2009年12月18日）

王兴东批编剧行业乱象：不少编剧成了枪手、抢手、扒手

王正昱

近日，国家广电总局在北京宽沟召开了影视创作大会，宣布将组织实施剧本精品创作工程，设立优秀剧本奖励基金。总局决定每年拿出3000万元，向全社会征集奖励好剧本，每个优秀影视剧本给予100万元到300万元奖励。作为全国政协委员、中国电影文学学会会长、国家一级编剧王兴东也参加了此次大会。他认为：“有奖励，证明主管部门认识到剧本对于影视创作的重要性，是好事！”此外，他也对目前编剧行业存在的一些“乱象”发表了看法。

“闭门造车变‘扒手’”

近年来热门的影视剧，相当一部分是改编自小说或翻拍境外剧，本土编剧原创的好剧本并不多见。王兴东认为这与目前编剧行业普遍存在的“惰性”有关，他称：“老一辈的编剧，创作剧本时都要去实地体验生活。现在很多编剧，整天就坐在家里闭门造车，看见有什么好的网络小说就扒下来，或者干脆抄袭别人的创意，再拿去卖个好价钱。这哪里还是编剧，都成了‘枪手、抢手、扒手’！”市场的急功近利是造成此现象的原因之一，王兴东称：“以前编剧体验生活，能申请到前期资金，现在市场化了，没人给你出这笔钱。一些投资老板，不给‘草’，却逼着编剧出‘奶’，这怎么可能？所以主管部门现在也拿出一部分资金对这些编剧进行扶持，有好的项目，你可以申请经费去完成创作。”

“一味戏说没未来”

在此次创作大会上，广电总局大力提倡现实主义题材电视剧的创作，并强调：“革命历史题材电影，不能戏说，不能胡说，对历史要有敬畏之心，历史不能编造、捏造，更不能篡改历史已经定论的人物形象。”这是否会限制编剧的创造力？对此，王兴东表示：“以电影《赤壁》为例，怎么变成因为曹操得不到小乔而发动战争呢？这就是篡改历史，一味迎合国外观众，可能编剧觉得结构类似古希腊的‘特洛伊战争’吧。加强现实主义题材的开发，不等于限制编剧的思维。中国电影史上的好电影，基本都是现实主义题材，因为这类题材能引起共鸣。如果一个民族的影视剧只是一味强调好玩，强调娱乐性，那是没有未来的。”

“奖励能激励创作”

过去一年，在全国各大电视台播出的电视剧超过上万集，公映的电影接近300部，但给观众留下深刻印象的影视作品却是凤毛麟角。有精良的制作，有巨额的资金投入，却没有好的剧本，这样的状况连普通观众都看在眼里。王兴东称：“正是基于这个原因，所以主管部门才决定拿钱奖励优秀剧本。近年的影视剧，题材就那么两三个，清宫戏、穿越剧、谍战戏，大家翻来覆去地看，已经感到腻味。”在王兴东看来，市场对于剧本仍然缺乏重视，“剧本是一部影视剧的立足之本。现在主管部门拿出钱来奖励，说明‘内容为王’已经被开始重视，希望可以通过这个政策刺激编剧们进行更好的创作”。

（原载于《羊城晚报》2012年2月17日）

访全国政协委员、《离开雷锋的日子》编剧王兴东

张 楠

两会召开前夕，全国政协委员、著名编剧王兴东在接受采访时，高兴地表示，15年前，由他担任编剧、创下北京当年10年以来最高上座率的影片《离开雷锋的日子》，将再次重返影院。王兴东说，他相信，有血有肉的原创电影是经得住时间检验的。

在今年两会上，王兴东最想说的是，当前，很多人耻笑艺术创作深入生活是笨方法，有些编剧靠想象而闭门造车，搞无土栽培，靠网络靠资料，甚至

从外国的碟片中改造内容编电影，这种创作方式是短命创作，我们的电影创作还是要回归到创作的本质上，保持深入生活的创作理念。

王兴东是国内著名编剧，他创作的《离开雷锋的日子》当年在全国取得7000多万元票房，受到广泛的欢迎。在北京上映票房收入580万元，有185万人走进影院，创造了北京近10年来最高上座率，乔安山的形象对传播雷锋精神，推动社会主义精神文明建设，起到良好的引领作用。

党中央再次提出学习雷锋精神的决定，让王兴东很受鼓舞。15年过去了，今天的年轻人再看《离开雷锋的日子》依然会感动而深思，社会道德建设离不开雷锋精神，一部有血有肉并赋予作者情感的原创电影依然有强大的生命力。这一些都源于编剧艰辛的智力劳动和勇于走向生活的发现。

王兴东说，为了写《离开雷锋的日子》剧本，他4次去铁岭市登门采访乔安山，并走访了雷锋班的4位战友。为了一个细节，一个人物，他不惜3天时间，深入辽阳农村找到乔安山的战友田生绵了解情况。王兴东说：我写《离开雷锋的日子》不是拿事迹去拼凑故事，而是全身心地去理解和创造人物形象，投入真情去创造。每一个剧本都是蘸着泪水完成的，只有我被感动后才有观众被感动。《离开雷锋的日子》不概念化，不说教，既能让观众感动，又能让专家赞赏，也能有市场效益。

面对《离开雷锋的日子》取得的巨大反响，王兴东表示，能写出反映时代呼唤的好剧本，得益于工会的培养，“我从部队复员到长春电影制片厂，靠自学成为电影编剧，5次获厂劳动模范和全国总工会授予的自学成才奖，让我清楚自己是工人的儿子，是国有电影企业中培养出来的创作骨干，我不愿自称什么灵魂工程师，大腕金牌编剧，我只有一种为劳动人民代言，为英模人物塑像的情怀，这种难以割舍的情怀，是我坚定不移的创作立场”。

从《离开雷锋的日子》《蒋筑英》《孔繁森》《生死牛玉儒》，到《建国大业》《辛亥革命》《共和国之旗》《良心》《法官妈妈》《一个人的奥林匹克》等，王兴东大部分创作都落在“主旋律”上，王兴东的目光始终没有离开工人阶级，没有离开劳动者。他写的28部电影，都是弘扬时代主旋律，传播核心价值观的主流题材。

（原载于《工人日报》2012年3月5日）

中国电影走出困境先要尊重编剧，鼓励原创

——专访中国电影文学学会会长、著名编剧王兴东

王聪聪　郑思琦

日前，第31届大众电影百花奖组委会宣布，从本届电影节开始恢复最佳编剧奖。谈及此事，年过六旬的中国电影文学学会会长王兴东用“众望所归”来形容。他认为，恢复编剧奖是一个风向标，在影视界乃至整个社会倡导尊重编剧、尊重原创的意识。

“原创疲软已成为中国电影发展的首要危机。当下的‘剧本荒’不是靠设立编剧奖就能立马解决的。”王兴东说，中国电影要走出发展困境，国家必须大力扶持原创，重奖原创，保护原创。同时，编剧只有汲取生活的源头活水，甘当电影产业的“开路先锋”，才能创作出优质剧本，为打造电影精品提供精彩内容和基础。

中国电影不缺导演不缺明星不缺资金，缺的就是好剧本

记　者：您从2008年起，就在全国政协会议等多个场合呼吁百花奖恢复设立编剧奖。您为什么能坚持多年为编剧奖鼓与呼？

王兴东：百花奖在1962年创建时，是注重奖励优质剧本的。第一届最佳编剧奖是夏衍、水华的《革命家庭》；第二届授予李凖的《李双双》。百花奖因故中断17年后，第三届（1980年）最佳编剧奖是陈立德的《吉鸿昌》。后来，百花奖却一直没设最佳编剧奖。连这样的国家级电影评奖都漠视编剧的作用，当然会贬低原创的价值，助长业内界外不把编剧当回事儿，很多制片人、

导演把在字幕、海报、媒体上消除编剧的署名权视为正常。这种连锁反应造成了编剧的生存状况日益严峻，创意被剽窃、作品被随意篡改等恶态丛生。

面对电影的百花奖，删除创作剧本的第一生产力编剧奖。让我想起了罗隐的描写蜜蜂的诗，“采得百花成蜜后，为谁辛苦为谁甜？”编剧辛辛苦苦地从无到有地创作剧本，结果拍摄成影片却都是他人的成就，没有编剧的地位，显然是不公正。

我们一直争取恢复编剧奖，不是为了争百花奖杯，而是为了维护编剧在电影版权经济中的法定地位和权益，在影视界乃至整个社会倡导尊重编剧、尊重原创的意识。

记　者：恢复编剧奖，能改变优秀编剧缺乏的现状吗？

王兴东：恢复评奖是一个风向标，可以鼓励好编剧，奖励好作品。但是，多年来，影视界舍本逐末，重导演、宠明星、轻编剧，光靠设立一两个奖就能立马出现大批的优秀编剧是不现实的。演员可以因为一个角色一夜成名，导演可能拍摄两部影片受到承认，而培养一个优秀的编剧需要长期的过程。编剧不仅是需要文学能力，也需要独立思考的能力。我们的国歌《义勇军进行曲》就是编剧田汉在《风云儿女》电影中留下来的，这是中国电影编剧自豪的旗帜。

记　者：您做了30多年编剧，在您印象中，轻视编剧是从什么时候开始的？

王兴东：大致有三个阶段：1981年我开始写剧本，当时无论多老资格的导演拍摄我的剧本，编剧的署名总是第一个出场。那时编剧的稿酬比导演和演员挣的钱还多。从20世纪90年代起，编剧渐渐不受重视了。因为受到电视的冲击，国产电影开始走下坡路，后来电影市场改革取消了文学部，编剧没了“娘家”，发表剧本的刊物也解散了，电影编剧转向搞电视剧的多了，有的改行经商了。2000年开始，编剧受到的不公正的待遇就更多了，电影中总监制、总顾问、总协调等一大堆名称被加到编剧前面。比如，影片竟然出现导演署名为某某作品，不仅践踏制片人权益，也把原创编剧的权益吞食了；甚至参加电影节却不能走红地毯；稿费被拖欠现象屡见不鲜。

记　者：轻视编剧给中国电影带来了什么后果？

王兴东：想当编剧的人越来越少了，想当导演的人越来越多了；深入生活的人越来越少了，闭门造车的人越来越多了；改旧翻版的电影越来越多了，自主原创故事的越来越少了。原创疲软已经成为中国电影发展的首要危机。现在中国电影不缺国际导演和大牌明星，不缺资金，缺乏的就是好剧本。

由于国内市场国际化，第一轮竞争就是比剧本创意。现在我们原创缺乏，改编和跟风比较多，比如把《哈姆雷特》改成《夜宴》和《喜马拉雅王子》；把四大名著拿出来拍了又拍。著名编剧柳建伟曾说，“在电影的生命维持不下去的时候，人们才知道生命的源头在哪里”。电影的源头就是编剧的原创作品，当外国影片打入中国市场时，如果能把编剧原创的质量提上去，我们就有了竞争的实力。

从中国导演一次次冲击奥斯卡的失败，说明了什么？同样是亚洲电影，为什么伊朗电影《一次别离》和日本电影《入殓师》就能赢得世界赞誉？特别是伊朗的《一次别离》，成本仅32万美元，拍摄手段也并不复杂，充分证明电影的核心竞争力在于原创内容。

好剧本要深入生活写成，但现在大多数编剧闭门造车

记　者：您的《离开雷锋的日子》等剧本都经过实地调查、采访撰写而成，您坚持电影剧本是用脚写出来的，像您这样肯花时间深入生活的年轻编剧还有吗？

王兴东：现在很多编剧是自由职业者，他们不是不想深入生活，问题是谁给出路费，谁给他们的工作提供保障？“春种一粒粟，秋收万颗子”，有播种才有收获，谁来拿出“一粒粟”的成本，让编剧深入生活，制片商只要剧本，不想播种。

我们电影文学学会的会员如果出去调查写剧本，学会有专门盖章的介绍信证明他的身份。对于自由职业者，想要实地调研太难了。我曾在全国政协会议上多次提案，国家要建立编剧深入生活的激励机制，可以像大学里申报科研课题一样，国家根据剧目选题，支付前期深入生活开发资金，扶持原创给足路费。另外，国家要重奖原创，鼓励原创，评奖中有所区别，原创与改编是不同的，原创中对于生活的发现与提炼，如果原创作品得不到肯定和保护，甚至被盗版侵权，那就没有人肯下去深入生活搞原创了。

记　者：现在是读像时代，优秀影视作品的教化作用尤为重要。一个好编剧应该深入生活，同时要有建设人们美好内心世界的责任感。您觉得呢？

王兴东：王安石有一句诗："糟粕所传非粹美，丹青难写是精神。"美国电影通过"007系列"向世界输出强烈的美国英雄形象和爱国精神，中国的电影《飞天》就是表达了中国航天员征服太空奇迹，能吃苦能拼搏的精神，越挫越奋的意志和精神。中国的电影也应当成为体现国家文化软实力的名片。

观众需要引导，需要征服。好剧本源于生活高于生活，是编剧深入基层的提炼，比观众看得更远，思考更深，所以能感染他们并得到他们认同。《离开雷锋的日子》为什么北京会有185万人走进影院观看，呼唤道德建设与观众产生了共鸣。应该承认，闭门编造的情节永远没有真实生活中发生的情节生动精彩，生活中处处有奇人奇事，就看原创是否有发现美的眼睛。

记　者：剧本创作的一个特点就是合作，既要满足影片制作的各种要求，又要坚持艺术的完整性和独特性。编剧应该为了导演、演员的要求改剧本吗？

王兴东：天下没有不改的剧本，百思得观众一见。老舍曾说"剧本就是锯本"。首先修改权在原创编剧手里。修改是再认识过程，坚守一个原则，它是否对塑造人物、深化主题有价值。现在，很多剧本未经原创授权，随意修改，为了增加某某演员的镜头，为了照顾某些利益而丧失艺术原则。

评电影编剧奖，必须要看文学剧本的，那是编剧的能力和智力结果。20世纪90年代以前有很多剧作刊物，通常编剧先发表剧本，大家对照剧本验证电影，而现在没有人找到剧本，从根本上批评监督电影。电影成功，荣誉是导演的；电影砸了，算是剧本不好。从四大名著的翻拍，就能比较出新、老版制作的高低优劣。同样，检验一部电影，要读文学剧本，再看电影就知道导演负责制作的水准了，《辛亥革命》的剧本发表在《中国作家》2010年第12期，已获得三个文学剧本大奖，如果能读到剧本，再剖析影片，会得出结论。编剧所以享有著作权，是从无到有的创作，白纸黑字，蒙不了任何人的。制片者是看剧本而购买版权使用的。当下影视界胡乱篡改原创的剧本，颠倒人物，肢解主题，破坏结构。这种恶习不依法扼制，中国难以出现像《哈利·波特》那样连续的电影。

用中国的资源做中国的菜，才能端上世界的餐桌

记　者：1968年，苏联倾举国之力拍摄《战胜与和平》，获得当年的奥斯卡奖，安德烈公爵的民族形象震撼人心。我国这样的作品在哪儿？

王兴东：2011年，中国年产很多部电影，但确实鲜活生动的人物形象匮乏。影视创作的能源在文学，而文学又源于生活。俄罗斯的剧本大多有非常深厚的文学功底，他们注重表现民族英雄，比如苏联的《战争》《这里的黎明静悄悄》，还有前不久俄罗斯和白俄罗斯合拍的《决战要塞》都很震撼人心。

我们要创作出鲜明的人物形象，除了从文化资源中挖掘出戏剧性的历史人物，最重要的是到社会的实践中去，感知人们的心灵的需求，发现鲜活的人物形象，就是时代的主旋律；日本人能用26年，拍摄了48部寅次郎的电影，我们的电影人也应该创作反映中国人形象的连续性的作品。

记　者：现在外国人也来挖中国的题材了，我们的编剧能否在世界文明中做最优美典雅的民族文化的忠实者？

王兴东：随着信息化和媒体的发展，世界相通了。好莱坞制作的《花木兰》《功夫熊猫》等中国题材的电影，在全球范围内获得成功。我们守着如此丰富的资源，如何把资源大国变成电影产业的强国，只有用我们思考发掘中国题材，表达中国人的情感，用中国的资源做中国的菜，才能端上世界的餐桌。

记　者：政府能为鼓励剧本创作做些什么？

王兴东：中国电影走出困境先要从尊重编剧、保护原创、多出好剧本开始。第一，尽快出台电影法，规范电影行业秩序，依法保护电影版权，坚决打击非法侵权和盗版。第二，鼓励原创，培育原创，电影发展不能搞大跃进，急功近利是不行的，剧本创作不能搞一窝蜂，要像蚕吃桑叶那样细细咀嚼酝酿，才能织成锦缎。政府要加大投资于剧本题材和人才的培育经费。第三，电影走出去，首先编剧要走出去，给编剧更多出国采风的机会，与世界交流，创造国际合作的剧目，才能做大中国电影。第四，培养和提倡编剧们自编自导的一体化创作方向，像《钢的琴》的编剧张猛，弹响了自编自导的最强音，一部反映东北老工业基地失业工人的生活，震撼人心的现实主义力作。从柯达帝国的倒台、米高梅公司的解体，宣告传统的电影生产方式已显露颓势，数码时代全面

到来了，电影制作不再神秘，只要有好的内容和故事，像《一次别离》并不用复杂的手段，照样将感人的故事讲给世界听，它成功地说明，感人的电影不是紧抱过去，不是重复前辈的旧梦，而是要汲取生活的源头活水，认真地关注现实，表达真情实感。编剧承担视觉文学的创作，也应该承担视听作品的制作，这是未来的方向。

（原载于《中国青年报》2012年8月9日）

华语电影要走自己的路

栾　翔

第86届奥斯卡奖的各个奖项将在美国揭晓。“小金人儿”究竟花落谁家，一些中国的电影爱好者们在翘首以待之余，也常隐隐感觉怅惋。究竟中国电影该如何发展？全国政协委员、中国电影文学学会会长、著名编剧王兴东给出了自己的答案：中国电影要走自己的路。

王兴东对奥斯卡奖虽然有期待，但认为中国电影应当自信起来，不要唯外界评断是瞻，要以汉语文化的深厚底蕴为基，走出有自身特色的光明前路。

“奥斯卡主要是英语电影的奖，得不得奥斯卡其实并不能说明中国电影的发展水平。”王兴东在接受新华社专访时说。他认为，包括港、澳、台在内的中国电影产业应当联合起优势能源、能力和能量，以中国文化为基础的华语电影不应效颦好莱坞，而要增强自己独有的吸引力、感染力和影响力，将发展的目光投向文化软实力的全球传播。

王兴东说，电影作为一种老百姓喜闻乐见的艺术手段，在推进核心价值观的进程中作用重大。华语电影的观众遍布全球，拥有非常庞大的观众群体，而电影中蕴藏的中国文化有着深厚的根基，必然传达着相比西方电影有所不同的韵味和含义。

王兴东说，作为政协委员，他去年就提出要将大陆的金鸡奖、台湾地区的金马奖、香港地区的金像奖三“金”合一，打造华语电影的“奥斯卡”，让美国大片也来参评“华语奥斯卡”的“最佳外语片”。

他也强调，西方电影还是有许多值得中国电影产业学习的地方，只是在学习的过程中，切忌照搬好莱坞模式、隐没了自己的文化特色。

（原载于新华网2014年3月3日）

把对国家民族的理解放大到银幕上

朱　婷

从《离开雷锋的日子》《蒋筑英》《孔繁森》，到《生死牛玉儒》《法官妈妈》，再到《建国大业》《辛亥革命》《父亲邓小平》，王兴东编著的影视剧，几乎都成了一个时代的经典，为人们耳熟能详。

作为中国电影文学会会长、资深编剧，也是连任四届的老委员，王兴东始终把“弘扬时代主旋律”作为自觉追求，强调作品的社会责任感和正面能量。

他说：“我们都处在这个时代，感受到了时代的温度，一个饱受苦难的中华民族，正在经历前所未有的伟大社会改革，需要的是进步的鼓声，需要照亮心灵的阳光。”

纵观王兴东早期的儿童电影，到工业、军旅题材，再到英模人物和重大历史叙事，始终不忘以人为本，他在生活中发现群众中涌现的代表人物，在剧作中深情地创作时代人物，用双肩将杰出的人物扛上银幕，展现他们人性中美好的情操，温暖亿万观众的心房，让那些失恋的、失业的、失学的、失所的、失望的观众看到了生活的希望，激励他们对于未来充满期望。用他的话说，写电影要对得起观众珍贵的两小时。让人们在审美中，感受时代进步脉搏，给人以美好的享受熏陶，是创作者的社会责任。

银幕抛下攀登梦想的悬梯

王兴东是普通工人家庭的孩子，上中学的时候，一次全校包场看《小兵张嘎》，他没有去看，因为舍不得花那1角钱。后来听同学都说《小兵张嘎》好看，他自己单独去看了，感动和刺激，久久不愿离开影院，电影如同魔法般从银幕抛下一架寻梦的悬梯，激起他少年攀登的理想。

“文革”改变了所有人的命运，他初中没有毕业就上山下乡，插队农村，开荒种地，修过水库，劳动之余，知青们组织宣传队，吹笛子、演样板戏、自编快板，为农民演出，体味乡村文化的快乐。两年后应征入伍，来到长白山下，驻守中朝边境的边防团队。在延边军分区宣传队中，为边防哨所演出，有时哨所里只有几个战士，为反映他们的生活，同吃住，同巡逻，特别是看到军犬与战士在风雪中巡逻的情景，这些亲历的生活，没想到后来都被王兴东写进剧本。

1975年，刚刚恢复生产的长春电影制片厂，要从工农兵中选拔人才，充实到电影创作队伍中。那架电影的梦梯悄然地伸向王兴东，由吉林省军区的推荐，他考入了长影，中途退出现役，放下枪杆，拿起笔杆，在长影总编室开始了剧本工作，当时，一批来自延安的老编剧于敏、胡苏、纪叶，给了他一生的影响，坚持延安文艺座谈会讲话的精神，视生活为创作的唯一源泉。王兴东说，我永远不能剪断生活与创作的脐带，是深入生活的四字真经，实现了我银幕写作的梦想。在共同的创作观念下，结识了他的妻子王浙滨，两人共同谱写了表现劳动人民的赞美旋律。

电影剧本是用“脚”写出来的

《明天回答你》是两人合作的第一个电影剧本，讲的是电子时代，机车厂数控机床的技术革命，为了获得真实的素材，王兴东夫妇俩利用探亲假期，从长春到大连机车车辆厂深入采访。

头一天就挨了批评，那天下着雨，鞋被水泡坏了，当兵出身的他，竟然光脚去了机械车间。晚上，他回到住房，发现厂工会的同志在门口等他，严肃地批评他今天赤脚进车间，一旦铁屑划伤脚，那是安全事故，车间要问责的。说着，来人递上来一双新雨靴，让他使用，工人兄弟的这份关爱令他至今难忘。在女职工澡堂洗澡的王浙滨，女职工们发现她怀孕六个月，惊讶而感动地说：“哎呀，肚子这么大了，还跑到车间来采访！”感动才有行动，于是职工纷纷给他们介绍采访对象，帮助提供图纸和生产细节，很快夫妻俩熟悉了内燃机数控车床的加工程序，写出第一部处女作。

为了创作《蒋筑英》电影剧本，再现英年早逝的中国知识分子的代表人物，他不满足于大量的报道资料，不依赖那些过滤后平面素材来编写。他买辆自行车，骑车从长春电影厂到长春光机所深入生活，熟悉了解这位在光学检测中做出杰出贡献的、43岁离世的我国著名光学大师王大珩的弟子，科研题材难写，光学家更难写，于是，他采访熟悉蒋筑英的每一个人，从图书管理员，到修镜头的工人，凡是与蒋筑英打过交道的人，能找到的他几乎都找了。与蒋筑英的父亲通信20多封，从长春到四川，历时一年，前前后后采访了60多个人，做了20多万字的笔记。记得在四川科学院采访数学家孙国良，说起一件小事，他和蒋筑英到菜市场买菜，看到菜牌上把“韭菜”，写成了“九才”，蒋筑英非让人家改过来，对方满不在乎，蒋筑英自己亲自改过来，认为公共场合不能写错别字。这个细节如获得至宝，一下子照亮了蒋筑英作为科学家较真的性格。

编剧是从无到有的发现，如同沙里淘金，正是一点点采集的情感的碎片，蒋筑英的形象从模糊逐渐变得清晰，写作中王兴东似乎连蒋筑英的呼吸都能听得清楚。这部电影获得首届华表奖最佳影片奖，王兴东获得最佳编剧奖。这部电影在科技界引起强烈的反响，尊重知识，尊重人才，解决中年知识分子的生活和科研的问题成为全社会的共识。

电影剧本不同写小说，坐在家里可以臆想。王兴东认为编剧是肩负着观众的眼睛去发现，看到环境中的人，才能写好真实的人物。当下，很多人认为网络代替一切，以网络搜索代替深入实际，其实，闭门造车永远代替不了编剧在生活中的真情实感，电影是有目共睹的，观众打假的手段简单，就是不看。他认为好剧本是用“脚”写出来的，每一个场景、每一个细节，先让自己感动，才会感动观众。

深入生活就是深入人心

“我做编剧，先是把自己当作萝卜，浸泡在大众生活的酱缸里，体味到群众的喜怒哀乐，酸甜苦辣，浸透到我的内心，泡成了咸菜，这才有了创作的情感能源。”王兴东阐述创作与生活，作者与群众的关系。

近40年的编剧生涯，他到过工厂、农村、学校、监狱、法院、部队，了解人，熟悉人，解剖人，创造人。他回忆1986年去老山前线采访，看到牺牲和受伤的战士，记得一个20岁的战士，双腿被炮弹炸断，当送到医院抢救，他苏醒过来问大夫："我的腿能接上吗？"大夫避开了他热切的目光，点点头。然而当教导员来看望他时，沉吟半晌，劝说他以后学点修表之类的技术吧。王兴东看到这位年轻伤员父亲从山东老家赶来，一看到儿子炸断的双腿，坐在轮椅上，心被揪起来，而随同来的未婚妻，看到这等伤残，第二天就回家了。至今王兴东不忘那个年轻战士的稚嫩天真的脸庞。深入前线才能感受战争，才能发现那些想象不到的细节，战士们在猫耳洞里，用32个手榴弹盖，做成了一副象棋。一个战士遗物包裹上放着一盒烟和一张纸条，上面写着："亲爱的战友，我已经离开了，请吸烟吧，谢谢你为我收拾好行李。"那一瞬间，王兴东受到极大震撼，一次深入，两次输出，在前线采访的日子里，创作了《我只流三次泪》《陆军见习官》两部电影，表现了对战争中的人，探讨战争与和平的主题。

艺术关乎人的情感，有输入才能有输出，深入才能高出。王兴东认为，编剧只有迈进老百姓的门槛，作品才能走进人们的心坎。在写蒋筑英、雷锋、孔繁森、牛玉儒、许海峰等英模人物时，在采访中把自己当作受教育的对象，自己被人物所感动，才能写出感动人心的人物形象。

他采访蒋筑英的妻子路长琴多次，每次谈起精通五国外语的丈夫蒋筑英早逝的痛楚，路长琴泪水涌出，国家失去栋梁，家庭失去支柱，抚养两个孩子的重担压在这个女人身上，王兴东掩饰不住地流泪。后来，路长琴看过影片感动地对王兴东说："蒋筑英去世，来采访的记者有200多人，唯有你，像亲人一样怀念他，写出感人的好电影。"

在山东省聊城孔繁森家里，知道孔繁森特别孝敬九旬老母，身为地委书记的孔繁森，想带老母看岳光楼，他没有派公家小车，而是用自家人畜两用的地板车，拉上90多岁的老母进城观光，王兴东看到停放在院内的地板车，让妻子王浙滨坐在车上，自己拉车走了几圈，转动的车轮，让他充分感觉和体会孔繁森对母亲的孝心和党员干部不动用公车廉洁奉公严于律己的良心。

看到少年管教所里孩子们，这是让他最纠结的场景。独生子女都是家庭中的天使，如何堕落到铁窗高墙之内。在写《法官妈妈》时，王兴东跟随着海淀法院尚秀云法官家访失足少年，到少管所里搞帮教，与一个少年犯交了朋友，给他们通信寄书。《法官妈妈》做到挽救一个孩子就是挽救一个家庭，无数的家庭构成我们和谐的社会。王兴东深有感触地看到当下社会道德的缺失，严重污染了孩子们成长的环境。由此，他曾多次提案抵制不良影视产品对于孩子们的诱惑和影响。深入到少年犯管教所，看看那些家长的悲痛，就知道我们应该为社会提供什么样的影视作品，深入生活实际上就是深入人心，倾听民众的呼声，表达他们的愿望，才能让影片与观众产生共鸣。王兴东说，电影是用银幕架设从群众中来到群众中去的心灵桥梁。

让银幕映照出民族复兴的伟人身影

很多人不知道我们的国旗是怎么诞生的，由谁设计的，他有幸采访了雷洁琼老人，了解第一届人民政协经过充分的民主讨论，投票选定了由上海市小职员曾联松设计的国旗，他创作了电影《共和国之旗》。王兴东46岁被推荐参加第九届全国政协委员，平台高了，视野宽了，故事多了，使命强了。

中华人民共和国是怎么诞生的？王兴东参加全国政协文史和学习委员会，掌握丰富的政协资料成为他创作的资源。第一届人民政协的召开成为他创作的故事。

毛泽东与《建国大业》孕育而生，他跑到河北省阜平县城南庄晋察冀边区根据地展览馆，1948年毛泽东发布“五一口号”，提出要召开新政治协商会议，建立人民政府。口号提出18天，国民党派飞机轰炸了毛主席驻地。王兴东还钻进了后山当年毛泽东躲避敌机的防空洞里，深有感触地思考，在这样的小山村里，毛泽东敢于吹响建国的进军号，开会的地点还没有确定在哪里，各民主党派、各社会团体是否能参加，这个会能不能开成，在查阅大量的史料，他又到西柏坡、南京“总统府”、宋庆龄故居等地实地考察。以“一个篱笆三个桩，一个好汉三个帮”结构全剧，写毛泽东为代表的共产党人如何请来民革领袖李济深、民盟领袖张澜和全戏女主角孙中山夫人宋庆龄，形成《建国大业》故事核心。由文史委向全国政协办公厅报告了王兴东的想法，在人民政协成立60周年，推出影片，扩大人民政协的社会影响，此建议得到贾庆林主席等领导高度重视并给予大力支持。张梅颖副主席详细谈了剧本的修改意见，对于其祖父张澜形象塑造提供了宝贵的细节。

王兴东承担创作孙中山与《辛亥革命》的电影，是为纪念辛亥革命100周年。全国政协领导提出的任务，得到很多辛亥革命后裔的政协委员们的支持，纷纷提供资料，他在广州、福州、武汉、上海参观辛亥革命旧址，孙中山家乡和上海故居，搜集大量资料和看到实物细节。北大历史系教授王晓秋委员热心给予指导。通过“血染黄花岗、武昌城首义、阳夏保卫战、创建共和制”，再现了伟大的革命者孙中山，为了实现振兴中华的梦想，发动武装起义，推翻君主，创建民主，结束了2000多年的封建制度。一代伟人孙中山的银幕形象激励着我们实现民族复兴的梦想。

改革开放是党领导的新的革命，作为经历者和见证人，王兴东目睹着国家在改革中强大和崛起，他不能不关注总设计师邓小平。十年前，他去过江西南昌陆军学校，参观邓小平“文革”期间谪居的地方和劳动改造的新建县拖拉机修造厂，采访当年同小平夫妇一同劳动的女工程红杏，她说起当年小平同志在车间做钳工，67岁的老人半天劳动，夜晚还要给邓朴方翻身，每天坚持洗冷水澡，从不间歇在院里散步思考，三年零四个月踩出一条长长的小道。王兴东被一代伟人的坚定信念、忍辱负重的精神感动，正是“文革”的浩劫，倒逼出邓小平对国家前途的思考和改革的雄心，他创作剧本《父亲邓小平》，经过邓榕同志的审看和指导授权拍摄。

作为四届“老委员”，王兴东说：“银幕播种了我少年的梦想，银幕成就了我的职业，银幕又成为我政协委员创造时代人物，表达‘民主、团结’两大主题的社会窗口，把对国家、民族的理解放大到银幕上，为国家写史，为民族塑像，为人民立传，是我不放弃的使命。”

（原载于《人民政协报》2014年5月20日）

要用文艺作品播下法治的种子

赵　杨　郑照魁　梁文悦

“我们需要什么样的艺术作品？”“文艺工作者如何在走市场与提供健康精神食粮之间取舍？”近日，相关话题在全国两会现场以及网上引起热议。

针对网友关心的话题，南方报业传媒集团全国两会全媒体直播室邀请全国政协委员、中国电影文学学会会长王兴东做客在线访谈。作为电影《孔繁森》

《离开雷锋的日子》《建国大业》等知名影片的编剧，王兴东说，文艺工作者要沉下去，挖掘典型，弘扬正气，“这也是一个文艺工作者的时代担当”。

谈《黄克功案件》
拍反腐题材推动公平正义

去年，王兴东创作的电影《黄克功案件》在国内引起了很大反响。很多网友问他，为何要拍摄这样一部反腐题材的电影？故事是真实的还是虚构的？是否为了配合当前的反腐工作？

王兴东介绍，电影《黄克功案件》源于一个真实的历史事件。1937年，黄河边发现一具女尸，破案发现凶手竟然是抗日军政大学第三期第六队队长黄克功，他因逼婚未成而枪杀16岁女青年刘茜。作为一名经历过长征的老红军，在抗日战争爆发的情况下，黄克功最后还是被处以极刑。

为了还原当时的场景，王兴东专门到延安的档案馆查找资料。他指着复印下来的毛主席当年对此事件写下的亲笔信，念道：“共产党与红军，对于自己的党员与红军成员不能不执行比一般平民更加严格的纪律……一切共产党员、一切红军、一切革命分子都要以黄克功为戒，不要居功自傲。”

“这是从严治党，从严治军的典型案例。”王兴东说，杀了黄克功，也是敲响了警钟，整肃了队伍。中国共产党取得革命、建设的胜利，信仰与纪律至关重要。“这部电影与当下全国正在开展的反腐败斗争产生了共鸣。”他说，这个时代需要这样的影片。

王兴东说，创作反腐题材的文学作品需要有对公平正义的信仰和对法治的追求，关键还得深入生活，“写反腐题材，最终是为了推动实现公平和正义”。

谈好作品创作
要有使命感并对社会负责

有网友问：“您怎么看现在个别电影导演‘向钱看’，电影粗制滥造的问题？”

王兴东说：“人们看一部电影、一本书，一定要获得精神享受，如果看过觉得生活没有希望，或者看了就去打架、自杀，这样的作品就是负价值的产品。”他说，艺术家要认识到自己的使命感，不能为了钱，急功近利地生产劣质产品。

有网友说，自己的孩子因为爱看暴力影片，性情变得越来越暴力、越来越不听话，希望导演们为了孩子，不要再拍这样的影片。

对此，王兴东说，当年他写《法官妈妈》这部影片剧本的时候，曾去采访少年犯。他说，自己当时分发了100份调查问卷给孩子们，发现那里65%的孩子都看过色情影片。“如果我们生产的精神产品都掺杂着黄赌毒，那会影响多少孩子和家庭？作为一个编剧、一个父亲、一个公民，我觉得要对社会负责任。”他说，文艺工作者生产作品要像医生开药一样，治病救人。

王兴东还说，当前我国正在全面推进依法治国，文艺工作者在普法方面责无旁贷，应通过文艺手段将宪法的条文演绎成生动的故事。他认为，影视创作应该更多聚焦依法治国、从严治党，文艺工作者要用好的文艺作品在人们心中播下法治的种子。

王兴东还说，提供这些精神食粮，不能粗制滥造，不能憋在房间里写剧本，要深入基层，深入调查采访，认真研究，“创作人自己先被感动，才能感动别人”。

（原载于《南方日报》2015年3月11日，摄影：梁文悦）

有信仰的人，才能出好作品

王　卓

记　者：习近平总书记在文艺座谈会上曾告诫文艺工作者，要认识自己所担负的历史使命和责任，坚持以人民为中心的创作导向。对此您认为新时期文艺工作者的作品应如何做到既有正能量又能接地气？

王兴东：我们生活在这个时代，感受时代的温度、激情和热情，那我们就应该挥笔弘扬我们时代的正气。我们现在处在全面建成小康社会、全面深化改革、全面依法治国、全面从严治党的时代，文艺工作者的责任就是用文艺作品来形象地进行宣传教育。作品是否反映群众的心声，标志着你这个作家是不是站在人民的立场。以人民为中心写作，就是到人民中间去感受他们的喜怒哀乐。现在一些作家不深入生活，不去感受生活，架空自己，写出来的东西没有真情实感，变得非常虚假。习近平总书记的讲话对于我们写出更多代表民意的东西，创造一些可歌可泣的民族正气形象，是非常有意义的。

记　者：您参与创作的电影《黄克功案件》公映后在各界引起了很大反响，这场审判尽管发生在70多年前，但在推进全面从严治党的当下，它的意义依然历久弥新。您认为文艺创作者应该如何赋予历史题材以新的时代内涵？

王兴东：记得当时我去中央档案馆查看史料时，从群众发言到审判书，除了听不到历史人物的呼吸声以外，其他的思想都活在当今。毛泽东同志当年讲，自己的党员与红军成员不能不执行比较一般平民更加严格的纪律，要以黄克功为前车之鉴。联想到今天对周永康、徐才厚等的查处，更加印证了党没有特殊党员，铁的纪律、铁的规矩、铁的章程就是高压线，谁都不能碰。这部片子把我们的历史坐标划到70多年前，中国共产党从严治党、依法办事、执法为民，赢得了民心、赢得了天下，这个片子的历史作用和今天是一致的，有强大的冲击力。

一部好的作品的诞生，靠的是作家的信仰，是你的热爱，你的真情实感，是你想用历史对社会表达你的看法。我们今天讲历史的故事，都有现实意义。历史像一面镜子映照今天，像一座警钟敲响，警戒我们以史为鉴。我们用电影将中国共产党严肃党纪从历史角度拉长，让人们回望中国共产党成长的脚步，当年杀了黄克功，为党敲警钟，今天我们推进全面从严治党、整治腐败，大得民心，国正民心顺，官清民自安。

记　者：从反腐相声小品登上央视春晚的舞台，到一批影视剧作品陆续亮相，您怎么看待反腐题材文艺作品发挥的宣传和警示教育作用?

王兴东：影视作品起到了一个在舆论上围剿腐败的作用，全社会倡导廉洁之风，清除腐败滋生的心灵雾霾很重要。文艺主要表现人情、人性、人道和人格，人的腐败发自内心世界，我们文艺作品也主要是影响人的心灵工程，用文艺来塑造清正廉洁的人格。一个有信仰的人，相信党的力量的人，有创作热情的人，勇于实践和深入生活，用真情实感才能创造出好的作品。临时抱佛脚，质量没个好，写出来的东西也打动不了观众。

记　者：当前，中国电影市场持续繁荣，在您看来，主旋律电影创作应该如何适应电影市场的发展，被更多的观影群众所接受，真正弘扬社会正气?

王兴东：主旋律代表时代精神，就是歌颂劳动人民的真善美。一部分急功近利的人以为喊出口号就是完成任务了，电影质量不好，人物也没塑造出来。现在的主旋律作品必须打假，打概念化、粗制滥造、简单公式化。要真正用心去创造一部精品，有信仰的人才能拍好主旋律作品。艺术源于生活又高于生活，这给我们作家提出新的问题，如何去深入生活、提炼生活、高度准确地把握生活，创作出好作品，同时又改变人们的生活。虚情假意骗不了观众的眼睛，首先感动自己才能感动别人。

记　者：三年多来，党中央以雷霆万钧的手段惩治腐败，以明规矩替代“潜规则”，净化政治生态，社会风气浊气下降、正气上扬。对此您怎么看?

王兴东：中国共产党从严治党，大得民心。执行八项规定就是不放松，真抓实干，一年见初效，两年见增效，三年见大效。风气变坏不是一下子，而是渐渐的，就像箱子里有两个腐烂的苹果，你要是不拿掉，就全烂了。我们党只要把规矩立起来了，铁的纪律就是高压线，谁触犯谁触电，党风就一点点扭转过来了。现在风气越来越好，老百姓特别拥护，全面从严治党重新塑造了我们党在人民心中的形象。

记　者：中国自古以来就是个“人情社会”。有人说，正是无处不在的“人情社会”人际交往原则，不断侵蚀人们的理性选择，给“腐败亚文化”和“苍蝇式”腐败滋生提供了土壤。请谈谈您对“人情社会”的感受和思考。

王兴东：人情是人性的一部分，是人与人之间产生关系而自然形成的，但是进入文明社会之后，那就有法律了，有家风、村俗、民规，必须要遵守。过去封建社会是用血缘关系来决定人情，现在是由共同的纲领和信仰决定的。比如军队共同杀敌的战友情，医生救死扶伤的信仰。现在社会上有些人没有信仰，只信奉钱、权。人情社会变成纯粹的人情关系，第一个就在于缺少信仰，第二个在于缺少信仰下的规矩。信仰是我们的精神支柱、精神基因、精神家园，有信仰的人是尊重规矩的。人不是没有感情，为了不让人的感情过度放肆自己的欲望，就有了规矩和制度。规矩和制度形成以后，我们必须在规矩之下从事人与人之间的交往。

记　者：您认为我们应该如何吸取传统文化中的精华，抵御“腐败亚文化”的侵袭，引领社风民风？

王兴东：历史不是从今天开始，中华五千年历史上有很多为官一任造福一方的清官，比如海瑞、包公、于成龙。有些王朝为什么寿命短？跟不廉洁有很大关系，因此历史的教训很重要。有些家风的培养，比如孔融让梨、岳母刺字，这些都应该反复地讲。中华传统文化是深厚的，像老汤，要从中吸取真正的补骨髓、补基因的东西。传统文化中有很多清廉的素材，很多关于做人的道理。儒家特别讲究自律、内省，修身齐家治国平天下。应该把传统文化精髓的东西拿出来，让很多干部学习，从古典文化中汲取营养。

（原载于中央纪委监察部网2016年3月4日）

“好作品是用脚写出来的”

——全国政协委员、电影《邹碧华》的编剧王兴东谈如何扶持编剧深入生活潜心创作

周　渊

“一部优秀影片的诞生，首先掌握在原创即编剧手里。编剧不干，产业瘫痪。”这几天，全国政协的小组会议正紧锣密鼓地进行，会上碰撞出不少精彩观点，全国政协委员、中国电影家协会副主席王兴东建议，要加大力度扶持

编剧深入生活进行创作。

曾创作《离开雷锋的日子》《孔繁森》《建国大业》等优秀主旋律作品的著名编剧王兴东，谈到自己的创作经验，说的最多的一句话就是："好作品是用脚写出来的。"在接受本报记者独家专访时，王兴东讲述了他为电影《邹碧华》创作剧本的点点滴滴，并阐释这个时代编剧如何能写出好作品。

脚走到、眼看到、心知道，笔才能写到位

王兴东说，虚情假意写不出好作品；只接受别人咀嚼过的东西，永远无法获得真实、生动的感受。他举了一个直观的例子："别人说山楂是酸的，你就会流口水，但只有自己尝了以后才知道，它的回味是甜的，内部还有几个核。"

去年，他接到为"燃灯者"邹碧华创作电影剧本的任务，"都知道法官难写，所以尽管有很多材料，我还是坚持去实地看一看"。23天里，王兴东重走了一遍邹碧华的人生路——从他的出生地江西省奉新县，到生命燃尽的上海瑞金医院抢救室，处处都留下了王兴东的足迹，"他从小就是苦孩子，出生六个月就由不会说话的外婆带大，直到上小学语言能力都很差，但他的演讲水平那么棒，可想而知付出了多少努力"；"他与爱人是大学同学，为了爱人放弃了北京的工作，回上海投简历、学上海话"；"他家有上万本书，虽然学法律出身，但为了搞好信息化，他自学了统计学、云计算，是真正的学术型法官"……这些生动的细节，逐渐还原出一个有血有肉的邹碧华。

编剧功夫也在诗外，王兴东和送邹碧华去医院的司机成了好朋友；为了写好共产党员的信仰，他多次去中共一大会址实地感受；回来后，他看完了邹碧华所有的演讲视频，"啃"完了邹碧华所著的专业书籍《法官心理学》和《要件审判九步法》。采访时他几度流下眼泪："邹碧华为司法改革修改了32稿，他也只说'改革若不能往前推，也要一点点向前拱'，这种精神令人动容。"

"只有脚走到、眼看到、心知道，笔才能写到位。"这是王兴东从于敏、张天民等老一辈电影人那里继承的优良传统，也是他多年创作实践的总结：为创作《离开雷锋的日子》，他四次前往辽宁省铁岭市，发现撞倒雷锋的乔安山，揭开雷锋22岁的生死真相，这部电影当年在北京市创下最高上座率，185万人走进影院；《黄克功案件》剧本创作耗时近9年，他查阅历史卷宗，遍访案件故地、档案馆、资料馆等，在推进全面从严治党的当下具有现实意义……

值得一提的是，王兴东此次带来的建议“将梅汝璈故居纳入全国重点文保单位”提案也正是在赴赣采访途中所了解到的。他说：“中国人民不能忘记这位大法官———历时924天的远东国际法庭审判中，他维护了中国人民的尊严。”

有感于此，王兴东为电影《邹碧华》设计了这样一段台词：“大城市的一切是非和罪恶，最后都要进入法院，法院是这个城市之秤，法官就是看守这杆秤的人，一定要守护公平公正。”

生活是艺术之源，有信仰的人才能写出好作品

“从一棵树到一片林，需要浇灌养护；从一个人的精神追求，到一群人的道德修养，需要文化的传播，需要精神的感染。这其中，文艺作品担负着启迪人心的任务，一些有骨气、有温度、有信仰的艺术形象，滋养着人心崇善的基因。”王兴东如是说。

我们这个时代需要怎样的编剧?

“编剧要致力于出好作品，表现民族精神、善良之心、慈爱之心，树立正面的偶像，引导年轻人树立正确的价值观。”王兴东认为，目前影视行业存在重导演、宠明星、轻编剧的问题，剧作家因此闭门造车多、真情实感少，建议加大力度扶持编剧深入生活进行创作。

“作品是否反映群众的心声，标志着作家是不是站在人民的立场；以人民为中心进行写作，就是到人民中间去感受他们的喜怒哀乐。如果没有信仰，千篇一律的机械化生产、快餐式消费，粗制滥造产生了一大批文化垃圾，比如现在的‘抗日神剧’，丑化敌人就是矮化自己。”王兴东强调，生活是艺术的创作之源，“很多经典作品都是作家将自己浸泡在生活中，反过来，又把生活泡在自己的心血里。电影学院教艺术创作理论、解剖别人作品的创作方法，唯有深入生活这一必修课是学校教不了的，必须从生活中实践、感知。”

此外，王兴东还持续关注着原创版权保护。他谈到，从1981年“电影法”

提出，到《电影产业促进法（草案）》出台，历经34年，令人振奋，但应强化其中版权保护的内容。“电影的核心是版权经济，剧本版权是电影版权的基础，编剧的权益应该保护好，原创高于一切，这样才能产生经典作品，作者才能享受权益，没有法律保护原创，就容易粗制滥造。”

“我作为一个作家，今年已经65岁了，没有多大体力再来创作，但我希望把深入生活的经验传递给下一代。”王兴东说。

（原载于《文汇报》2016年3月9日）

“要借剧作家之手激活档案中的历史人物”

崔珍珍

全国政协委员、中国电影文学学会会长、著名编剧王兴东在接受本报记者采访时建议：“档案馆不要过于神秘，要向成熟的编剧和作家开放，善用剧作家之手激活档案中沉睡的历史人物，使之成为活生生的影视形象，再现在视频中，走进党史课堂，让更多的党员和群众了解历史、培育信仰，传承核心价值观，也可以将一些重要的党史资料、文献编入课本，进入中小学生课堂，成为学生道德与人格教育的感人教材。”

王兴东说：“如果历史是一棵大树，档案就是这棵大树的年轮；如果寻觅国家走过的历程，档案就是留下的所有足迹。每个历史人物的思想、观点、著作、行为，每个历史事件的分析、判断、决策过程等等，都记录在这些宝贵的档案中。我由于从事电影编剧，去过中央档案馆，查阅资料，创作了《共和国之旗》《建国大业》《黄克功案件》等电影剧本，没有档案存储的资料是无法完成这样重大的革命历史故事创作的，可以说档案是文学艺术创造的宝藏。”

王兴东明确指出：“现在很多抗战雷剧违反历史的史实，胡编乱造，东拼西凑，扭曲历史，既没有史实的支撑，也没有去档案馆查阅史料，更没有深入调查并了解这些人物。实际上，丑化敌人也等于矮化自己。现实题材也好，历史题材也罢，剧本是用脚写出来的，脚走到、眼看到、心知道、笔达到，人物和环境才能写得准确、真实、可信，写历史题材必须把背景资料了解透、研究透、理解透，才能刻画得有血有肉，笔下的人物才能有思想、有性格、有灵魂。”

“档案应该成为文学家开发的原油矿藏”，王兴东建议，“档案馆要为文学创作提供更多便利，开放档案，给文学创作者更多的空间和机会去发现档案中的优秀历史人物，哪怕我们在档案馆附近租房子住着查档案，我们也愿意。这样，馆藏资料像原油一样，通过艺术的加工提炼，成为文学创作取之不尽的汽油，为影视剧创作提供最可靠最有力的前进能源，特别是载入党史中的经典案例，比如《黄克功案件》为党风廉政建设、从严治党，依法治军、坚定信仰提供更好地服务。”

王兴东委员特别向本报记者强调，向剧作家开放档案馆的大门意义重大，档案不仅仅为研究党史写材料而使用的，应该让档案资料插上文艺的翅膀，让淹没于历史之中的可歌可泣的人物，从躺在纸袋中飞翔起来，飞上银屏，飞到千家万户。以史为鉴知兴替，以人为鉴知得失。我写五星红旗怎样被选中的，就是在档案馆中查阅到了第一届人民政协选择国旗的真实经过，并看到了设计者曾联松对五星红旗设计的说明，看到真实的史实才知道国旗是上海职员曾联松设计的，这就是我写的电影《共和国之旗》，看档案资料透视了第一届政协会议的历史使命有了认识。于是，人民政协成立60周年，即新中国诞生60周年之际，创作了《建国大业》电影剧本，第一届人民政协在《共同纲领》下成立了中华人民共和国。档案就是历史，历史是要敬畏的，不能随意歪曲历史的方向和走势，更不能随意丑化和美化历史人物，档案不是一堆历史信息垃圾，而是严肃的历史法官判决，所有人的言行记录在案，真实地并永久地嵌镶在历史的岁月中。艺术家的任务是从中感受和理解，认知和挖掘，提炼和塑造，再现人物的精神世界，当然，如何塑造历史人物，必须要有信仰的力量才能写出有信仰的东西。信仰不是自然产生的，而是从档案这个宝库中吸取真正共产党员的信仰，那些为党的宗旨而置生死于度外的坚定信念，扑面而来，传染心灵之中，尽然流淌笔下，表现历史大势，弘扬历史正气，复活再现更精彩的历史人物。现在，看到那此不做历史考证，随意篡改人物，戏说崇高理想，靠拼凑、嫁接、异想天开，都属于急功近利，亵渎艺术，难出真品。其实真实历史发生的故事冲突之尖锐、戏剧矛盾之深刻、情节之复杂是编剧都想不到的。当下，电影出现很多穿越，或者胡编妖魔鬼怪的东西，除了个人癖好外，资源缺乏也是内因的表现。北京电视台办的《档案》节目，是一档很受观众欢迎的节目，说明人们非常关注历史，这是党的奋斗中，国家发展的历史，理应成为艺术创作的无穷资源。

在谈到《黄克功案件》电影剧本创作，王兴东拿出了中央档案查阅的1937年10月10日毛泽东写给审判长雷经天的信，一共243个字，其中很多观点对于今天从严治党、严明法纪都有警世作用，“……但他犯下了不容赦免的大罪，一个共产党员、红军干部而有如此卑鄙的，残忍的，失掉党的立场的，失掉革命立场的，失掉人的立场的行为，如若赦免，便无以教育党，无以教育红军，无以教育革命者，并无以教育一名普通的人……正因为黄克功不同于普通的人，正因为他是一名共产党员，是一名多年的红军，所以不能不这样办，共产党与红军对于自己的党员与红军成员不能不执行比较一般平民更严格的纪律。这就是党纪高于国法……”这件档案表明了从严治党的决心，是如今开展从严治党的生动教材。《黄克功案件》已经列入党校的电化教材，电影已经保存在中国法院博物馆。所以，文艺创作离不开档案部门的支持，档案要服务于繁荣文艺创作，特别是载入党史中的经典案例，完成四个全面推进，实现“中国梦”是重要的历史支撑，让档案能够借剧作家之手教育广大党员，激活档案中沉睡的历史人物。

（原载于《中国档案报》2016年3月14日）

用法律规范电影产业

谢　颖

今年3月1日，《电影产业促进法》正式实施，让中国电影文学会会长王兴东非常欣慰和高兴。电影立法，是他作为全国政协委员十几年的呼吁。

当前，中国电影市场吸引了世界各国电影投资人的目光。不过，十多年来，伴随电影产业的高速发展，种种市场乱象也逐渐出现：票房造假、水军炒作、盗版侵权……在王兴东委员看来，规范电影市场，营造良好环境，必须依靠法律。

“现在我们评价一部电影，习惯于用票房说话，‘唯票房’论。电影兼具社会效益和经济效益，用数字来衡量显然是片面的。”王兴东指出，此外，现在票房欺瞒、数据造假十分严重，是电影市场不正当竞争、畸形发展的表现。

《电影产业促进法》明确规定，电影发行企业、电影院等有制造虚假交易、虚报瞒报销售收入等行为，扰乱电影市场秩序的，由县级以上人民政府电影主管部门责令改正，没收违法所得。情节严重的，责令停业整顿；情节特别严重的，由原发证机关吊销许可证。王兴东认为，“法律就像是一把利剑，能够整治电影市场的种种乱象。规范有序的市场环境，需要法律的保护和促进。”

“近年来，我一直建议全面提高保护原创的法度，加强打击侵权的力度。抄袭剽窃者应列入黑名单，整肃行业道德。要维护作者的各项法定权利，激发创新活力，繁荣原创成果，纠正一些舍本求末的行为。”王兴东认为，《电影产业促进法》覆盖了电影产业链的各个环节，包括创作、摄制、发行、放映等，比如对原创和知识产权保护也有相关的规定，非常有利于促进电影创作的发展。

“把电影产业发展纳入法制的轨道，才能使其在时代的快车道上更稳、更好地前行。”

（原载于《人民政协报》2017年3月第7668期）

读书是要接受最先进、最优良的文化知识

3月5日上午9时，十一届全国人大三次会议在人民大会堂开幕，国务院总理温家宝做政府工作报告。温家宝在报告中指出，文化改变一个民族的命运。新的一年，我们要更加重视和大力加强文化建设。继承和弘扬中华民族优秀传统文化，吸收和借鉴世界各国文明成果，建设中华民族共有的精神家园。积极开展对外文化交流，增强中华文化国际影响力。8日下午，全国政协委员张抗抗、王兴东应邀做客人民网文化频道金台会馆栏目，共同解读温总理的政府工作报告，并详细介绍今年他们的提案情况。同时，两位委员也就网友关注的热点问题做出回应和解答。

组图：张抗抗、王兴东委员做客人民网谈文化热点

王兴东：读书是要接受先进的、传统的、最优良的文化知识。

王兴东：人脑和电脑都有一样的功能，就是得先有输入然后才能输出，你不能大量地吸收别人的东西就没法输出，所以作为作家要多看，我要写《建国大业》，需要看大量的书，把别人的直接经验化为自己的间接经验，这是一个人的智慧。作为一个国家，如果不大量地吸收国外的、文明的、先进的制度，没法创造自己民族的形象，这是从国家战略意义上说。所以总理说要继承我们民族的好的优良文化传统，同时要借鉴世界文明的东西。

读书是要接受先进的、传统的、最优良的文化知识，你才能去创造，没有吸收就不可能创造，作为一个创造的民族必须是一个学习的民族，所以说总理还是高屋建瓴地谈出这个问题。比如我现在要维权，我这本小书（《著作权法》）走到哪儿带到哪儿，打官司我得用，上火车也得翻。看到网络，我还知道有网络的传播权，你不读这个东西就不懂。所以说，现代社会进入了不光是你自己的直接经验，同时要把别人的直接经验化作自己的间接经验，作为一个文明的人才能推动一个社会的文明。

张抗抗：现在比较遗憾，我们很多人会把时间浪费在游戏、麻将上，有时候觉得很可惜，因为一个不读书的民族是很悲哀的，一方面我们写作的人对自己的要求是能够写出更多的好看的书，让人愿意去看，但是也希望我们的网友，能给我们这些创造文化产品的人多一点支持，也希望他们能够积极地来关心图书。

其实我们每天的阅读量很大，熬夜，因为要读很多放不下的书，所以兴东委员说首先要输入才能输出。我这次还有两个提案，都是关于著作权保护的，还有一个提案是关于加强网络著作权保护的提案，因为现在网络发展越来越快，现在有很多网络文学，网站和网站之间的问题，搜索引擎带来的一些问题，这个我也都有一些建议。还有一个关于加强著作权集体管理机构的提案。

张抗抗：广电总局、中国文联令我们感到遗憾。

王兴东：直到提案被采用为止，不然我们坚决要提到最后。

张抗抗：我们去年强调了（这个问题）以后，得到了媒体广泛的支持和各类朋友的关心，但是很遗憾，2009年两会结束以后，广电总局和电影局、中国文联办公厅给我们的答复是让我们比较遗憾的。广电总局、电影局的答复是这么说的，“电影华表奖已设有优秀编剧奖，电视剧飞天奖设有最佳编剧奖，这两个奖项的评选范围既包括原创作品，也包括根据原著改编的作品”。他们认为可以包括，但实际上是不能包括的，最佳编剧是指的你这个编剧编得好不好，他都没有对于原作的肯定，不能体现出来，所以才需要有一个“最佳改编剧本奖”，就是根据文学作品改编。

主持人：反观一下事实，这些年来有没有奖励过一次原创的？

王兴东：很少有人提到根据谁的原作改编的，原作也不会上台，也不会宣传原作，首先编剧都很少宣传，抗抗讲得非常有道理，我们要想科学地、法律性地把它说清楚，一个是发现权，一个是发明权，但是改编作者在发现权和发明权以后，完成了一个发展的权利，如果设立这样一个奖项，就是双重的奖励，中国文联说设编剧奖就包括了原创和改编。

张抗抗：中国文联是这样回答的，“中国电影金鸡奖最佳编剧奖可以涵盖最佳原创编剧以及最佳改编两个方面，因此不必进行调整”。我们对这样的答复当然不能赞同了，而我们把它分清楚的原因，是在于唤起我们这个民族的创作活力。

王兴东：我们想电影中的门类是很多的，就说演员吧，我们设一个最佳表演奖，既包括了男演员奖，也包括了女演员奖，不仅有了最佳男主角奖和最佳女主角奖，而在剧作上，剧作是电影的根本，剧作是电影的母体，我们刚刚听了温总理的报告，要加速文化产业的发展，并且创造经济奇迹以外，还要创造中华民族文化的辉煌，这个文化的辉煌特别是指电影、电视、动漫、图书，它们的母体是什么呢？它们的核心就是个人的创造才能、个人的智力成果，所以更需要保护文学的成果。因为电影的核心就是一个故事、就是一个人物。所以，我们设计最佳剧本奖和最佳原创奖的核心就是保护这个产业的基础，保护这个产业的根源，如果不把这个保护好，影视产业是没法发展的。所以，影视产业是棵“摇钱树”，是以文学为根、以文学形象为命，演员如果没有剧本怎么会演出这个角色呢？所以我们说剧本使演员有了角色，剧作使导演有了工作，所以我们讲剧本是很重要的。

美国编剧罢工以后，好莱坞再大不也瘫痪了吗？好莱坞把剧本分成两个奖，是非常科学的，也是有序的，也是有法理根据的，所以我们这次又提出来。

我们俩并且表示了决心——直到提案被采用为止，不然我们坚决要提到最后。

张抗抗：因为他去年给我们的答复有认识上的问题，就是他还没有真正认识到它的重要性。为什么我们一直在讲，我们要建立创新型社会，就可见我们的创新很不够，为什么创新不够呢？因为那些创造要花很大的力气，几年孜孜以求，花了很多人的心血，创造的成果不能得到尊重和保护，所以现在很多人的创造能力就会萎缩，我们更担心的是这一点，如果长此以往，大家都拿现成的东西来了。

王兴东：我们两个能够坐在人民网再次谈关于设“最佳改编剧本奖”这样一个奖项，虽然是一个项目，但是一个大的话题，这说明我们政协委员是有自己的政治主张的，是有我们自己的参政议政意志的，不是说我们提案了，你这么答复我们就接受了。只要我们坚持的是科学发展观、只要我们坚持的是符合法律制度的，我们依然向政府进言，这次政府报告还说我们要建立一个公开透明的办公方式，让权力在阳光下进行，并且我们还有批评政府的权利。这次总理报告中反复强调了关于廉政政府和服务性政府，所以，我们希望这次提案应该被认真坐下来研究，现在我们可以提倡一个对口协商，你可以找我来研究商量，或者我们进行论证。我们希望通过人民网，不仅希望公民关注，还要引起作家的关注，虽然是一个奖，但是这一个奖说明了你头脑中有没有尊重原创和尊重首创的权利意识。

张抗抗：奖励其实仅仅是一个象征，或者是一个手段，但是它确实是一种尊重和承认。设这个奖就表明文学作品有它应有的地位了，这个奖实际上是非常重要的，它会带来更多的良性的循环。

王兴东：为了说明原作授权的重要性，今年春晚发生了一件事情很有意思，也是一个焦点话题，就是黄宏和巩汉林拍了一个小品叫《两毛钱一脚》，后来发现这个故事出自于著名的文化人马未都的《量力而行》。后来这个《故事会》把它改编成一个小故事登出去了，他们就根据这个故事拍的，后来发现原作是马未都，就得找他去授权，当然中央电视台的剧组态度不好，你愿签不签，马未都很生气，“我是原始的作者”，后来春晚领导提出来了，马未都提出要15万的许可使用费，而且他表示这15万交给他会如数捐出。后来央视的领导答复了，说我们把这个节目撤了，这就是今年的春节晚会，虽然大家没看到这个节目，但是我作为一个编剧，对这个没有上演的节目更加感兴趣——这是马未都维权的一次胜利！什么胜利呢？就是未经原作者许可，你的节目是不能演的，即便是央视这样的媒体，也得把节目撤下来。

王兴东：我们《著作权法》可以这样概括："作者第一，原创老大"，从《伯尔尼公约》里来看，即便是这个影片拍成了片子，但是我要把它改成京剧，或者动漫，不是找制片人，必须得找到原作进行授权，所以我想春晚的《两毛钱一脚》，踹下的是一个结果：就是让尊重作者的权利不再是一句空话，中国人的著作权的意识正在提高！

张抗抗：《伯尔尼公约》里有一句话："原创权利是最高权利"，而我们始终对这个问题还没有提到高度上认识。还有一个，有关方面认为现在的奖项已经很多了，不要再增设奖项了，不要再节外生枝了，多一事不如少一事。一个是本身他没有搞清楚这个奖项的重要性，第二，这个事情不是一成不变的，不是说我们减少压缩奖项就意味着那些有价值的奖项就不能设立，我们作为政协委员有责任坚持自己认为是正确的意见。

主持人：二位能预测一下，这次提案能通过吗？

张抗抗：不能预测。

王兴东：这次提案有很多要求，总理讲了，要求公共制度要公开，像我们政协委员第一个是协商，第二个是议政，第三个是监督。我们希望这次凡是制定答复的人要跟我们口头协商，他想写一个文件把我们对付过去，那是不可能的，通过人民网这样的网站，我们高举维护知识产权的旗帜，一个民族如果没有自主创新，如果没有创造智慧的成果，这个民族是不能繁荣的。这次总理在政府报告中强调文化是一种力量，是证明国家力量的一种体现，文化力量和军事力量、经济力量、外交力量等同起来了，怎样达到文化力量，没有作家的聪明才智，创造出一个个文学形象，你怎样打造一个文化产业？所以尊重知识、尊重人才不是一句空话，首先在法律上要有这样的认识，在全民内心中也要有所提高。你在读一本书的时候，首先知道这是作家通过劳动创造出来的，所以首创是非常重要的。

王兴东：我从法律角度说一下为什么设计改编奖的意义，电影和电视经济是个版权经济，比如改编的版权是文学的版权，文学的版权经过艺术的改编创造出来了。我们今天提改编奖意义在哪儿？今天是中国版权一百年，在这个时候提出来版权的意义，它有署名权，同时要有荣誉的权利，因为我们希望能够考虑“最佳改编剧本奖”，让人们有这样一个意识。

刚才你提到一个问题，为什么大家没有这个意识呢？问问演员们，如果没有这个剧本，你演什么，问问导演，如果没有这个小说，怎么有剧本，没有剧本还导什么。所以我们今天非常感谢人民网请我们作家和编剧做这样一个节目。现在我们的文化产业飞速发展，过去很多人都淡漠了知识产权意识，现在整个世界进入了知识经济的时代，知识产权的构成，著作权、商标和专利，《著作权法》颁布20年了，今天来讲全民要普及法律，所以我们不能侵权，不能盗版。所以，电影产业要发展，打击侵权和盗版，电影产业要上去，剧本是第一生产力。

（原载于人民网2010年3月5日）

加强爱国教育，建议邵逸夫事迹写入教材

王龙龙　舒　珺

近日全国政协委员、中国电影文学学会会长王兴东在接受记者采访时指出，应该加强学生的爱国教育，将中华民族的传统文化精神继承下去。“我们现在的教育手段发生了很大变化，有些中华民族传统的美德教育都丢失了，仁义礼智信忠孝节义这些东西都该教，现在大家对中国的文化了解得越来越少。”

在采访中，王兴东呼唤国人的爱国意识，指出很多学生在国内读完义务教育、读完大学到美国、到其他国家去读研，然后留在国外工作，加入他国国籍，这是花国人的钱、国人的劳动为别人培养人才，这是缺乏爱国教育导致的。

王兴东指出，国家应该树立一些优秀的典型人物，宣扬那些为中华民族做出杰出贡献的人物，培养年轻一代的爱国主义精神。“我举个简单例子，今年

1月17日去世了一个伟大的中国人，是搞电影的邵逸夫先生。邵逸夫虽然是搞电影出来的，他有强烈的爱国主义精神，他搞电影搞电视挣的钱捐献给中国的教育界的逸夫楼6000多座，相当于300多亿，我们很多党员领导干部做不到，但邵逸夫先生做到了。更重要的是他赚的钱设立了逸夫奖，逸夫奖包括天文、医学和卫生三个奖，每个奖都是100万美元，奖励全世界这三方面的优秀专家，相当于东方诺贝尔，诺贝尔还没达到100万美元呢，但是他做到了。”

由此，王兴东评价邵逸夫为“一个伟大的爱国者，伟大的民族英雄”，建议将其事迹写入中小学教材，让孩子们学习他的精神和事迹。

（原载于中国网2014年3月9日）

让宪法深入人心

——王兴东委员“宪法日”提案背后的故事

我是一名老政协委员，十几年来每年“两会”都能够阅读和讨论“两高”报告，了解我国法治建设步伐，依法治国是时代命题，也是政协委员们高度关注的内容。拿我自己来说，我对宪法有着深深的感情，从《宪法》“序言”就可以了解苦难的中国经历了近代史上多少次艰苦流血的斗争，推翻了几千年的封建制度，终于取得了人民当家作主的今天……

1998年，我成为一名全国政协委员。为创作电影《共和国之旗》，我有幸采访了中国民主促进会创始人雷洁琼，她向我讲述第一届人民政协会议在提交的2992幅国旗图案中，通过民主协商，投票选定了国旗图案。而由于她在一届政协参与起草和修改《共同纲领》，我又得以了解到《共同纲领》诞生的历史。1949年，中国共产党邀请各民主党派、社会团体、人民解放军、各地区、各民族以及国外华侨等各方面的代表635人，召开了中国人民政治协商会议，代表全国各族人民的意志，在无条件召开全国人民代表大会之前代行人民代表大会的职权，通过了《中国人民政治协商会议共同纲领》，作为临时宪法的功能，为中华人民共和国宪法诞生夯实了第一根支柱。

由第一届人民政协通过的《共同纲领》作为基础，渐进发展和修改成为今天这部体现人民意志和国家性质的《宪法》。了解这段历史，我认识到人民政协与宪法历史的密切联系，更加理解作为政协委员的使命和对宪法的感情。从此开始学习宪法，加深对宪法的认识。

2004年两会期间，第十届全国人民代表大会第二次会议通过了第四次宪法修正案，我有幸参与宪法修正案的讨论，反复阅读。这次会议之后，我总是随身带着一本《宪法》，经常翻阅，经常研究，有时在一些会议中还要读出来，这么多年过去了，纸页都已经磨损得很厉害。

《宪法》序言明确表述：“二十世纪，中国发生了翻天覆地的伟大历史变革。一九一一年孙中山先生领导的辛亥革命，废除了封建帝制，创立了中华民国。”为此，我创作了电影剧本《辛亥革命》，在纪念辛亥革命100周年时全国放映。

《宪法》序言铭记着：“一九四九年，以毛泽东主席为领袖的中国共产党领导中国各族人民，在经历了长期的艰难曲折的武装斗争和其他形式的斗争以后，终于推翻了帝国主义、封建主义和官僚资本主义的统治，取得了新民主主义革命的伟大胜利，建立了中华人民共和国。”为了更好地形象地宣扬《宪法》所表述的这段历史，我创作了电影剧本《建国大业》，在纪念人民政协成立60周年时全国放映。

《宪法》是国家的根本大法，是体现国家制度和人民意志的大法，多年来，并没有引起社会和公民的重视。2005年我参加了一次全国政协的视察活动，在福建省的一个企业，看到员工人人学习《宪法》。负责人介绍说，宪法是国家的法上之法，是最高的法律，规定了国家的性质制度，也规定了公民的权利和义务，我们要学好《宪法》，做好企业，其他的规章制度文件呀，都是一阵风，唯有《宪法》是一个国家的定海神针，是我们公民的护身法宝。这件事情让我很受震动，《宪法》在这里，已不是架空的法律条文，而是切实为公民所掌握、所遵守、所运用的利器。《宪法》如同大钟，不撞它是不会响的，做宪法保护下的守法公民，所以加强《宪法》的普及和宣传非常重要，让人们熟悉和认知《宪法》，在全社会形成崇尚宪法、遵守宪法、维护宪法的氛围。

2012年，为了提高公民素质，加强精神文明建设，中央决定“深入开展学雷锋活动，采取措施推动学习活动常态化”。如何使学雷锋活动常态化？长期以来，把学雷锋活动搞成一阵风，三月刮过一场空。面临这种情况，多年来对宪法的认识让我对学雷锋有了新的思考，首先雷锋不是英雄，是坚守社会主义道德的模范，是践行宪法履行公民权利与义务的典型代表，常态化只有长久化才能做到，我想起那个企业要求职工学习宪法的意义和目的。在十一届政协五次会议上，我在大会上发言，建议结合学习宪法学雷锋。

《宪法》第二章从第33条到第56条规定了“公民的基本权利和义务”，雷锋模范地践行了。比如，公民有劳动的义务，他从湖南积极投身到鞍钢参加劳动建设。公民有保卫祖国、抗击侵略的职责，他积极入伍尽到了服兵役的义务。国家厉行节约，反对浪费，雷锋节约箱做得好。特别是第53条“公民必须遵守宪法和法律，保守国家秘密，爱护公共财产，遵守劳动纪律，遵守公共秩序，尊重社会公德”，雷锋做得最出色。他是抚顺市的市人大代表，情系群众，为帮助灾区主动捐了自己攒的100元钱。

《宪法》是每个公民必须遵守的活动准则，雷锋是自觉履行法定义务和社会责任的模范公民，结合学习《宪法》学雷锋，更有普遍的和久远的作用。谁遵守了《宪法》规定的公民的基本权利和义务，谁就是活着的雷锋。我的观点得到了委员们的热烈鼓掌和赞同。

今年两会前，我像往常一样准备提案工作。我的夫人王浙滨是北京市政协委员，我们经常一起讨论提案，这次我们都想到了“宪法日”的问题。设立宪法日在法律界已有相关的呼吁，我们国家没有专门的“宪法日”，只有一个“全国法制宣传日”。2001年4月26日，由中共中央、国务院转发的《中宣部、司法部关于在公民中开展法制宣传教育的第四个五年规划》中明确提出，将我国现行宪法实施日即12月4日，作为每年一次的全国法制宣传日。13年来，产生了良好的社会效果，在全社会营造了浓厚的法律氛围。但法制宣传日所涵盖的法律内容非常广泛，并没有突出宪法的权威性和重要性。

我国的现行宪法在发展社会主义民主、保证人民行使国家权力、保障公民权利等方面都起到了重要作用。然而，由于宪法的观念还比较淡薄，有的人不尊重宪法赋予公民的权利，有的人不认真履行宪法规定的义务。至今我们一些公民并不清楚宪法赋予的权利和义务。我去大学里讲座，问大学生们是否了解《宪法》，一些人表示都没有看过《宪法》，与一般性法律混为一谈。这些情况与《宪法》的重要地位非常不平衡。

党的十八届三中全会提出：“维护宪法法律权威。宪法是保证党和国家兴旺发达、长治久安的根本法，具有最高权威。要进一步健全宪法实施监督机制和程序，把全面贯彻实施宪法提高到一个新水平。建立健全全社会忠于、遵守、维护、运用宪法法律的制度。坚持法律面前人人平等，任何组织或者个人都不得有超越宪法法律的特权，一切违反宪法法律的行为都必须予以追究。”

基于这些考虑，1月初王浙滨先在北京市政协提出了“将全国法制宣传日改为宪法日”的提案。3月全国两会召开，我写出提案，得到了关峡、袁慧琴、薛亮等10位委员的支持。作为大会1260号提案，司法部也给予了积极的答复。

宣传和普及宪法法律，让全体国民对宪法法律知晓、认知、理解，对于维护宪法法律的权威和全面贯彻非常重要。为了预防未成年犯罪，我曾写过《法官妈妈》的电影，最近创作的电影《黄克功案件》，得到了全国政协社会与法制委员会，文史和学习委员的大力支持，重温77年前陕甘宁边区高等法院公开审判红军高级将领黄克功犯罪的案件，展现了依法治军，民主公正，坚持法律面前人人平等，是我党从严治党的一贯原则，结合当今对徐才厚等大老虎的依法审判，将会有更加强烈的现实意义。腐败没有特区，反腐败没有禁区，不管职权多大，地位多高，违法必究，这是《宪法》规定的法律面前人人平等，至高无上，不可逾越。

马克思说：“法典是人民自由的圣经。”现在，我们即将迎来第一个“国家宪法日”，应该说“国家宪法日”是最好的自由、爱国、民主、法治的核心价值观教育课。在国家宪法日，让《宪法》深入人心，家喻户晓，这是我国走向法治国家，实现中国梦的全民的节日。在这个日子里，我会十分怀念第一届政协参与起草《共同纲领》的老委员们。

（原载于中国青年网2014年11月，谢颖记录整理）

尊崇法治才能弊绝风清

谢　颖

“我们不能把法律当作吓鸟用的稻草人，让它安然不动地矗立在那边，鸟儿们见惯以后，会在它顶上栖息而不再对它害怕。”接受记者采访时，多年来关注依法治国建设，创作了多部法律电影的全国政协委员王兴东念出了莎士比亚戏剧《一报还一报》中这段形象生动的话。他表示，习近平总书记在省部级主要领导干部学习贯彻十八届四中全会精神全面推进依法治国专题研讨班开班式上的讲话令人激动，党纪国法不是“橡皮泥”，不能随便揉搓，党纪国法不是稻草人，党纪国法不去遵守就成了摆设。法律就像是铁轨，车只能在轨道内行驶，脱轨就要翻车，同样，我们必须遵法守法，我们的行为要以法律为准绳。

为什么法律会成为“橡皮泥”“稻草人”？王兴东委员认为，领导干部心中有法，才能依法办事，依法行政。不尊崇法律，而是尊崇金钱和权力，便导致以言代法、以权压法，法律就会形同虚设。“全面依法治国和全面从严治党是紧密联系的，做一个好的领导干部首先做一个守法公民，把对法治的尊崇、对法律的敬畏转化成思维方式和行为方式，这样才能弊绝风清。”

去年，王兴东委员历时九年编剧的电影《黄克功案件》上映，影片真实再现了抗日战争期间延安的抗日军政大学第六大队队长黄克功，因逼婚而枪杀女青年刘茜的案件。通过电影艺术再现的这段历史，体现出我党在延安时期就注重从严治党和法治建设，坚持法律面前人人平等。这部影片也成为一些省市领导干部学习的素材。“学法懂法是守法用法的前提，领导干部起着表率作用，应当带头学法普法。”王兴东委员说。

（原载于中国青年网2015年3月3日）

图书在版编目（CIP）数据

政协委员履职风采·王兴东／王兴东著．—北京：中国文史出版社，2016.11
ISBN 978-7-5034-8700-2

Ⅰ．①政… Ⅱ．①王… Ⅲ．①政协委员—生平事迹—中国 ②王兴东—生平事迹 Ⅳ．① K820.7

中国版本图书馆 CIP 数据核字（2016）第 292351 号

责任编辑：程　凤

出版发行：**中国文史出版社**
网　　址：www.chinawenshi.net
社　　址：北京市西城区太平桥大街 23 号　邮编：100811
电　　话：010—66173572　66168268　66192736（发行部）
传　　真：010—66192703
印　　装：北京地大天成印务有限公司
经　　销：全国新华书店
开　　本：787 × 1092　1/16
印　　张：16.25　插页：6
字　　数：249 千字
版　　次：2017 年 8 月北京第 1 版
印　　次：2017 年 8 月第 1 次印刷
定　　价：42.00 元